浙江自贸区石油交易中心构建研究

夏良康　杨茜　著

中国石化出版社
HTTP://WWW.SINOPEC-PRESS.COM
中国经济出版社
CHINA ECONOMIC PUBLISHING HOUSE

内容提要

本书系统论述了浙江自贸区构建石油期货交易的有关问题，从系统、宏观的视角研究石油期货交易市场的内在机理，着力构建浙江国际石油交易平台以实现石油全产业链的安全、高效运转。全书内容包括绪论、相关理论研究、浙江自贸区简介、浙江国际石油交易中心的优势分析、浙江自贸区石油交易物流体系、国际主要石油交易中心介绍、期货交易风险分析、期现货市场的联合监管、浙江自贸区石油期货市场建设、全产业链的浙江国际油品交易中心的构建、浙江国际油品交易中心建设的对策等。

本书可作为致力于自贸区石油交易的研究人员阅读，也可作为相关行业培训教材。

图书在版编目（CIP）数据

浙江自贸区石油交易中心构建研究/夏良康，杨茜著.
—北京：中国石化出版社，2019.12
ISBN 978-7-5114-5574-1

Ⅰ.①浙… Ⅱ.①夏…②杨 Ⅲ.①自由贸易区石油市场-市场交易-研究-浙江 Ⅳ.①F752.855②F746.41

中国版本图书馆CIP数据核字（2019）第271017号

中国石化出版社出版发行

地址:北京市东城区安定门外大街58号
邮编:100011 电话:(010)57512500
发行部电话:(010)57512575
http://www.sinopec-press.com
E-mail:press@sinopec.com
北京柏力行彩印有限公司印刷
全国各地新华书店经销

*

710×1000毫米16开本13印张233千字
2020年4月第1版 2020年4月第1次印刷
定价:58.00元

前　言

当前浙江省正面临“一带一路”倡议、杭州湾大湾区以及自贸试验区建设等难得的重大发展机遇，正处在全面深化改革开放的关键时期。特别是浙江自贸试验区以“油”为核心，通过打造油气全产业链，为我国能源领域的改革探索注入新动能、拓展新空间。自贸区将打造“三基地一中心”，即建设以石油储备为核心的国际油品储运基地，以舟山鱼山岛炼化项目为核心的国际绿色石化基地，以保税燃料油供应为核心的国际海事服务基地，以油品交易为主线的国际油品交易中心。中华人民共和国商务部发布浙江自贸试验区企业申请原油非国营贸易进口资格条件和程序，而这也是2015年国家下放地方炼厂原油进口“双权”以来，第一次明确了贸易企业进入原油进口领域的申请路径，对浙江自贸区建设乃至整个国内油气体制改革都有重大意义。

构建国际油品交易中心体系。浙江自贸区将建设国际一流的石化基地，按照国家战略布局，实行最严格的环保准入和监管措施，在鱼山岛打造国际一流的石化产业基地。支持基地以原油精炼为基础产品，以乙烯、芳烃等高端产品为特色，完善上下游一体化产业链，加快形成国际一流的石化产业集群。

以油品为核心的大宗商品全球配置能力显著提升，对接国际标准初步建成自由贸易港区先行区是中国（浙江）自由贸易试验区的发展目标。在建设过程中，浙江自贸区要深挖自身优势，将特色优势与“一带一路”建设有机结合，推进重点区域和重点项目的建设发展，将自贸试验区建设成为海上开放门户示范区、国际大宗商品贸易自由化先导区和具有国际影响力的资源配置基地。

发挥区位优势，打造21世纪海上丝绸之路战略枢纽。浙江处于我国南北海运大通道和长江黄金水道交汇地带，是江海联运的重要枢纽，是我国深入环太平洋经济圈的前沿地区，也是我国扩大开放、联通世界的战略门户。浙江自贸区对内须加快江海联运服务中心建设，打造与中西部沟通互联的多式运输网络，对外大力开辟航线，与“21世纪海上丝绸之路”沿线国家港口建立合作。

发挥资源优势，构筑港航物流服务体系。浙江拥有丰富的深水岸线资源，建港条件十分优越，深水良港众多，具有发展港口物流业的独特优势。浙江自贸区应按照“大港口、大水运、强海运”的建设思路，做大做强港口物流业，着力构建大宗商品交易平台、海陆联动集疏运网络、金融和信息支撑系统“三位一体”的港航物流服务体系，大力发展大宗商品交易、现代航运、金融结算、航运保险等现代航运服务业，努力增强港口的核心竞争力和衍生效益，高水平建设我国大宗商品国际物流中心和“集散并重”的枢纽港。

发挥开放型经济优势，提升海洋经济开放程度。浙江是一个民营经济、外贸经济较为发达的省份。不论是在宋代时期呈现出发达的海上贸易，还是当前浙江作为全国较大的对外贸易省份之一，浙江经济天然是一个开放型经济形态。浙江自贸区应发挥浙江人和浙江大地上的开放“基因”，主动接轨上海，融入长三角，全面参与“一带一路”，不仅“立足浙江发展浙江”，而且“跳出浙江发展浙江”，使浙江省海洋经济开放程度更宽、更广。

本书由浙江海洋大学东海科学技术学院夏良康教授和杨茜老师著作，在内容安排上注重理论联系实际，从系统、宏观的视角，研究石油期货交易市场的内在机理，着力构建浙江国际石油交易平台以实现石油全产业链的安全、高效运转。在章节的安排上，结构严谨、层次分明，具有一定的前瞻性，易被读者理解和接受。

由于成稿时间仓促和作者水平所限，许多理论和实践问题尚处于发展之中，书中不足之处在所难免，恳请有关专家和广大读者批评指正。

作　者

目　录

第一章　绪　论

国际石油交易问题已经成为当今世界经济的热点问题之一。世界石油储量的分布不平衡、地区政治经济发展程度差异形成了当今的石油消费水平悬殊对比的现状。国际石油交易包括石油原油和石油成品交易。受石油交易市场影响，国际石油交易方式呈现出多元化的趋势。目前，以国际现货石油价格为基础的长期合同和现货石油交易是国际石油交易市场的主要方式。另外，国际石油期货市场的基本功能是套期保值和远期石油价格发现。石油是重要的期货商品，而国际石油交易是国际上尤为重要的交易活动。

第一节　研究背景、意义及创新点

一、研究背景

石油是世界交易量最大的商品，在世界各类商品总货运量中，石油占一半以上。近 10 年来，中国原油消费年均增速为 16.4%，2018 年消费原油 6.51 亿吨、进口原油 4.62 亿吨，原油对外依存度为 70.9%。目前中国已是全球第二大石油消费国，占全球石油消费量的 10% 以上。但是，中国在国际石油交易中话语权较弱，国际上三大原油期货交易体系决定了在国际石油定价中扮演了主要角色的期货市场价格由欧美国家来决定。这样的定价体系决定了各个地区进口石油成本的差异。随着中哈、中俄原油管道的建成，以及国内石油储运和炼制设施的不断完善，中国在连接中东、东亚石油生产国和东北亚主要石油消费国的能源陆路通道中，将处于越来越有利的枢纽地位。中国在建立区域性的石油交易中心方面将有更多的优势。

舟山油品码头吞吐能力逐年增加，目前仅宁波－舟山港已有、在建和已批有 12 座 25 万吨级以上油品码头。全港油品码头设计通过能力已超过 1.91 亿吨。舟山也是重要的国家石油储备基地。在舟山群岛这个中国石油储运条件最好的地方，各路资本正在将各岛屿变成一个个硕大的工地，抢滩争夺建设。这其中，既有中国石化、中国石油等央企力量，也有万向、浙江广厦、世纪太平洋等民营资本的身影，具有强大的产能、储备、中转和销售优势。依托舟山、宁波镇海等周围强大的炼油能力，舟山已形成石油全产业链运转的有利条件。

舟山港域建港条件十分优越，规划可开发深水岸段总长 279 千米，约占全国的 1/5，其中水深 15 米以上岸线 198.3 千米，水深 20 米以上岸线 107.9 千米。目前我国 7 条国际远洋航线中，就有 6 条经过舟山海域，国家批复建设的 7 个 40 万吨级以上深水码头，舟山占 3 个。距离国际航路近，拥有虾峙门、蛇移门等多条 30 万吨级航道，锚地资源丰富，是远洋原油、矿石、煤炭等大宗货物运输的理想选址。

针对舟山群岛的独特的位置及地理环境，国务院亦高度关注。2011 年 3 月 14 日，舟山群岛新区正式写入全国“十二五”规划，批准设立浙江舟山群岛新区。2017 年 4 月，中国（浙江）自由贸易试验区正式挂牌，明确了舟山离岛和北部片区重点建设国际一流的绿色石化基地、重点发展油品等大宗商品储存、中转、贸易产业和保税燃料油供应服务。舟山港综合保税区已成为舟山群岛新区对外开放的重要平台，将具有口岸联检、码头作业和综合信息服务功能，可以发展国际中转、配送、采购、转口贸易和出口加工等业务。浙江舟山建设国际油品交易中心已具备了国家政策支持和区域地理条件。

石油贸易与定价中心必须有发育的市场和价格发现机制，然而最主要的前提条件是市场完全开放、政府对企业无行政干预、竞争机制完善、高层次的石油交易人才储备、信息和数据能实现快速准确地传递等。

二、研究意义

1. 有利于提升浙江自贸区的整体水平

按照浙江自贸区的建设方案，舟山自由贸易港区定位于油品全产业链为核心的大宗商品自贸区，推动大宗商品贸易自由化，探索建设舟山自由贸易港区，提升大宗商品全球配置能力。自贸区内构建以原油、成品油为重点，承接全球资源，面向亚太市场，满足国内需求，在舟山离岛片区布局形成大型油品储运基地；推进油品储运投资便利化，培育多元化的油品储运主体，鼓励各类主体按照国际标准参与投资建设油品接卸泊位、储运罐区、输油管道等设施。

把自贸区的建设作为舟山对外开放、转变经济发展方式的一个平台。舟山应通过自贸区来吸引、集聚国内外的高端要素，特别是高端人才；通过政府简政放权、优化营商环境等，吸引国内外高端人才来舟山创新创业，为舟山产业转型升级创造条件。自贸区将促使招商引资再上新台阶，如果国内外优势企业、人才、资本能集聚在自贸区，将对舟山的经济转型升级起到帮助作用。

2. 有利于增强区域经济的开放度

自贸区是创新平台也是开放平台，衡量一个国家或区域经济开放自由度的标志之一，便是看其是否构建了高水准的自由贸易平台。舟山探索建设国际油品交易中心要从战略高度整体规划，在现有具有交割条件的保税港区的有限范围内，先试点建设与国际接轨的石油交易中心，并适当放宽石油企业进出口权，批准一批进出口企业仅在独立的石油交易中心拥有进出口权等。同时配备相关进口、金融、外汇、税收等政策，吸引国外原油现货卖家进入交易市场，与国内买家形成买卖关系。一方面，增加我国石油交易市场的交易主体；另一方面，活跃国内原油、成品油进口贸易。并随着原油现货交易量的增加，适时开启原油期货交易市场，形成现货和期货共同发展的国际性石油交易中心，逐步掌握国际石油的定价权。同时，通过系统化的全盘考虑，搭建海上石油物流平台的枢纽点、分支点、物流中转基地、物流网络节点等，形成石油物资集散、衔接、储备、中转、运输、加工、分销、供应等空间布局的优化，形成成品油内外贸分销网络。

3. 有利于提高国家战略资源安全的保障能力

无论是发达国家，还是发展中国家，无论是那些石油储藏大国，还是那些石油消费大国，都围绕着石油问题进行博弈。构建舟山国际石油交易平台，打造全国重要的油品中转贸易储存、化工品中转储运加工基地，可以实现商用储备与国家储备并举，大幅提高我国战略物资储备保障能力，为国民经济持续平稳健康发展提供重要支撑。

三、研究的创新点

1. 研究视角的创新

本研究基于系统、宏观、高端的视角，研究石油现货交易市场的内在机理，着力构建舟山国际石油交易平台以实现石油全产业链的安全、高效运转，是一个创新的构思设想。

2. 研究内容的创新

舟山建设国际石油交易平台是一个全新的课题，对其进行研究可以完善石油全产业流管理的理论体系，对石油交易是有益的探索。本书对石油交易市场进行深入的研究并提出构建石油交易平台的相应配套政策，其实际应用价值显著，可为政府决策提供备选方案或参考。

3. 研究对象的创新

本书研究是基于舟山群岛新区这一特殊的地理位置来构建石油交易平台，研究内容既适应新区建设发展的大环境，符合新区的建设规划，又顺应国家对于舟山自贸区的战略定位，大胆创新、先行先试。

第二节　研究内容、方法和框架

一、研究内容

1. 国际油品交易中心总体建设思路

浙江自贸区舟山国际油品交易中心的总体构想可分三步。

第一步是国际油品交易中心建设试点。以现有大宗商品交易市场为基础，完善石油产业链布局，加快物流和金融信息服务平台建设，进而推进试点。

第二步，建设国际油品交易所，优先发展现货仓单交易。经过一定时间的积累与探索，在条件成熟后，通过整合、提升，合理布局建设，优先发展现货仓单交易，形成现货仓单交易中心、价格形成中心和物流分拨中心。

第三步，形成综合性、国际化油品交易中心。积极争取国家支持，发展油品期货交易，建设成为我国争夺油品价格话语权、有国际影响力的交易平台。

2. 油品交易中心空间结构模式与布局

《中国（浙江）自由贸易试验区总体方案》提出，建设国际油品交易中心，依托中国（浙江）大宗商品交易中心，开展原油、成品油、保税燃料油现货交易，条件成熟时开展与期货相关的业务。拓展金融服务功能，允许自贸试验区开展油品现期货交易初期采用双币种计价、结算，逐步探索采用人民币计价、结算，推动人民币国际化进程。逐步允许境外企业参与商品期货交易。积极发展融资租赁与保险业务，根据期货保税交割业务需要，允许自贸试验区拓展仓单质押融资等功能，推动完善仓单质押融资所涉及的仓单确权等工作。

在区域布局上，舟山离岛片区鱼山岛重点建设国际一流的绿色石化基地，鼠浪湖岛、黄泽山岛、双子山岛、衢山岛、小衢山岛、马迹山岛重点发展油品等大宗商品储存、中转、贸易产业，海洋锚地重点发展保税燃料油供应服务；舟山岛北部片区重点发展油品等大宗商品贸易、保税燃料油供应、石油石化产业配套装备保税物流、仓储、制造等产业；舟山岛南部片区重点发展大宗商品交易、航空制造、零部件物流、研发设计及相关配套产业，建设舟山航空产业园。舟山群岛新区建设上升为国家战略，保税港区已成立挂牌，舟山打造工业化、城市化示范区吸附效应更加凸显。目前，已有多家民营石油企业进入和意向入驻，时机成熟即可申请牌照。舟山自贸区将以保税港区为依托，打造重要的航运物流中心，以油品全产业链为最核心内容，实现贸易自由化。

3. 国际油品交易中心体系的构建

首先，建设国际一流的石化基地。按照国家战略布局，实行最严格的环保准入和监管措施，在鱼山岛打造国际一流的石化产业基地。支持基地以原油精炼为基础产品，以乙烯、芳烃等高端产品为特色，完善上下游一体化产业链，加快形成国际一流的石化产业集群。

扩大油品加工领域投资开放。鼓励国内外投资商以资源、资金、技术、市场参与建设经营石化基地。允许世界一流石油化工企业以及“一带一路”沿线石油富集国企业参与投资建设，吸引山东等地地方炼油厂在自贸区内投资设点或业务合作，落实产业配套政策。赋予自贸试验区内符合条件的油品加工企业原油进口资质和配额，给予原油进口使用权。

其次，建设国际油品储运基地，完善油品储运基础设施。加快码头、管网、油罐、地下油库、锚地、物流基地等物流基础设施建设。以原油、成品油为重点，承接全球资源，面向亚太市场，满足国内需求，在舟山离岛片区布局形成大型油品储运基地。包括燃料油、柴油、汽油、润滑油在内的成品油，凭借强劲的后方腹地终端市场需求，有广阔的交易平台建设潜力。以此为基础，可率先在船舶用燃料油供应交易平台建设上取得突破，以中石化浙江舟山石油有限公司为主体，在衢山或绿华建设与舟山国际航运中心配套的船舶加油与补给服务中心。另外，围绕定海马岙、岑港两个核心区块，以世纪太平洋液体化工基地、天禄能源储运基地、光汇石油储运基地、纳海油污处理等项目为基础，组建舟山石油化工品交易园区。由舟山世纪太平洋化工有限公司作为发起人组建舟山石油化工品交易有限公司。

推进油品储运投资便利化。培育多元化的油品储运主体，鼓励各类主体按照国际标准参与投资建设油品接卸泊位、储运罐区、输油管道等设施。加快自贸试验区港口岸线使用审批。

完善油品储备体系。以原油为主要品种，积极开展汽油、柴油、喷气燃料、液化气等储备，科学合理确定储备品种，探索和创新油品储备模式，建立国储、义储、商储、企储相结合的储存体系和运作模式，允许国储租赁符合条件的民企油罐、商储租赁国有企业商业油罐，建立油品储存可动用应急机制。

加强油品储备国际合作。盘活民间闲置的油品储备库资源，为国际组织、跨国石油公司等储存油品。支持与国际产油国共建油品储存基地，加快形成舟山国际油品保税交割体系。

再次，建设国际海事服务基地。对照国际通行税收政策，增强国际竞争力，探索研究推动油品全产业链发展的政策措施。建设东北亚保税燃料油加注中心。制定中国（浙江）自由贸易试验区国际航行船舶保税油管理办法，将区内国际航行船舶保税加油许可权下放至舟山市人民政府。吸引保税燃料油供应商开展供油服务，鼓励企业总部或结算中心落户，丰富市场竞争主体。加快供油港口、储罐、加注锚地等配套设施建设，合理布局海上保税燃料油加注区域，允许在自贸试验区内设立海上保税燃料油供应仓库。鼓励自贸试验区内油品企业生产保税燃料油，允许开展保税燃料油跨关区直供业务。全力优化通关等服务方式，将保税燃料油加注纳入“单一窗口”申报平台，开通挂港加油船舶通航、通关特殊通道，简化和加快加油船舶进出自贸试验区通关手续，方便符合条件的船舶驶入特定海域（码头）进行加油操作。

最后，建设国际油品交易中心。依托中国（浙江）大宗商品交易中心，开展原油、成品油、保税燃料油现货交易，条件成熟时开展与期货相关的业务。放宽原油、成品油资质和配额限制，支持赋予符合条件的自贸试验区内企业原油进口和使用资质。支持自贸试验区企业积极开展油品离岸和在岸贸易。集聚境内外原油贸易商做强原油现货交易，加快形成具有国际影响力的原油现货交易市场。加快设立舟山国际原油保税交割中心。鼓励在中国（浙江）大宗商品交易中心开展原油现货交易。

建立舟山国际石油现货交易中心的优势是信息集中、发现价格和降低物流成本。同时，因为石油是类金融产品，这种大宗商品交易还将推动舟山金融、物流业的发展。

二、研究方法

1. 理论研究的方法

借助网络信息，收集阅读相关领域的研究文献，了解和探究国内外学者对于国际石油期货市场、现货市场、国际油品交易所的运作等相关性的学术观点和建议，整理相关理论。吸纳专家、学者的观点，为构建舟山国际油品交易中心提供理论支撑。

2. 典型调研和比较研究的方法

在研究中，拟在理论研究的基础上，对舟山石油全产业链进行实地调研，获取相关数据与材料，并比较欧美油品市场交易机制，借鉴经验、探索创新。

3. 研究框架

站在宏观系统的高度，对油品生产、加工、储存、运输和销售等全产业链进行考察和论证，结合舟山群岛新区战略规划和自贸区的总体布局，借鉴国际经验，逐步完善石油交易市场，有步骤地推进市场建设，形成现货、远期、期货为重点的多层次、开放性的市场体系和多元化的交易方式，使中国赢得在国际油品交易中的话语权，提高舟山群岛新区的国际地位，为当地经济建设服务。浙江自贸区石油交易中心研究框架如图 1－1 所示。

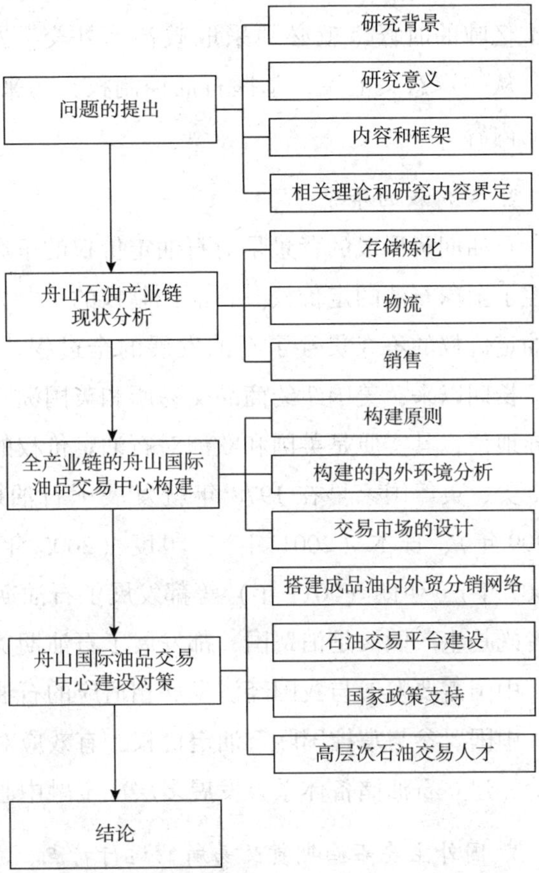

图 1－1 浙江自贸区石油交易中心研究框架

第三节 浙江国际石油期货交易中心设想

一、石油期货的战略地位

1. 石油在全球政治经济中的重要地位

石油是现代经济生活中不可或缺的重要能源和化工原料，在国民经济中占据重要地位，被誉为“工业的血液”。世界石油供求关系和石油价格的变化，对世界经济增长和通货膨胀具有重要影响。国际经验表明，当一国石油进口超过5000万吨的时候，其国内经济将受国际石油市场较大影响；石油进口量超过1亿吨的时候，就必须采取政治、外交、军事等手段以保证稳定的石油供应。从一定意义上说，掌握石油控制权，历来都是全球政治经济生活中最为重要的内容之一。

2. 定价权的争夺

石油期货形成的背景是对石油定价权的争夺，目前美、英已经通过石油期货掌控了全球石油的定价权。石油控制权的重要方面是对石油定价权的控制。围绕石油定价权的争夺贯穿了石油发展的全过程。发展石油期货有利于石油价格发现，长期以来，美国纽约商品交易所和英国洲际交易所一直在争夺石油期货交易主导地位，其实质是美国和欧洲对石油定价权的争夺。

美、英等国家早在1978年就发展了石油期货，相继的一些国家如新加坡（1999年）、日本（2001年）、印度（2005年）、俄罗斯（2006年）、阿联酋（2007年）、伊朗（2011年）等都发展了石油期货。石油主要的生产国、消费国或者既是生产国又是消费国，都发展了石油期货。因此，作为石油生产和消费大国，中国需要发展与我国经济发展相适应的石油期货交易市场。

中国要参与掌控国际石油定价权，有效应对石油价格风险，形成市场化石油定价，建立石油储备体系，发展多层次金融中心，也必须尽快发展石油期货。

3. 国外主要石油期货交易所的运行特点

国外主要石油期货交易所的运行特点可简要概括为：①交易场所大多设在该国的国际金融中心；②都采用公司制，股东多元化；③面向全球投资者；④交易主体类型多元化；⑤计价货币多样化，其中美元是石油期货合约的主要计价货币；⑥交割方式有实物交割和现金交割两种；⑦采取实物交割的合约更为成功；⑧交易品种涉及广泛的能源领域，普遍采用电子交易；⑨各国政府都高度重视对石油期货交易的监管，并趋于集中监管形式。

由于现有各国石油期货交易所产生和运行的条件、环境、发展阶段大相径庭，因此，运行效果也大相径庭，并不是所有石油期货交易所都取得了理想的效果。

二、中国发展石油期货可选择和确立

中国发展石油期货有先国际和先国内两种选择。先国内就是采取和国内其他期货市场类似的模式，先发展国内的石油期货市场。在国内条件尚不具备的情况下，我们主张“先国际、后国内”发展石油期货。先国际要两头在外，即指交易的一头是国际原油；另一头是国际原油期货在关外（境内）交易、关外交割等。自由贸易园区现货价格，有不含关税、增值税等特点，有利于形成国际社会普遍认可的原油基准价格。建议迅速在具备建立自由贸易区条件的舟山市批准设立对外开放的境内关外的自由贸易区，建立先行先试的国内石油期货交易中心，以吸引国际石油进入中国发展期货交易市场，从而保障我国石油安全。总之，先国际、后国内，以国际石油期货市场的发展带动国内石油期货市场的发展，最终实现国内外联通，是当前中国石油期货市场发展战略的可行性选择。

发展石油期货是一个渐进的发展过程，需要一段较长的时间。同时，从开始交易石油期货到取得国际地位（原油价格标准），可能需要较长时间（国际上一般在10年左右）。因此，如果先国内、后国际发展石油期货，待国内条件成熟后再发展国际石油期货，我国不仅会继续付出高昂的代价，还会耽搁将中国石油期货价格发展成为亚洲基准价格（亚洲尚未形成基准价格）的有利时机。因此，应“先国际、后国内”发展石油期货交易。

三、建立浙江国际石油期货交易中心

在浙江舟山构建国际石油期货交易中心，是一个重要的创新，涉及离岸交易、离岸金融、离岸交割和国内外投资者、交易主体加入等诸多问题，无先例可循，要在改革开放上有新突破，需要先行、先试。

浙江国际石油期货交易中心的发展目标是谋求建成全球领先的、具有石油市场定价权的石油期货交易中心之一。在这个核心目标的前提下，浙江国际石油期货交易中心应该合理设计股东结构和交易主体以及相应的治理结构。

世界各国石油期货交易都是包括多种石油类型在内多品种交易。原油是石油中最重要的和基本的类型，国际上最重要的石油期货也是原油期货。为了便于浙江国际石油期货交易中心的开展，选择从原油开始再逐步向石油综合期货发展。

浙江国际石油期货交易中心涉及国际石油期货的交易、交割、结算等，需要离岸进行，即要在“境内关外”进行。因此，要相应给予发展离岸金融、离岸交割等“境内关外”或保税交易的政策支持，这是先行先试的重要方面。在此政策框架下才能设计国际石油期货交易准则。

为确保成功和具有国际竞争力，浙江国际石油期货交易中心要在股权结构和管理体制上有所创新和突破，在中国金融企业、石油生产经营、商业石油储备企业参与的同时吸收国际上成熟的石油期货交易中心和主要石油产出国的石油公司参与，从而构建市场化取向的、融资能力强、立足中国、服务国际的公司制石油期货交易所。

总之，浙江国际石油期货交易中心是公司制、股份制、多元化、国际化的新型期货交易机构。该交易中心地处舟山，由舟山期货交易所主导组建，运行和管理人员主要由舟山期货交易所委派。在舟山期货交易所直接主导下，该交易中心组织了一个崭新的公司制、股份制、吸收国内各类性质企业、国际石油期货交易中心、国内外金融机构参与的一个真正公司制的企业。该企业作为试点可由舟山市政府领导，中国证监会监管，日常重要业务方面的诸多事项由舟山期货交易所监督管理。

第二章　相关理论研究

一般认为，石油是一种不可再生的稀缺资源，且地理分布严重不均，油田开发生产相对集中，从事下游业务的石油公司只有向上游勘探开发环节延伸，拥有足够的原油产量，才能保障稳定的“油源”。原油不是最终产品，从事上游业务的石油公司只有向下游炼油加工和销售环节延伸，拥有足够的市场份额，才能保证“油路”畅通，实现石油价值增值。

另外，石油投资普遍规模大、风险高，勘探开采环节存在大量沉淀成本，管道运输环节具有专有资产属性，利用一体化发展可以减少交易费用，实现整体效益最大化。因此，石油化工产业作为大能源行业的重要组成部分，有着非常清晰和发展成熟的产业链。石油化工产业主要由勘探与生产、炼油与化工、销售等几个环节组成。

第一节　产业链整合理论

一、产业链的内涵

产业链是产业经济学的一个概念，是一种建立在产业内部分工和供需关系基础上的以若干个企业为大节点，具体产品为小节点纵横交织而成的网络状系统。主要从产业组织理论的角度，研究产业链内部企业之间的价值流、物流、信息流，相关企业的价值创造、相互作用关系，组织的灵活性，以及从整体链条来思考产业链整体的价值创造过程。

产业链的本质是用于描述一个具有某种内在联系的企业群结构，它是一个相对宏观的概念，存在两维属性：结构属性和价值属性。产业链中大量存在着上下游关系和相互价值的交换，上游环节向下游环节输送产品或服务，下游环节向上游环节反馈信息。其本质内涵是：

（1）产业链是产业层次的表达；

（2）产业链是产业关联程度的表达；

（3）产业链是资源加工深度的表达；

（4）产业链是满足需求程度的表达。

二、石油产业链理论

根据石油产业链的定义和产业链的含义，一般将石油产业链分为上游、中游和下游三部分。石油产业链上游主要由石油和天然气勘探开采业及与之相配套的油田服务、油田设备的生产等业务构成。中游业务主要包括原油、天然气管道运输与储存、油品和燃料炼制、化工生产、LNG/LPG 加工等业务。下游产业链主要是以成品油销售、燃料和化工产品的贸易分销和 LNG/LPG 的销售为主。

三、产业链整合模式

以整合企业在产业链上所处的位置划分可将产业链分为横向整合、纵向整合以及混合整合三种类型。横向整合是指通过对产业链上相同类型企业的约束来提高企业的集中度，扩大市场势力，增加对市场价格的控制力，从而获得垄断利润。纵向整合是指产业链上的企业通过对上下游企业施加纵向约束，使之接受一体化或准一体化的合约，通过产量或价格控制实现纵向的产业利润最大化。混合整合又称为斜向整合，是指和本产业紧密相关的企业进行一体化或是约束。它既包括了横向整合又包括了纵向整合，是两者的结合。整合是否涉及股权的转让可将产业链整合模式分为股权并购、拆分以及战略联盟。股权并购是并购及通过协议购买目标企业的股权或认购目标企业增资方式，成为目标企业股东、进而达到参与、控制目标企业的目的。从而对产业链上关键环节的企业实施控制，以构筑通畅、稳定和完整的产业链的整合模式。拆分型产业链整合是指原来包括多个产业链环节的企业将其中的一个或多个环节从企业中剥离出去，变企业分工为市场分工，以提高企业的核心竞争力和专业化水平。战略联盟是指主导企业与产业链上关键企业结成战略联盟，以达到提高整个产业链及企业自身竞争力的目的。

第二节　国际油价波动理论

油价波动是国际石油市场的主旋律，尤其近年来更是愈演愈烈，如果从金融视角对国际油价波动进行研究，那么为了便于分析，首先要构建国际油价波动基本理论，主要包括国际石油价格体系、国际石油定价机制、国际油价波动特征、国际油价波动原因分析。通过基本理论分析，我们发现期货市场主导国际石油定价、金融因素主导国际油价波动态势。

一、国际石油价格体系

国际石油价格是一个庞大的体系。石油包括原油和成品油，成品油又包括石油燃料、润滑油、润滑脂、石蜡、石油沥青、石油焦、石油溶剂、石油化工原料等，它们都有各自的价格。目前国际石油价格体系主要包括欧佩克官方价格、非欧佩克官方价格、现货市场价格、期货市场价格、易货贸易价格、净回值价格和价格指数。

欧佩克（OPEC）官方价格。为了维护组织整体利益，20 世纪 60 年代末欧佩克开始以沙特阿拉伯 API 度 34 的轻油为标准公布原油官方价格。随着非欧佩克国家石油产量的增加，欧佩克官方价格逐渐失去作用。1986 年 11 月，欧佩克推出 7 种原油在内的一揽子原油价格，目前采用新的一揽子参考价格，主要包括：阿尔及利亚撒哈拉混合油价格、委内瑞拉原油价格、卡塔尔马林油价格、阿联酋穆尔本原油价格、印度尼西亚米纳斯油价格、科威特出口原油价格、利比亚埃斯德油价格、阿拉伯轻油价格、巴士拉轻油价格、尼日利亚博尼轻油价格、伊朗重油价格等。

非欧佩克官方价格是非欧佩克国家根据本国实际情况制定的石油价格，它参照欧佩克官方价格浮动。

现货市场价格是世界主要现货市场的交易价格，目前国际石油现货市场主要有美国市场、加勒比海市场、地中海市场、西北欧市场、新加坡市场。

期货市场价格是通过公开市场竞价，对期货合约优先认同而成交的油价。期货交易信息随时公布，能够及时反映未来供求。目前，石油期货价格已经成为石油市场的基准价格，在价格发现过程中具有主导作用。纽约商品交易所（NYMEX）和伦敦国际石油交易所（IPE）两大期货市场决定国际石油期货价格的基本走势。

易货贸易价格是石油输出国用石油换取石油进口国专门规定的货物或服务时制定的石油价格。石油进口国为专用货物和服务制定的价格通常高于一般市场价，以货易货的油价通常低于官方价格。以货易货解决了石油输出国物资短缺的问题，同时也使得石油进口国从中受益。以货易货还有以油换油、以油抵债、回购交易等多种形式。

净回值价格是一种原油离岸价，根据成品油现货价格、收益率、原油运输费、加工费、炼油商利润计算得出。这种价格锁定了炼油商收益，将风险转嫁到原油销售商那一边，通常用于原油市场供给过剩的情况。

价格指数是指某些机构通过采集世界各地石油市场的信息而形成的权威报价，如普氏报价、美联社报价、路透社报价、阿各斯报价、远东石油价格指数、亚洲石油价格指数、印尼原油价格指数等。

二、期货市场主导的石油定价机制

自1859年美国宾夕法尼亚打出了第一口油井以来，国际石油定价机制经历了数次变迁，先是跨国石油公司殖民定价机制，然后是OPEC官方定价机制、供需为基础的多元定价机制，后来逐渐演变成期货市场为主导的石油定价机制。

1. 跨国石油公司殖民定价机制

20世纪60年代以前，国际石油价格受美国和西方跨国石油公司控制。20世纪初期西方“七姊妹”（埃克森、壳牌公司、英国石油公司、美孚、德士古、加州标准石油公司、海湾石油公司）跨国石油公司共同组成了世界石油产业的国际卡特尔。它们凭借“按现状协议”和“红线协定”瓜分了全球石油市场。1950年壳牌、英国石油公司、埃克森、海湾石油公司四大石油公司的产量占世界石油市场份额的82.6%，“七姊妹”石油公司产量占世界石油市场份额的98.3%。跨国石油公司凭借带有殖民主义色彩的“租让协议”控制了中东地区的绝大部分石油资源，凭借美国墨西哥湾加成定价、阿拉伯湾加成定价、沙特阿拉伯原油离岸价格定价等形式将其单方面决定强加给中东产油国。因此，这一时期的石油价格本质上是一种殖民价格。

2. OPEC官方定价机制

二战后，大量获得石油特许权的公司纷纷进入石油市场，从而引起石油市场恶性竞争，油价不断下跌，中东产油国的石油收入大幅减少。为了与西方国家石油公司进行抗争，在沙特阿拉伯、科威特、委内瑞拉、伊朗和伊拉克等国家的共同倡议下，1960年成立了石油输出国组织（OPEC），OPEC成立后就致力于争夺定价权的斗争。通过参股、控股各国有化石油公司，OPEC逐渐控制了石油生产，产油国对本国石油资源具有了所有权，国外石油公司只能通过条约的方式划分部分石油产量。1973 年第四次中东战争爆发，为了抗议美国，以沙特阿拉伯为首的中东国家对石油大幅减产，对美国实行石油禁运，同时数倍提高原油价格，由此引发第一次石油危机。这次石油危机使跨国石油公司遭受重创，无奈之下，它们纷纷取消了自己原油标价，被迫接受 OPEC 官方定价。1979 年伊朗革命爆发，石油生产能力下降，石油现货供不应求，一些石油生产者在 OPEC 官方定价基础上额外收费，油价快速上升，由此引发第二次石油危机。通过两次石油危机，OPEC 从跨国石油公司手中彻底夺回石油定价权。

3. 供需为基础的多元定价机制

为了避免高油价对本国消费的冲击，许多石油进口国开始采取一系列措施减少石油使用，同时积极寻找油田进行石油生产，非 OPEC 国家石油产量迅速增加，并逐渐超越 OPEC 国家。世界石油供给增长过快，石油需求大幅下降，导致石油价格不断下跌。为了有效拉动油价回升，沙特提出“限产保价”政策，但由于其他 OPEC 成员国没有积极影响，而是连续超配额生产，政策没有取得理想效果，油价继续下跌，1986 年的油价暴跌至 6 美元/桶以下，由此引发第三次石油危机。此次反向石油危机标志着 OPEC 官方定价机制的结束，世界石油市场从此进入以市场供需为基础的多元定价阶段。油价不断下跌的态势促使炼油商放弃长期固定价格合同，纷纷走向现货交易市场，1985 年石油现货市场交易占比超过 50%。为了阻止市场份额进一步减少，OPEC 开始将石油长期合同价格与石油现货价格挂钩，一种做法是按周、月或季度通过谈判商定价格，另一种做法是根据计算周或月的平均现货价格来确定合同油价，此后这种合同模式被广泛采用。

4. 期货市场主导的石油定价机制

为了便于石油生产商和消费者规避石油价格风险，1978 年 11 月纽约商品交易所（NYMEX）推出全球第一份石油期货合约——取暖油期货合约。此后纽约商品交易所、英国国际石油交易所（IPE）、新加坡国际金融交易所（SIMEX）、日本期货交易所（TOCOM）等商品交易所逐渐推出原油和成品油期货合约、期权合约等。石油期货市场采用保证金制度，参与者众多，覆盖面广，价格形成透明，因此石油期货价格具有权威性，逐渐成为石油价格形成的基准参考价。目前 Brent 原油期货价格是中东地区供应欧洲地区原油贸易的价格参照基准，WTI 原油期货价格是中东地区供应美国以及整个美洲地区原油交易的价格参照基准，二者基本决定了国际原油价格的基本走势。石油期货市场的出现、发展和完善，改变了国际石油贸易交易方式和石油市场结构，改变了国际石油定价方式，目前的国际石油定价机制已经从供需为基础的多元定价机制演变成期货市场主导的国际定价机制。

三、国际油价波动特征

本文的研究对象是近年来国际油价波动，这里仅就近年来的油价波动特征进行描述：

1. 油价波动剧烈而频繁

以 WTI 现货价格为例，2000 年 1 月 ~ 2008 年 7 月，油价在频繁波动同时，呈逐渐上升趋势，2008 年 7 月 3 日涨至历史最高，达到 145. 31 美元/桶，此后呈直线下降趋势，2008 年 12 月 23 日跌至 30. 28 美元/桶，但随后又呈现频繁波动和持续上涨态势，这种波动特征与之前时期的油价波动形成鲜明对比。1986 ~ 1999 年，OPEC 对油价控制力不从心，国际石油公司将更多精力转移至期货市场和现货市场，石油价格基本由市场决定，供需因素起主导作用，石油价格波动幅度较小，这一时期年平均油价介于 14. 43 ~ 23. 73 美元/桶。虽然海湾战争曾带来油价的短期波动，但战争结束后油价很快趋于平稳。

2. “尖峰厚尾” 特征明显

用 S_t 代表现货价格，R_1 代表现货价格收益率，$R_1 = 100\ln(S_t/S_{t-1})$。结合 2000 年 1 月 4 日到 2010 年 2 月 17 日纽约商品交易所上市交易的 WTI 现货数据，利用 EVIEWS6. 0 计算收益率 R_1 基本统计量，可得表 2 – 1 中结果。

表 2 – 1　现货价格收益率基本统计特征

变量	均值	标准差	偏度	峰度	JB 统计量
R_1	0. 043726	2. 712666	– 0. 263244	7. 145098	1840. 473

注：JB 统计量全称为 “Jarque-Bera” 统计量，是用来检验一组样本是否能够认为来自正态总体的一种方法，其依据 OLS 残差，对大样本进行检验。

R_1 峰度为 7. 145098，大于 3，说明现货价格收益率有明显的 “尖峰” 特征；同时 R_1 偏度明显偏离 0，说明序列具备 “厚尾” 特征，偏度是负值，说明具有 “左厚尾” 特征。由此可知，现货价格收益率具有明显的 “尖峰厚尾” 和非对称特征。

3. 具有较强的波动聚集性

进一步利用 EVIEWS6. 0 给出收益率波动图（见图 2 – 1）、观测值频数分布直方图（见图 2-2）。图中可以明显看出 R_1 具有很强的波动集聚性，而且不服从正态分布。

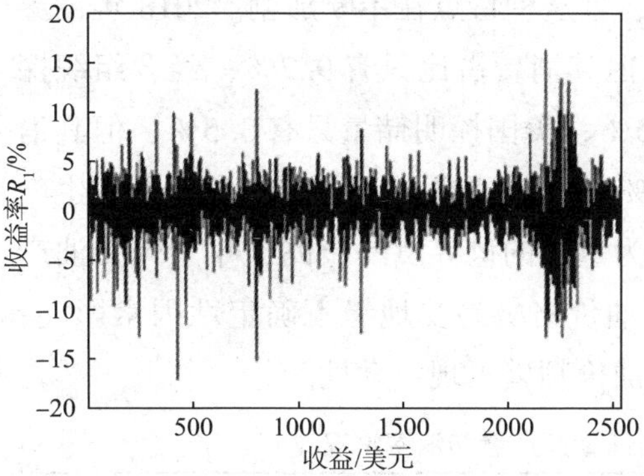

图 2-1 现货价格收益率（R_1）波动图

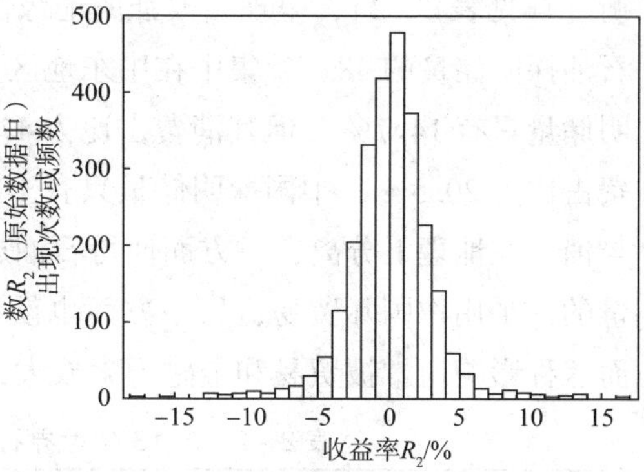

图 2-2 现货价格收益率（R_2）频数分布直方图

四、国际油价波动的原因分析

国际油价波动的原因是多方面的，石油自身特性、石油供求因素、石油政治因素、石油金融因素等都会对油价波动产生影响。结合近年来国际油价波动态势进行考察，我们发现石油自身特性内在决定油价波动，供求因素是油价波动的基本影响因素，政治因素是油价波动的短期诱发因素，金融因素主导近期油价波动态势。

1. *石油特性内在决定油价波动*

石油具有稀缺性、重要的战略性、供需在空间上分离、需求价格弹性较小等内在特性，这些特性促使石油价格极易表现出波动性。

（1）稀缺性。石油作为可耗竭资源产品，绝对数量短缺，不足以满足人类相当长时期的使用，具有物质稀缺性。当前多消费意味着未来少消费，这种当前消费稀缺资源而放弃未来消费的机会成本被称为使用者成本。不同于一般商品，石油价格构成中不仅包括边际开采成本、边际社会成本还包括边际使用者成本，三种成本的增加或减少都会导致石油价格出现波动性。同时，石油稀缺性决定了石油生产和消费的竞争性，这种竞争性内在决定着石油波动性，当石油稀缺性被国际利益集团利用时，必然会放大其波动性。

（2）战略性。石油作为一种基础能源产品，在生产生活的各个领域都具有重要的作用，关系着每个国家的经济发展和经济稳定，在军事和国防安全中也具有不可替代的战略作用，国际政治与其息息相关。战略性决定了石油不是普通商品，再加上石油稀缺性条件，世界各国争抢石油的结果必然是石油价格剧烈波动。

（3）石油供需在空间上分离。由于地质条件的限制，石油资源分布极不均衡（详见表2－2），呈现出较强的地缘性，且这种特点在不断加剧。2018年世界石油探明储量的48.3%集中在中东地区，但其消费占比只有9.2%；经合组织探明储量只有14.7%，但其消费占比为47.5%；美国探明储量只有3.5%，但其消费占比为20.5%，中国探明储量只有1.5%，但其消费占比为13.5%。石油生产与消费在地理上分离，一方面使得石油成为重要的世界贸易产品，年全球石油产量的一半用作国际贸易；另一方面也使石油价格极易受地缘不确定性因素影响，而这种影响通常被贸易和金融因素放大，油价频繁出现波动性。

表2－2 2018年世界石油储量、产量和消费情况 %

地区	探明储量占比	产量占比	消费量占比
北美洲	13.7	23.8	24.8
中南美洲	18.8	6.9	6.8
欧洲及欧亚大陆	0.8	3.7	15.3
中东地区	48.3	33.5	9.2
非洲	7.2	8.6	4.0
亚太地区	2.8	8.1	35.9
欧盟	0.3	1.6	13.3
美国	3.5	16.2	20.5
OCED	14.7	27.8	47.5
中国	15.5	4.0	13.5
中国香港	无	无	0.4

数据来源：《BP世界能源统计2018》。

（4）需求价格弹性较小。需求价格弹性是指需求变化率与价格变化率之比。石油产品作为基础原料，处于产业链的最前端，当石油价格变化时，需求量变化较小，即需求价格弹性较小。由于技术水平和投资沉淀的限制，短期之内不同能源产品之间缺乏替代性，这也是石油需求价格弹性较小的原因之一。Cooper（2012）利用23个国家年度时间序列数据对原油需求价格弹性进行研究，发现短期需求价格弹性为－0.05。较小的需求价格弹性意味着需求量稍有变化，就会导致价格较大的变化，这与现实石油价格波动相符。

2. 石油供求是油价波动的基本影响因素

1）霍特林法则的作用

在霍特林模型中，消费者认为每家厂家的产品在地理或产品特征空间中具有一个特殊的位置，两种产品在地理或产品特征中越接近，它们就越是好的替代品。消费者在地理或产品特征空间中与卖方越远，则其购买的成本就越高。厂商或产品只与邻近它们的厂商或产品展开直接竞争，两家厂家各自都有一定的市场力量。这种市场力量来自消费者在最邻近厂商购物的偏好或购买他们最喜爱的产品的偏好。图 2－3 中市场中消费者偏好均匀分布于间距为 1 的线段内，将市场内企业的竞争归入霍特林模型，差异产品的需求量为 $q_i = D_i\ (p_1,\ p_2,\ H_1,\ H_2)$。设差异产品的市场竞争为线性模型，且霍特林线段模型满足如下的条件：

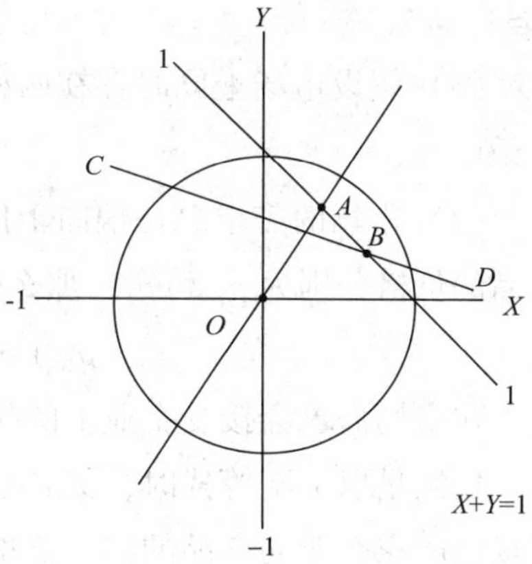

图 2－3 霍特林模型图

（1）产品差异。假设企业确定产品的品牌和销售区域，这种市场行为的活动空间可以用间距为 1 的线段表示，该线段被称为霍特林线段。市场上有两家企业，其产品的差异化参数为 H_1 和 H_2 代表的产品位值分别用 a_1 和 a_2 表示，其取值的范围为 0～1。再假设市场上每一企业只能提供一种品牌，并只在一个消费区域内销售产品。假设企业 1 的位值为 a_1，企业 2 的位值为 a_2，则有：$0 \leqslant a_1 \leqslant a_2 \leqslant 1$。

（2）两家企业在连续的生产条件下，产品的边际成本和单位成本固定不变，且保持相等。

（3）若市场外的厂家进入市场参与竞争，所需承担的额外固定成本是相同的。

（4）设市场中的某一消费者的消费偏好是 h，位于霍特林线段 0～1 之间，点 h 至企业 1 的市场位值 a_1 的间距为 $|h - a_1|$，至企业 2 的市场位值 a_2 的间距为 $|a_2 - h|$。消费者偏好所代表的值与企业的市场位值的间距具有两层含义，其一是对企业的销售区域不满意，其二是对产品不满意。这些差异都会为买者带来额外的费用支出。他们为了获得满意的产品，不得不前往出售该产品的销售区域进行购买，或者被迫接受并不理想的产品。参数 t 为移动成本，或称产品差异化率。消费者支出的移动成本由以下的二次方程表示：

$$c_1(h) = t(h - a_1)^2$$

$$c_2(h) = t(a_2 - h)^2$$

（5）假设消费者的数目在市场的各个区域内呈现均匀分布，若假设 h^* 代表无差异的偏好，若消费者的消费偏好 $h \leqslant h^*$，则消费者在企业 1 处购买产品，反之，则在企业 2 处购买产品。企业 1 的市场占有率 $s_1 = h^*$，企业 2 的市场占有率 $s_2 = 1 - h^*$。

(6) 假设市场上同时存在两种品牌，均具有一定的市场占有率，即 $q_1 > 0$ 且 $q_2 > 0$。

(7) 市场的需求总是偏向于价格较低的产品，那么企业 1 和企业 2 所提供的产品的价格分别为 p_1 和 p_2，那么企业 1 的产品品牌价格满足：

$$p_1 + c_1(h) \leqslant p_2 + c_2(h)$$

在市场需求会接受企业 1 的品牌，将移动成本代入公司后整理得：

当满足以上不等式时，买者会在企业 1 处购买所需要的产品。在此情况下，市场上两家企业的产品的实际价格对买者行为的影响是相同的。企业 1 的品牌需求量为：

$$s_1 = h^*$$

企业 2 的品牌需求量为：

$$s_2 = 1 - s_1$$

霍特林模型分析的结论：

由以上的分析，可以看到产品的差异会降低市场需求的价格弹性。一方面，在同一质量条件下，同类产品的差别越大，市场需求的价格弹性越小，企业调节价格的余地就越大。企业所采取的产品价格策略实际上是一种形成市场壁垒从而获得竞争力的策略。在满足消费者差异化需求的同时，起到设置一种阻止竞争对手或潜在竞争对手的障碍。

另一方面，产品差异化将减弱价格竞争的强度。同类产品的差异化程度越高，比如产品的销售区域定位值相差越大，则买者对产品的主观偏好程度越高，则买者承担的移动成本就越大，市场价格对消费者需求的影响就越小，因此，企业通过降低价格来吸引消费者的意义就越小。

在以上霍特林线段模型中，以产品的销售区域和品牌来讨论差异化问题。除了以上两个差异化特征以外，产品还具有产品质量、产品外观、包装、市场形象、兼容性等众多差异化特征。若把这些特征放入霍特林线段模型中进行分析，可以得到上述同样的结论。

2）原油储采比的变化

原油储采比是指年初原油探明储量除以当年原油产量，是影响原油价格波动的基本因素之一，反映石油工业可持续发展状况。下降的储采比意味着原油开采量的增加速度大于探明储量增长速度，此时原油价格会上升，生产者降低产量的同时会增加勘探力度，随着储采比逐渐上升，原油价格得以回落；反之亦然。因此，储采比影响原油价格的长期走势。

从全球原油储采比的历史变化来看，全球原油储采比整体上呈现出上升的趋势，从 1980 年的 29. 74 年升至 2016 年年底的 50. 74 年，增长了 70. 6%。全球原油储采比在 2011 年达到峰值 54. 58 年，随后小幅回落，见图 2 –4。

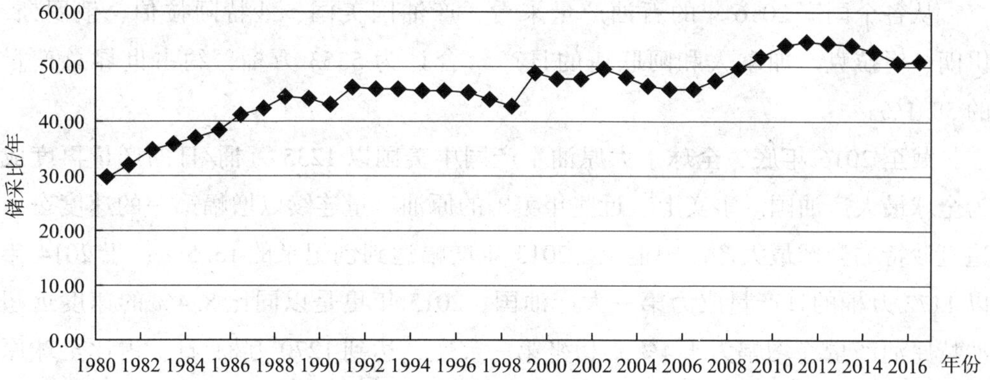

图 2 –4　世界原油储采比

2004 年以来，虽然原油储量持续增加，但是新增油田原油储量有较大幅度下降，同时原油产量又增加很快，致使 2006 年全球原油储采比下降为 41. 4，这一变化的滞后效应带动 2007 年和 2008 年原油价格的迅速上涨。经过生产与勘探调整，2009 年原油储采比上升为 45. 7，原油价格相应回落。BP 石油公司在 2017 年 6 月份发布了《2017 年世界能源统计报告》，2016 年底全球世界原油探明储量为 2707 亿吨，比上一年增长 0. 9%，储采比为 50. 6。其中中国原油探明储量为 35 亿吨，储采比仅为 17. 5。原油价格是石油价格体系中的基础价格，它的变化带动其他石油产品价格呈现相同变化趋势。

3）强劲的需求增长

2016 年世界石油产量仅增长 40 万桶/日，为 2013 年以来的最低增长，中东产量增长了 170 万桶/日，由伊朗、伊拉克、沙特驱动，但这些增长大部分都被北美洲、非洲、亚太地区和中南美洲的产量下降所抵消。全球石油消费量平均增长 160 万桶/日，连续第二年高于十年平均值 100 万桶/日，这主要得益于经合组织国家超常的强劲增长。其中，中国（40 万桶/日）和印度（33 万桶/日）仍是对石油消费量增长贡献最大的国家。

全球原油消费量从1965年至今整体上呈现出上涨的态势，从原油消费增速可以发现，在过去50年，绝大多数年份消费是同比增长的，其中1967年达到最大增速8.7%，1981年增速降至最低为-4.08%。2015年原油消费同比增速为2.04%，创5年来新高，2016年增长率相比2015年有所下滑，2018年全球石油消费量增长1.5%。

4）脆弱的供求平衡

从各个国家2016年的石油产量来看，产油国美国、沙特阿拉伯、俄罗斯、伊朗、伊拉克、加拿大和阿联酋的日产量合计为5353万桶，约占世界总产量的58.1%。

截至2016年底，全球十大原油生产国中美国以1235万桶/日的产量再度成为全球最大产油国。事实上，近些年美国的原油产量连续以增幅第一的速度奋力追赶沙特的全球最大产油国地位。2013年增幅达到创纪录的13.5%；于2014年以1172万桶的日产量成为第一大产油国；2015年更是以同比8.4%的速度远超沙特原油产量（增幅为4.4%）稳坐第一宝座，达到1270万桶/日，占比全球原油产量的近14%。美国原油产量的连续大幅增加同国内针对页岩油开发采取的优惠政策，以及巨额资金投入等产业政策的扶持是密不可分的。2016年增幅为负主要也是油价的低迷使得页岩油开采受到限制。

产量前十的国家中，除美国以外沙特和俄罗斯的原油产量也分别达到了1242万桶/日和1140万桶/日，原油产量排名前三的国家占比全球产量近40%，见图2-4。可以发现中国也位居全球十大原油生产国，日产量达到482万桶，而中国的原油已探明储量和这些国家相比并不在一个梯队，所以这也解释了为什么中国只有11.7的储采比，不及全球平均水平的四分之一。

石油生产在全球经济中发挥着重要作用。根据美国能源情报署收集的最新数据，2019年石油总产量平均每天超过8000万桶。根据最近的数据，前五大石油产量排名是美国、沙特阿拉伯、俄罗斯、加拿大和中国。排名前五的石油生产国如下。

(1) 美国。数据显示，目前美国已经凭借着页岩油革命，成为全球最大的产油国，平均1787万桶/日，占全球产量的18%。值得一提的是，美国在过去6年的产品一直高居榜首，只是因为美国一直没能实现净出口，所以一直被忽视。

(2) 沙特阿拉伯。沙特阿拉伯的石油日产量为 1242 万桶，占世界总产量的 12%。沙特阿拉伯是石油输出国组织（OPEC）中唯一上榜的国家。根据 EIA 的预测，全球石油产量将从 2019 年的 8000 万桶/日增加到 2050 年的 1.07 亿桶/日。

(3) 俄罗斯。虽然俄罗斯的排名有所下降，但它仍然是世界上最大的石油生产国之一，2019 年平均每天 1140 万桶，占世界总产量的 11%。俄罗斯一些最著名的石油生产公司是 Rosneft、Surgutneftegaz、Gazprom Neft 和 Tatneft。

(4) 加拿大。加拿大在 2019 年平均产量为 527 万桶/日，占全球产量的 5%。根据 EIA 国际能源展望 2019 年，加拿大的产量到 2050 年可能翻一番，增长 126%，超过任何其他非欧佩克国家的增长。加拿大石油生产的主要来源是阿尔伯塔省的油砂、加拿大西部的沉积盆地和大西洋近海油田。

(5) 中国。2019 年，中国平均日产石油 482 万桶，占世界总产量的 5%。中国是石油净进口国，去年平均每天消耗 1279 万桶石油。我国的东北和中北部地区是国内生产的主要地区。

2019 年五大主要产油国的石油产量见图 2-5。

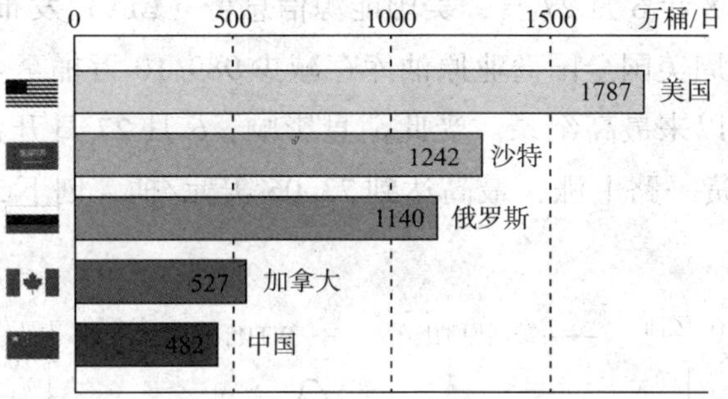

图 2-5 五大主要产油国产量（资料来源：《美国能源情报署》）

5）OPEC 减产

近年来，OPEC 国家曾多次减少原油生产。减产的原因主要有两个方面：第一，客观产能下降所致。OPEC 剩余产能在不断下降，除了沙特阿拉伯以外，其他 OPEC 国家石油产能基本已达上限。第二，追求高额利润所致。OPEC 国家凭借其独有的垄断地位，按照利润最大化的原则进行生产，较大产量对应较小边际收益，较小产量对应较大边际收益，这一特点促使单个 OPEC 国家的实际产量经常小于组织统一制定的配额。2007 年 11 月，OPEC 组织对生产协议作出进一步调整，协议只规定总体生产目标，而对生产配额不作明确规定，这一改变加剧了 OPEC 国家的继续减产行为。由于世界原油总产量的 40% 以上来自 OPEC 国家，因此 OPEC 国家的减产行为给国际原油供给造成巨大冲击，2007 年石油需求强劲增长，OPEC 减产推动石油价格迅速上涨；2008 年 9 月以来 OPEC 三次减产则是在石油需求和价格双双回落时作出的；因不可抗力因素的影响，15 个 OPEC 产油国，2018 年 12 月产量为 3268 万桶/日，较 11 月水平下降 46 万桶/日，为 2017 年 1 月来最大的月降幅，它对石油价格的回升起到了直接作用。

6）石油库存波动

石油库存的变化可以直接调节供求关系，从而带动石油价格波动。石油库存包括常规库存和商业库存。常规库存的绝大部分为政府战略库存，商业库存主要掌握在石油公司手中。常规库存一般比较稳定，商业库存对石油价格的影响明显强于常规库存。抛出库存，市场供给增加，可以抑制石油价格的上升；增加库存，市场供给减少，会拉动石油价格上升。库存量较小时，强劲石油需求增长会带动石油价格快速上涨，即出现低库存、高油价态势；库存量较大时，即使石油需求有所变化，石油价格的反应也会相对缓慢，即出现高库存、低油价态势。在美国国内原油库存紧张等因素的推动下，美国原油价格创下了 3 年多以来的新高。当地时间 2018 年 6 月 27 日，美国能源信息署（EIA）发布的最新报告显示，截至 6 月 22 日当周美国全国商业原油库存减少 989.10 万桶至 4.166 亿桶，降幅创下 2016 年 9 月以来最高纪录。受此消息影响，6 月 27 日开盘后，8 月交割的美国 WTI 原油期货一路上涨，最高达到 73.06 美元/桶，创下 2014 年 11 月以来新高，见图 2－6。

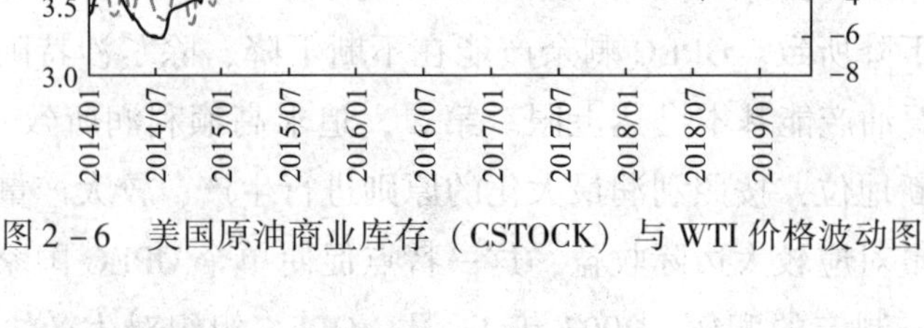

图 2－6　美国原油商业库存（CSTOCK）与 WTI 价格波动图

3. 政治因素是油价波动的短期诱发因素

石油除了具有一般商品的属性之外，还具有重要的政治属性。地缘局势和突发事件等政治因素对石油价格影响较大，经常成为短期油价波动的直接诱发因素。1990 年、2003 年两次海湾战争以及 2001 年“9・11”恐怖袭击事件前后，石油价格均出现较大程度的波动。中东地区是世界石油的主要生产地区，也是恐怖事件频繁发生的地区。恐怖袭击对石油生产设施造成的破坏带来全球市场对原油供给的担忧，从而在国际石油市场中形成所谓的“恐怖溢价”，并通过投机活动进一步放大。有分析认为，世界市场每桶石油价格中平均 10 美元是恐怖袭击因素造成的风险溢价。中东地区地缘政治一直是影响油价的重要因素，2019 年，中东地区地缘政治不稳定因素仍然存在，一方面是美国、欧盟、俄罗斯围绕大国地缘安全的博弈；另外一方面是沙特、伊朗、土耳其围绕地区领导权的博弈；最后是沙特等中东国家的内部矛盾，尤其是记者事件发生以后围绕沙特王储权力交接问题的博弈将日渐激烈。三个层次相互交错、错综复杂。具体来看：

（1）叙利亚局势：叙利亚虽然石油资源并不丰富，其在中东的石油产量几乎可以忽略。但叙利亚所处的地理位置靠近许多世界原油运输管道和海上航线，战略地位十分重要，因此叙利亚局势的变动对于中东原油的出口影响巨大。目前叙利亚不稳定因素仍存，俄罗斯和美国围绕该地区的战略对抗仍是未来的焦点问题。

（2）也门局势：也门是中东地区的门神，守护着曼德海峡，而曼德海峡属于中东石油出口海上运输必经通道。也门内战主要因为逊尼派哈迪政府和什叶派胡塞武装之间的教派冲突，其中哈迪政府得到了同为逊尼派的沙特政府的武力支持，而胡塞武装得到了同为什叶派的伊朗政府援助。也门的稳定与否直接关系到中东石油的出口。

（3）沙特内部矛盾：卡舒吉案引起国际社会的一片哗然，把沙特国内局势再度推向风口浪尖，沙特这场外交危机也激发了沙特王室内部的矛盾。预计围绕王储的权力交接问题，沙特内部存在极大的不稳定因素。

（4）伊朗制裁后期的不确定性：2018 年 11 月，美国正式重启对伊朗的制裁，此次制裁重点针对伊朗能源、造船、航运和金融等部门，特别是伊朗石油出口。随后美国对 8 个进口伊朗石油的国家暂时豁免，豁免期限为 180 天。但 180 天之后如何存在巨大的不确定性。此前有美国政府人士表示美国将不打算延长 180 天的豁免期限。

（5）卡塔尔退出 OPEC：2019 年 1 月 1 日卡塔尔将退出 OPEC，官方的理由是该国将专注于天然气的生产，但市场估计与该国原油产量过小导致的话语权过小也有关系。由于卡塔尔原油产量在中东国家中占比很小，预计退出 OPEC 对国际原油价格影响不大。虽然 OPEC 短期不存在解散可能，但退群事件仍给 OPEC 蒙上一层阴影。

中东乱局的升级将对全球经济金融形成冲击，作为博弈的核心工具，油价将加剧波动。

4. 金融因素主导近期油价波动态势

通过以上分析，发现石油特性、供求因素和政治因素对近年来油价波动诚然具有一定影响，但与油价波动的剧烈程度和频繁程度相比，显得微不足道。众多资料表明，金融因素才是主导近期油价波动态势的真正原因。石油是用美元计价的，石油价格与美元币值（主要体现为汇率）息息相关。近年来，受美国联邦储备委员会连续调低短期利率、资源型国家提息、国际投机者减持美元资产等因素影响，美元持续贬值，从而造成石油实际收入不断下降。为弥补损失，石油生产国不断抬高石油价格，降低产量，从而加剧国际油价波动。在供求暂不平衡的情况下，投机资金作为全球原油市场的重要参与者，对近年来原油价格的上涨和波动起到重要的推动作用。著名石油生产策略分析师麦克罗斯曼曾指出，在 60 美元的油价中，18～20 美元的溢价由投机造成。由于对美元贬值和通货膨胀的担心，以及全球股市和其他金融市场的不景气，国际市场上众多的投机力量，如对冲基金、股票基金、养老基金、私人股权基金、投资银行、机构投资者等，纷纷进入石油期货市场。2018 年仅在美国纽约商业交易所，就有近千家主要投资于能源产品的对冲基金，对冲基金投机交易占总交易量的比重也越来越高，它们控制的资金总量已经超过 1 万亿美元。投机力量的参与放大了国际石油期货市场消极因素的影响，短期内改变了国际石油期货市场的运行状态，使得期货价格呈现出频繁而剧烈波动的态势。国际原油市场日益"金融化"，对世界能源安全和全球经济复苏有重要影响。金融市场固有的动荡特性使油价波动更加频繁，对原油出口国和进口国均不利。而油价暴涨暴跌，则会影响运输业、制造业甚至农业的经营成本，最终使这些行业面临更多不可预测的外部风险，进而对经济复苏产生不利影响，金融才是驱动油价核心的力量。

第三节　国际原油期货交易规则

一、国际石油交易

国际石油交易问题，已经成为当今世界经济的热点问题之一。世界石油储量的分布不平衡、地区政治经济发展程度差异形成了当今的石油消费水平悬殊对比的现状。国际石油交易包括石油原油和成品石油交易。原油石油是主要的交易产品，占总量的75%以上；世界原油产量的一半左右进入贸易领域。受石油交易市场的影响，国际石油交易方式呈现出多元化的趋势。目前，以国际现货石油价格为基础的长期合同和现货石油交易是国际石油交易市场的主要方式。另外，国际石油期货市场的基本功能是套期保值和远期石油价格发现，石油是重要的期货商品，国际石油交易也是国际上尤为重要的交易活动。主要的国际石油交易方式有长期供应合同、现货合同、准现货合同和期货交易等方式。另外，还有以石油抵债、以油换油等准现货交易形式。在国际市场疲软的形势下，还有诸如延长石油付款期、减免运费、石油保险费等折扣方式。

二、国际原油期货交易

原油期货简称为OilFut，是最重要的石油期货。石油期货就是以远期石油价格为标的物品的期货，是期货交易中的一个交易品种，是由期货交易所统一制定，以原油为标的的标准化合约。国际原油期货交易规则是什么？

介绍国际原油期货交易规则之前，先来简单介绍下国际原油期货合约。世界上重要的原油期货合约有四个：

（1）纽约商业交易所（NYMEX）的轻质低硫原油即“西得克萨斯中质油”期货合约；

（2）高硫原油期货合约；

（3）伦敦国际石油交易所（IPE）的布伦特原油期货合约；

（4）新加坡交易所（SGX）的迪拜酸性原油期货合约。

2018年3月26日，原油期货在上海期货交易所上海国际能源交易中心正式挂牌上市交易。国际原油期货交易规则是什么？为了提高布伦特原油和WTI原油差价交易有效性、流动性和实现成本控制，NYMEX将布伦特原油期货交易的公开报价设定在都柏林的交易大厅，其余时间在NYMEX ACCESS电子系统平台上交易。公开叫价时间为柏林时间上午10：00至下午7：30，NYMEX ACCESS系统电子交易时间为柏林时间下午8：15至上午9：30。

在提高布伦特原油期货合约实用性的同时，交易所推出了自动报价、价格报告以及布伦特原油与WTI原油差价的交易平台，对NYMEX的布伦特原油以及轻质低硫原油分别进行清算。这是市场的一个重要发展，因为通过该平台可以完成两个不同市场的套利交易，使之逐步成为一个价格透明、竞争交易、操作简单的流动性市场。

布伦特原油期货合约采用现金结算方式，以 ISIS LOR、Argus 以及路透在都柏林的公开叫价平台收集的市场数据作为指数。布伦特原油期货交易由交易所专门的清算机构负责清算，确保了资金的安全，其中立性、流动性以及市场透明度成为 NYMEX 的特点。

第四节　石油市场理论

一、石油现货市场

石油现货市场是进行石油现货交易的市场。20 世纪 70 年代以前，这些市场仅作为由各大石油公司相互调剂余缺和交换油品的手段，石油现货交易量只占世界石油贸易总量的 5% 以下，现货价格只反映长期合同超产的销售价格。因此，这个阶段的石油现货市场被称为“剩余市场”。

70 年代石油危机后，随着现货交易量及其在世界石油市场中所占比例逐渐增加，石油现货市场由单纯的剩余市场演变为反映原油的生产、炼制成本、利润的“边际市场”。现货价格也逐渐成为石油公司、石油消费国政府制定石油政策的重要依据。为了摆脱固定的定价机制束缚，一些长期贸易合同开始与现货市场价格挂钩。这种长期合同与现货市场价格挂钩的做法，一般采用两种挂钩方式，一种是指按周、月或季度通过谈判商定价格的形式；另一种是以计算现货价格平均数（按月、双周、周）来确定合同油价。

国际上发达国家已经广泛进行石油现货投资。石油现货市场有两种价格，一种是实际现货交易价格；另一种是一些机构通过对市场的研究和跟踪而对一些市场价格水平所做的估价。世界上进行原油现货交易的市场主要有 5 个：

（1）西北欧市场。欧洲有两个原油现货市场：西北欧市场和伦敦市场。西北欧市场比伦敦市场大，它分布在阿姆斯特丹－鹿特丹－安特卫普（Amsterdam-Rotterdam-Antwerp，缩写 ARA），鹿特丹是西北欧市场的核心。西北欧市场主要为德国、英国、荷兰、法国服务。这一地区集中了西欧重要的油港码头和炼油厂。原油主要来自独联体国家，其次是北海油田原油和 ARA 地区独立炼油厂的油品。

（2）地中海市场。分布在意大利的地中海沿岸，油品供应来自沿海岸岛屿的独立炼油厂，另外有部分来自经由黑海的独联体国家的原油。地中海市场比较平稳，是这一地区重要的油品集散地。

（3）加勒比海市场。是较小的现货市场，但它对美国和欧洲的供需平衡起着重要的调节作用。该市场的原油及油品主要流入美国市场，但如果欧美两地价差大，就会流入欧洲市场，特别是柴油和燃料油。

（4）新加坡市场。是发展最迅速的市场，已成为南亚和东南亚的石油交易中心。新加坡市场地处波斯湾至日本航线的中间，所以该市场在原油交易中特别重要。原油及油品来自中东和当地的炼油厂。由于日本的石脑油消费量很大，所以石脑油和燃料油在该市场占有很大份额。

（5）美国市场。美国是世界石油消费大国，其产量已居世界第一，却仍然每年大量进口原油，于是在临墨西哥湾的休斯顿、大西洋的波特兰港和纽约港形成了庞大的市场。

二、世界石油期货市场

期货交易是千百万商品生产者、经营者通过经纪人在集中交易的场所按既定规则进行的市场竞争，集中反映了广泛的供需关系，所以能体现商品的真正价格水平。国际商品贸易之间运用期货交易的方式早在 18 世纪就出现了。1848 年，芝加哥商贸协会为了减少未曾预料到的商业混乱，即开始了处理远期谷物贸易的期货交易。自此以后，期货交易广泛运用于农产品、金属矿产品、金融商品等商品交易，成为一种有效的贸易手段。

然而，石油期货市场却是一个相对年轻的市场。1978 年，纽约商品交易所（NYMEX）首次发放了第一个与能源有关的期货合约，即第二号燃料油（粗柴油）合同交易，标志着石油期货交易和期货市场的开端。1981 年，纽约商品期货交易所进一步开办了汽油期货合同交易。同年，伦敦商品交易所属下成立了国际石油交易所（PIE），开始交易粗柴油期货合同。1983 年，纽约商品交易所进一步引进了原油期货交易，处理西得克萨斯中质油（WTI）期货贸易。与此同时，英国则开办了北海布仑特原油的合同交易。1989 年 2 月，新加坡金融交易所（SIMEX）开始处理高硫黄燃料油的合同交易，开办了当地和亚洲的石油期货市场。1989 年 6 月，鹿特丹能源期货（ROEEFX）交易所成立，同 PIE 一道处理欧洲的石油期货贸易（由于各种原因，1990 年 9 月 26 日，该交易所宣布关闭）。至此，国际石油市场上出现了三足鼎立的局面，开创了石油贸易的新格局。石油期货市场发端初期，发展极为缓慢，亦没有得到石油工业界的广泛认可。直到1986年油价暴跌，石油市场波动频繁，风险增大以后，石油期货市场才得以迅速发展，期货交易量急剧增加。为了满足石油公司、炼厂、经销商、投资银行和用户的不同需要，石油期货市场的交易范围从最初的燃料油扩大到了原油、取暖油、汽油以及丙烷期货合同和原油，期货交易的种类大大扩大。目前，石油期货市场正向纵深发展，已成为国际石油贸易业的一个重要组成部分，对石油市场产生着日益重大的影响。

国内最早开展石油期货的是南京石油交易所，北京石油交易所也曾经有过石油期货的交易。但是交易规模最大、影响最大的是上海石油交易所。1993年5月至1994年3月交易日中，成交总量达5000万吨。尽管当时国家只允许5%的石油资源可以进入市场自由流通，但期货市场的价格发现、套期保值作用已得到相当的发挥，期货价格对现货的生产和销售具有一定的指导意义。

20世纪90年代初期，我国的期货交易处于一种无序的发展过程之中，利益驱动造成了在全国范围内的期货交易所最多时期竟达50余家。由于当时期货交易监管制度尚未建立，潜在的交易风险时刻存在。在期货交易所的建立过程中，行业主管部门和地方政府的参与是最主要的推动力，而行业内的现货流通体制则是期货交易能否顺利进行的市场基础。改革开放以后，我国对石油的计划管理有所松动，从20世纪80年代后期开始，各油田、炼油厂开始拥有部分计划外原油和成品油供本单位自主销售，这构成了当时开展石油品种期货交易的基础。但是，从1994年4月起开始，国家对石油流通体制进行了改革，国内生产的原油和进口原油资源全部纳入国家计委平衡分配计划。石油天然气总公司生产的原油除油田自用和合理损耗，以及国家计划下达的其他用项外，全部安排给石化总公司组织各炼油厂加工。炼油企业一律不准搞各种形式的国内原油来料加工，也不得自行直接向市场销售成品油。由于国家石油流通体制的重大变革，使得我国尚处于起步发展阶段的石油期货于1994年4月暂时画上了一个句号。

目前国际油价的确定是以美国纽约商品交易所和英国伦敦国际石油交易所的原油期货价格为基准价的。全球三大基准原油分别是英国北海的布伦特原油(Brent)、美国西得克萨斯中质油（WTI）以及中东原油，原油价格的波动左右着成品油及油品的价格。期货市场主要包括期货交易所、期货结算机构、期货经纪机构和期货投资者等。在石油期货交易中，交易所是交易双方的中介，是买方的卖方和卖方的买方，起着担保合约履行的重要作用。交易所的管理和制度安排是期货市场机能良好运行的核心，对期货市场正常发挥套期保值作用、规避投机风险等影响深远。

1. 美国石油期货市场

1）纽约商品交易所

纽约商品交易所（New York Mercantile Exchange Inc，简称 NYMEX）是目前世界上最大的商品期货交易所。1978 年 NYMEX 推出了世界上首个成功上市交易的能源期货合约——取暖油期货合约。而该期货合约推出时间正是 1973 ~ 1979 年第二次石油危机期间。这一时间并非巧合，反映了二战后美国经济的高速增长和美国经济对国际石油市场的对外依存度的提高，以及经济对价格发现和风险管理需求的不断增长。油价的飙升，制约了美国经济的发展，而国内金融体系的发展使得美国金融体系在以往期货发展的经验历史基础上推出了石油期货，从而满足了对石油价格风险管理的需求。在随后的 20 多年里，NYMEX 陆续推出了汽油期货合约年（1981 年）、轻质低硫原油期货合约（1983 年）、丙烷期货合约（1987 年）、天然气期货合约（1990 年）、取暖油及原油间的炼油毛利期权合约、汽油及原油间的炼油毛利期权合约（1994 年）、电力期货合约（1996 年），以及引进了基于布伦特原油和西得克萨斯中质原油间差价的期权合约（2001 年）。

交易品种多样化及金融衍生工具的多样化伴随着交易手段的电子化。1993 年，NYMEX 推出了 NYMEX ACCESS 的非工作时间内电子交易系统，允许在非工作时间内交易。自 2001 年 9 月始，在互联网上提供该项服务。2001 年，NYMEX 完成了交易所非互利化改造，成为以营利为目的的机构。

NYMEX 还积极进行海外扩张。在欧洲，NYMEX 以伦敦为基地设立欧洲办事处，主要交易布伦特原油。在亚洲，NYMEX 与新加坡、东京工业交易所以及中国的期货交易所都有所接触，以期扩大其在亚洲的影响力。为了夺回对重质油的定价权，NYMEX 和阿联酋迪拜政府旗下的国有企业迪拜控股公司共同组建中东第一家能源交易所，并已开市。

从 NYMEX 的市场参与者构成来看，在 2000 年的交易所参与者中，石油交易商占 39.9%，机构投资者、对冲基金占 31.2%，石油生产、加工、消费及运输企业只占 28.9%。投机性力量的参与、巨额的对冲基金流入，使原油价格极易大幅波动，给石油期货市场带来巨大风险，也给期货监管者带来很大挑战。

2）美国商品期货贸易委员会

美国商品期货贸易委员会（Commodity Futures Trading Commission，简称

CFTC）是期货交易的监管者，其主要任务是保护市场参与者和公众免受诈骗、市场操纵，以及与商品和金融期货、期权相关的惯例滥用行为带来的损害，同时促进期货和期权市场开放、竞争和金融安全。

CFTC 于 1974 年由国会创建，是一个独立的机构，对美国的商品期货和期权市场进行监管。该机构的授权不断得到新的诠释并且权力不断扩大。《2000 年商品期货现代化法案》（Commodity Futures Modernization，ACT of 2000，简称 CFMA）的颁布更是扩大了 CFTC 的权限。今天，CFTC 通过鼓励期货市场的竞争性和高效性而确保其经济效益，保证市场的诚信和信息的完整性，保护市场参与者免受市场操纵行为、滥用交易管理行为、诈骗行为，保证清算过程的金融诚信。通过有效的监管，期货市场为价格发现和平抑价格风险提供了重要的功能性作用。

CFTC 由五名委员组成，他们由总统任命，其任期存在错落交叉，从而减小了合谋的可能。通过参议院批准，总统任命其中的一人担任委员会主席。不允许任一时间有超过 2 名委员来自同一政党。

直接向委员会主席负责的职员的职责包括：向公众提供委员会的信息，与其他政府机构和国会进行互动，准备和传播委员会的文件资料，确保委员会能够对《信息自由法案》提出的要求迅速做出反应。直接向委员会主席负责的职员包括总检察长负责审计（CFTC）和国际事务办公室委员会进行国际规制合作的核心部门。直接向委员会主席负责的职员的职责还包括与公众、国会和媒体保持联络。具体执行者是外务办公室，其对外及时提供委员会的规制指令、期货市场承担的经济角色、新市场工具、市场规制、强制手段，以及保护消费者的动议、诉讼和难题。

CFTC 总部设在华盛顿，此外，它在期货交易所所在地纽约、芝加哥、堪萨斯城、明尼阿波利斯设立办公室而加强了监管力度。

CFTC 主要执行部门包括清算和媒介监督部、市场监管部、强制执行部、首席经济学家办公室、总顾问办公室法律事务、执行总监办公室、外务办公室等。

2. 伦敦国际石油交易所

伦敦的国际石油交易所（International Petroleum Exchange，简称 IPE）是欧洲最重要的能源期货和期权的交易场所。IPE 于 1981 年推出重柴油期货，1988 年推出国际三种基准原油之一的布伦特原油期货合约。IPE 布伦特原油期货合约特别设计用以满足石油工业对于国际原油期货合约的需求，是一个高度灵活的规避风险及进行交易的工具。IPE 的布伦特原油期货合约上市后取得了巨大成功，迅速超过了重柴油期货成为该交易所最活跃的合约，从而成为国际原油期货交易中心之一，而北海布伦特原油期货价格也成了国际油价的基准之一。现在，布伦特原油期货合约是布伦特原油定价体系的一部分，包括现货及远期合约市场。该价格体系涵盖了世界原油交易量的 65%。

3. 亚洲石油期货交易市场

1）新加坡交易所

新加坡交易所（SINGAPORE EXCHANGE，简称 SGX）成立于 1999 年 12 月，由新加坡股票交易所及新加坡国际金融交易所两家金融机构合并而成。新加坡国际金融交易所于 1989 年推出了高硫燃料油期货合约，但 1999 年后交易量锐减，最后于 2002 年摘牌。改制后的 SGX 于 2002 年推出了中东迪拜石油期货合约。除了迪拜石油期货合约以外，SGX 另一主要交易品种是燃料油期货。

2）东京工业交易所

东京工业品交易所（Tokyo Commodity Exchange，简称 TOCOM）成立于 1984 年 11 月，它合并了东京纺织品交易所、东京橡胶交易所和东京黄金交易所。日本的石油期货市场虽然起步较晚，但是发展很快。日本是传统的石油进口国和消费国，国内所需石油主要依赖于进口。TOCOM 于 1999 年推出了汽油和煤油期货交易，2001 年推出中东原油期货合约。值得注意的是，TOCOM 的石油期货合约采用日元报价，并以日本国内通行的计量单位——千升计量。显然，日本石油期货市场主要是为了确保日本石油进口的安全性，保证石油储备，以及维护日元的国际地位。与日本的年消费量相比，汽油和煤油期货的成交量分别是现货消费量的 18 倍和 13 倍。TOCOM 的石油期货价格在日本国内石油价格形成机制中的作用日益显现。一些大型石油公司在购买汽油和煤油时，已经开始采用与东京工业品交易所汽油、煤油期货价格联动再加升贴水的办法成交。目前，凭借全部依赖进口的巨大消费量，交易所已基本确立了在北亚市场的原油基准价格。石油期货的成功发展，使得日本东京工业品交易的成交量迅速上升。2002 年日本东京工业品交易所的交易量达到了日本期货总交易量的 60% 以上，在日本期货市场独占鳌头。在东京工业品交易所推出石油期货不久，日本中部交易所也推出了汽油、煤油等品种的期货交易，主要吸引中、小投资者参加，交易也十分活跃。

石油期货上市前，日本的石油现货市场已基本放开，但仍然主要由十几个大型石油公司所垄断。石油期货合约推出后，由于期货市场的交割对象不受限制，参与者众多，市场流动性强，从而使形成的价格更为公开、合理地促进了石油现货市场的流通。目前石油期货在日本已逐渐成熟，其市场影响不断扩大，现货商在进行现货交易时，普遍将 TOCOM 的期货价格作为进口原油的参考价，加强了日本石油价格与国际市场石油价格的联动。

4. 世界石油期货市场比较分析

1）新加坡石油期货市场与欧美石油期货市场之比较

虽然亚洲的原油消费量远在欧洲之上，但却因为缺少以本地区指标油为基础的原油期货产品，而制约了本地区石油期货市场的发展，导致亚洲石油期货市场的影响力有限，受制于欧美石油期货市场。亚太地区的原油交易者一直只能克服时差等不利因素勉强利用欧美市场。新加坡市场只有轻柴油和燃料油等成品油品种较具有地区指标性。而欧美石油期货市场之所以成功地确立了基准原油和基准原油价格，这主要是由于其具备完善的金融资本市场机制，市场经济发展程度高，市场供求旺盛，从而使市场配置资源的能力强化。这些条件新加坡和日本也具备，但是却没有类似的结果，因此，根本原因不在于此。新加坡由于其优越的地理位置，使其成为中东原油输入东亚的枢纽，其外向型的经济政策和市场经济的高度发展、金融体系的健全完善，为其石油期货市场的发展创造了良好条件。然而，新加坡本国并不生产原油，进口原油多是中东重质原油，而中东原油的定价权在石油输出国（Organization of Petroleum Exporting Countries，简称 OPEC）手中。在历史上的石油供需博弈中，当 OPEC 提高原油价格后，欧美国家转而扩大对俄罗斯石油的购买，而北海油田的成功开发，更提高了欧美国家在原油供应商上的选择权，从而使 OPEC 认识到只有在合理的价格范围内维持世界石油市场的稳定，才能从根本上维护产油国的利益。而亚洲国家则由于供应商选择上替代性差，因此在定价上没有像欧美国家那样拥有能够制约的 OPEC 力量，而 OPEC 在输入欧美国家时，作价基础以欧美石油期货市场价作为基准。由此可见，石油期货市场的成功，除了得益于市场机制运行的内在因素外，石油供应的稳定性和对石油资源的控制力是十分重要的。

2）日本和中国石油期货市场之比较

日本从一个几乎不生产石油的岛国，发展出区域性的石油期货市场，虽然规模有限，但相对而言，也是一种成功。其原因除了上述中国所不具备的原因之外，石油期货储备在这里显示了重要作用。日本在 1973 年石油危机之后开始对战略石油储备立法，制定了《石油储备法》，其石油储备制度以政府为导向，政府储备了3.15亿桶原油，加上民间储备，储备能力达到169天。丰富的石油储备为期货市场的发展运行提供了强大的物质基础。而中国由于没有石油储备，加上本国石油市场供给不足，因此期货发展没有足够的油流作为基础。

综合以上分析，可以得出，石油期货市场的发展需要具备下述条件：

（1）市场经济的高度发展；

（2）市场体制尤其是金融体制的完善，资本市场发达；

（3）石油现货市场的供给和需求强劲，石油资源的控制力强，石油期货发展有现货市场的物质基础；

（4）石油储备体系健全，或者具备充足的石油现货供应；

（5）市场监管体制健全，政府宏观调控能力强。

以上这些条件目前我国还不具备，这些问题需要在今后的市场经济建设中逐步解决。

第三章　浙江自贸区简介

2017 年 4 月 1 日，中国（浙江）自由贸易试验区正式挂牌，实施范围 119.95 平方公里，是中国政府设立在浙江的区域性自由贸易园区，全域设在舟山。其使命是提升我国以油品为核心的大宗商品全球配置能力，提升我国在油品领域的国际制度性话语权。

第一节　浙江自贸区的建设规划

一、浙江自贸区的建立

1. 浙江自贸区的成立背景

2013 年 9 月上海自贸区正式挂牌，2015 年 3 月 24 日国务院审议通过了广东、天津、福建自由贸易试验区总体方案，2017 年 3 月 31 日，国务院批准了辽宁、浙江、河南、湖北、重庆、四川、陕西共七个自由贸易试验区。2017 年 4 月 1 日，中国（浙江）自由贸易试验区挂牌仪式在杭州举行，这标志着中国（浙江）自由贸易试验区正式启动运作。

2. 舟山自由贸易港

2011 年，国务院正式批准设立浙江舟山群岛新区，范围覆盖舟山市全域。2017 年，中国（浙江）自由贸易试验区设立，试验区范围全部位于舟山市域。2013 年，《浙江舟山群岛新区发展规划》率先提出“探索建立自由贸易园区和自由港区”的构想；之后，《国家“十三五”规划纲要》《长江三角洲城市群发展规划》等重要文件，进一步明确为“探索建设舟山自由贸易港区”。舟山具备自由贸易港建设的优良条件，是建设自由贸易港的理想之地。

中国香港和新加坡成为国际公认的成功的自由贸易港，其先天优势条件就是离岛，与大陆天然隔离。迪拜缺乏天然的离岛，为此特地建造了世界上最大的人工深水港杰贝阿里港，以保证安全高效监管。新加坡和中国香港、迪拜都只有寥寥少数几个岛屿，而舟山拥有1390个岛屿，其中面积1平方公里以上的岛屿58个。拥有的海岛之众、离岛之优势明显。在舟山探索建设自由贸易港，可实施"一岛一业，一岛一策"，选择合适岛屿，可在更多领域更广泛地探索深度开放、实施分类开放，且实现精准监管、控制风险。

油品产业是新加坡、鹿特丹等自由贸易港的立港之本、发展之基。新加坡实施油品领域自由贸易政策，成为世界三大炼油中心之一、世界三大石油贸易枢纽之一、亚洲石油产品定价中心、亚洲最大的转口港。舟山通过建设浙江自贸试验区，重点推进油品全产业链为核心的大宗商品投资便利化和贸易自由化，目前已经取得了明显成效。油品企业快速集聚，国际知名度与影响力迅速提升；已建成亚洲最大的铁矿砂中转基地、全国最大的商用石油中转基地、全国重要的化工品和粮油中转基地、国家石油战略储备基地、华东地区最大的煤炭中转基地。现在正在努力打造国际油品储运基地、国际海事服务基地、国际石化基地、国际液化天然气中转基地、国际油品交易中心和人民币国际化示范区。同时，以波音项目为代表的国际航空产业、以中澳产业园为代表的国际农副产品加工贸易中心和海洋工程装备等产业发展迅速。

3. 舟山港综合保税区设置

2014年1月8日，舟山港综合保税区第一期（本岛分区）正式封关运行，衢山分区则于2017年封关运行，起步即瞄准国际市场上大宗商品物流中转交易。

舟山港综合保税区享受保税、退税、免税等特殊优惠政策，承担着扩大和深化舟山群岛新区开发开放等方面的先行先试任务，在享受国家给予舟山的特殊优惠政策的同时，通过在海关监管、口岸开放、金融服务、产业扶持等方面的体制创新和机制改革，成为政策的高地。箱船和大型油轮、大宗散货船舶及更先进船型的通行和靠泊，是我国建设大型现代化深水港的理想港址。舟山港综合保税区本岛分区规划建设2个5万吨级泊位，2个3万吨级泊位，作为综合保税区的配套码头设施，配套岸线长度1218米；衢山分区已通过核准建设41万吨和15万吨级大型散货泊位，为开展铁矿石、煤炭、液体散货等保税业务提供有利条件，拟规划建设大小10个泊位，总占用岸线长度3375米。

本岛分区主要功能定位为以海洋装备制造业、海洋生物产业、电子信息产业等先进制造业及仓储物流、进出口贸易为主；衢山分区则重点发展煤炭、矿石、油品等大宗商品的仓储、配送业务，将成为我国重要的大宗商品仓储、中转基地。

二、浙江自贸区的规划

1. 建自贸区的意义

2011 年 6 月，浙江舟山群岛新区成立。2012 年 9 月 29 日，国务院正式批复设立舟山港综合保税区。2015 年 9 月 29 日，宁波港和舟山港合并成立宁波舟山港集团有限公司，以一个港口、一个品牌参与国内外航运市场竞争。2016 年 4 月 19 日，国务院同意批复设立舟山江海联运服务中心。

当前，中国大陆尚没有建成真正意义的自由贸易区或者自由贸易港，其对外开放的平台，最低的是保税仓库，依次是保税区、出口加工区、保税港、保税物流园区、综合保税区（港）、自由贸易试验区的系列模式。自贸区是中国目前开放的最高层次，自贸区主要体现在贸易和投资的自由化、便利化方面。

（1）自贸区建设实际上是主动选择的一个新的开放试点，其核心是以开放倒逼改革提速。

做出这种判断的依据是，自贸区建设需要政府将市场行为的主导权归还给市场主体、加快人民币自由兑换进程、推进税收改革，因此，自贸区建设将会带动并推进金融、税收、贸易、政府管理等一系列改革措施的出台。同时，这些改革举措可为全国性的改革提供巨大的示范效应，在这个进程中，改革红利将会逐步释放出来，最终推动中国经济实现转型升级。

（2）加快自贸区建设是中国经济转型升级的需要。在经济全球化的大背景下，国际经济合作显得更加重要，而加速资源要素的流通也势在必行。建立自贸区有助于提振外贸，稳定经济发展，为中国经济转型升级营造良好的发展环境。

（3）自贸区概念将成为资本市场的又一条投资主线。对于资本市场来说，自贸区建设也有着非常重大的积极意义。这是因为自贸区经济有着巨大的长期发展潜力，辖区内的上市公司（与这些公司有业务关系的辖区外公司）将获得经营方面实质性的积极影响，对于其业绩提升将有明显的裨益。同时，这些上市公司将会受到场内外资金的重点关注。

2. 浙江自贸区的布局

中国（浙江）自贸试验区的实施范围 119.95 平方公里，全部坐落于舟山市区域，由陆地和相关海洋锚地组成，涵盖三个片区。

1）短期发展目标

（1）5～10 年之内，争取创办六横、衢山、金塘三大保税物流园区或保税港，发展国际集装箱业务。

（2）特别是整合洋山、梅山两大保税港，形成舟山群岛有限自由港群。

2）中期发展目标

（1）充分利用国家政策，15～20年之内，建立一系列自由贸易园区。

（2）特别是利用海港、空港优越自然条件，形成六横、朱家尖、老塘山、衢山、金塘等若干个较大的保税物流园区。

3）长期发展目标

舟山港域建港条件十分优越，规划可开发深水岸段总长279千米，约占全国的1/5，其中水深15米以上岸线198.3千米，水深20米以上岸线107.9千米。目前我国7条国际远洋航线中，就有6条经过舟山海域，国家批复建设的7个40万吨级以上深水码头，舟山占3个。距离国际航路近，拥有虾峙门、蛇移门等多条30万吨级航道，锚地资源丰富，是远洋原油、矿石、煤炭等大宗货物运输的理想选址。假以30～50年，再造一个全新的“海上新加坡”！

3. 设置类型

因地制宜，分别设置转口集散型、贸易工业型、出口加工型、保税仓库型、商业零售区等，充分体现海上自由贸易区特点。

三、浙江自贸区战略定位

以制度创新为核心，以可复制可推广为基本要求，将浙江自贸试验区建设成为东部地区重要海上开放门户示范区、国际大宗商品贸易自由化先导区和具有国际影响力的资源配置基地。

1. 设置类型

（1）金塘集装箱物流岛。

（2）六横岛小郭巨围垦石化产业区。

（3）岙山岛油品储备保税区。

（4）老塘山自由港区。

（5）衢山自由贸易港区。

（6）六横煤炭国际交易港区。

（7）若干保税油库。

（8）若干船用品保税仓库。

（9）鼓励更多的民企自建保税仓库。

（10）目前待建的保税仓库。

（11）在沈家门港建设国际邮轮港。

2. 浙江自贸区的特点

第一，它是唯一位于东部的自贸区，我国自贸区往西是中国的纵深腹地——长江沿岸，东部是整个东部沿海经济带。舟山位于我国南北海运和长江水运 T 字形交汇处，是长江连通外海的唯一通道，背靠的不仅是长三角，而是整个长江流域，它像两条巨龙的交叉点。在舟山设立浙江自贸区，通过服务，可以把长江的经济之龙舞动起来，这是国家打造长江经济带发展战略的需要。另外舟山和最先设立的上海自贸区形成互补，上海的优势在于金融开放、服务贸易等方面，而储运、现货交割等完全可以放在港口码头条件更优越的舟山来进行，两者相互补充，为长三角地区的外贸保驾护航。

第二，其他自贸区都是横跨了几个地市甚至省区，但浙江自贸区整个都放在了舟山，这是因为舟山离岛远离大陆，四面环海，具备“境内关外”监管的天然地理优势，可以实行更加开放的“境内关外”管理，人员、货物进出可以得到有效监管。同时，这些海岛生态环境容量大，对于大项目而言，也易于落地。

第三，浙江自贸区突出一个“油”。在 2017 年 4 月 1 日国内同时设立的 7 个自贸试验区中，浙江自贸试验区可以说是目标最明确、最集中的，就是围绕一个“油”字做文章，以保税燃料油供应服务为突破口，建设东北亚保税燃料油加注中心，实现油品产业链为主的大宗商品投资便利化和贸易自由化。从区域布局来看，舟山离岛片区鱼山岛重点建设国际一流的绿色石化基地，鼠浪湖岛、黄泽山岛、双子山岛、衢山岛、小衢山岛、马迹山岛重点发展油品等大宗商品储存、中转、贸易产业，海洋锚地重点发展保税燃料油供应服务；舟山岛北部片区重点发展油品等大宗商品贸易、保税燃料油供应、石油石化产业配套装备、保税物流、仓储、制造等产业。

3. 与其他自贸区的比较

1）中国（上海）自由贸易试验区

中国（上海）自由贸易试验区，简称上海自由贸易区或上海自贸区，是中国政府设立在上海的区域性自由贸易园区，位于浦东境内，属中国自由贸易区范畴。2013 年 9 月 29 日中国（上海）自由贸易试验区正式成立，面积 28.78 平方公里，涵盖上海市外高桥保税区、外高桥保税物流园区、洋山保税港区和上海浦东机场综合保税区共 4 个海关特殊监管区域。2014 年 12 月 28 日，全国人大常务委员会授权国务院扩展中国（上海）自由贸易试验区区域，将面积扩展到 120.72 平方公里。

2013 年 9 月 29 日，上海自由贸易区正式挂牌成立，当天国家有关部门及上海市领导为第一批入驻自贸试验区的企业和金融机构代表颁发了证照。首批入驻自贸区包括 25 家企业和 11 家金融机构，其中 11 家金融机构包括工行、农行、中行、建行、交行、招行、浦发及上海银行 8 家中资银行，花旗、星展 2 家外资银行，和交银金融租赁 1 家金融租赁公司。

2）广东自贸区——主打“港澳牌”

中国（广东）自由贸易试验区总面积 116.2 平方公里，主要涵盖广州南沙新区片区、深圳前海蛇口片区以及珠海横琴新区片区。广东自贸试验区将以深化粤港澳合作为重点，进一步推动粤港澳服务贸易自由化，同时加快经贸规则与国际对接。

3）天津自贸区——服务京津冀一体化

中国（天津）自由贸易试验区位于天津滨海新区内，总面积 119.9 平方公里，涵盖天津港片区、天津机场片区、滨海新区中心商务片区。

作为第二批自贸区中面积最大、北方首个自贸区，战略定位将挂钩京津冀协同发展，重点发展融资租赁业、高端制造业和现代服务业。

4）福建自贸区——与中国台湾深度合作

福建自由贸易试验区的三个园区分别位于福州、厦门和平潭综合试验区，总计面积达到 118.04 平方公里。作为大陆与中国台湾距离最近的省份，福建重点突出对接中国台湾自由经济区，以及建设海上丝绸之路。

5）大连自贸区

辽宁省申报的是大连自由贸易试验区，其区域范围涵盖大连保税区、大窑湾保税港区、大连出口加工区，共计 19 平方公里，或将涉及航运、物流、装备制造业等领域，主要是落实中央关于加快市场取向体制机制改革、推动结构调整的要求，着力打造提升东北老工业基地发展整体竞争力和对外开放水平的新引擎。

6）舟山自贸区

浙江省主要是落实中央关于“探索建设舟山自由贸易港区”的要求，就推动大宗商品贸易自由化，提升大宗商品全球配置能力进行探索。建设自由贸易港区，舟山有一个“三步走”战略——综合保税区、自由贸易园区、自由港区。自由港是最终目标，覆盖舟山全市。同时，作为舟山探索建立自由贸易港区的一个依托，2016 年 4 月，国务院批复原则同意设立舟山江海联运服务中心。其区域范围包括舟山群岛新区全域和宁波市北仑、镇海、江东、江北等区域，陆域面积约 2500 平方公里，海域面积约 2.1 万平方公里。

7）郑州自贸区

河南郑州自贸区，以郑州为主，涵盖郑州、开封、洛阳三个片区，网内网外相结合，一区多片分层推进，总面积约 120 平方公里。郑州片区侧重于探索以投资贸易便利化为主要内容的制度创新，打造国际物流中心和内陆开放高地。开封片区侧重于探索以促进消费流通国际化为主要内容的制度创新。洛阳片区侧重于探索事中事后监管服务模式创新。

河南郑州自贸区的主要功能将是落实中央关于加快建设贯通南北、连接东西的现代立体交通体系和现代物流体系的要求，着力建设服务于“一带一路”建设的现代综合交通枢纽。

8）湖北自贸区

根据国家要求，湖北自贸区申报总面积120平方公里，其中武汉70平方公里、宜昌28平方公里、襄阳22平方公里，每个片区不能拆分，有明确的边界闭合点。武汉自贸区主要是落实中央关于中部地区有序承接产业转移、建设一批战略性新兴产业和高技术产业基地的要求，发挥其在实施中部崛起战略和推进长江经济带建设中的示范作用。

《中国（湖北）自由贸易试验区总体方案》中提出，湖北自贸区建设涵括200多项改革试验任务，涉及省直单位、中央驻汉机构等50多家，以及武汉、宜昌、襄阳3市。

9）重庆自贸区

重庆自贸区面积预计为120平方公里，由两江新区、重庆西部物流园、重庆微电子园三部分构成。依托三大区域进行拓展。一是保税港区，以空港依托扩大到云计算基地；二是水港区拓展到果园港和江北嘴金融中心；三是西永综合保税区以及团结村片区，着力探索符合国际化要求的跨境投资和贸易规则体系，成为西部内陆地区融入全球经济一体化的重要载体。

10）成都自贸区

主打“科技型自贸区”，为传统的加工贸易服务区提供科技、智力支撑，打造为中西部自贸区的样板。成都自贸区的定位是建设内陆改革开放合作先行区、建设贸易发展转型示范区、建设国际化营商环境生态区。

11）西安自贸区

陕西省的自贸区将主要围绕航空航天、商贸物流、文化旅游、能源金融四大产业，制定扩大开放的正面清单，为内陆地区改革开放探索有效路径，更好支撑“一带一路”倡议的实施。

四、浙江自贸区的建设

浙江要努力将自贸试验区建设成为我国东部地区重要海上开放门户示范区、国际大宗商品贸易自由化先导区和具有国际影响力的资源配置基地，为全面深化改革和扩大开放探索新途径、积累新经验。

1. 近期目标

力争到2020年形成4000万吨油品储存、1500万吨铁矿石堆存规模和年4000万吨石油炼化、500万吨保税燃料油供应能力，大宗货物年交易额达到5万亿元，以油品为核心的大宗商品全球配置能力显著提升；累计新增各类注册企业3万家，其中国际、国内知名企业200家；累计合同引进外资30亿美元以上，实际引进外资15亿美元以上；对接国际标准初步建成投资贸易便利、高端产业集聚、法治环境规范、金融服务完善、监管高效便捷、辐射带动作用突出的自由贸易试验区，为国家深化改革提供一批可复制可推广的经验。

2. 自贸区功能布局

自贸试验区实施范围为119.95平方公里，由陆域和相关海洋锚地组成，具体包括舟山离岛片区78.98平方公里、舟山岛北部片区15.62平方公里、南部片区25.35平方公里，见图3－1。

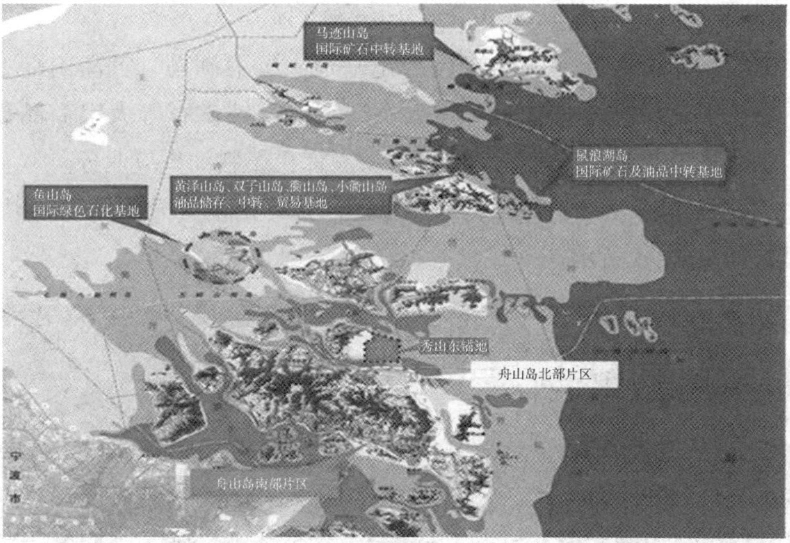

图3－1　浙江自贸区实施范围

中国（浙江）自由贸易试验区实施范围119.95平方公里，由陆域和相关海洋锚地组成，涵盖三个片区。

（1）舟山离岛片区：78.98平方公里，含舟山港综合保税区区块二3.02平方公里，见图3－2。

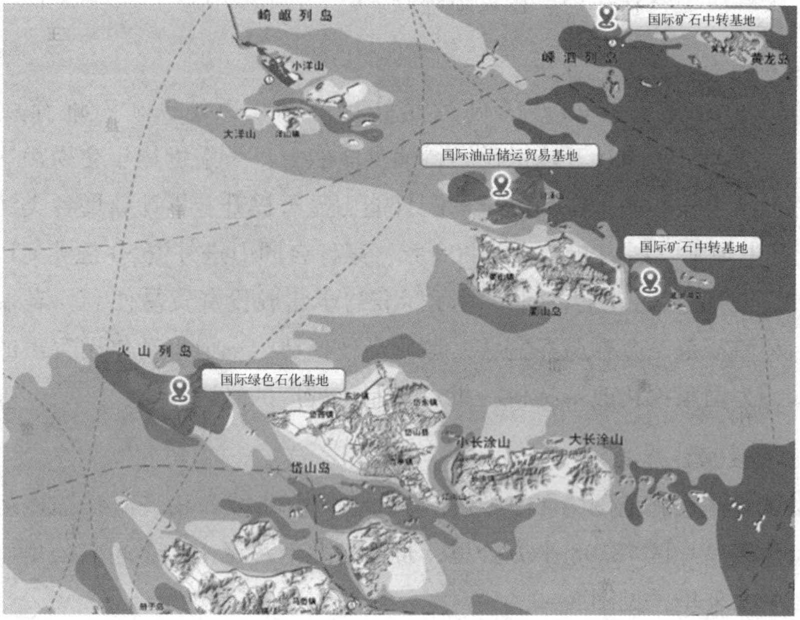

图 3－2　舟山离岛片区

鱼山岛重点建设国际一流的绿色石化基地。鼠浪湖岛、黄泽山岛、双子山岛、衢山岛、小衢山岛、马迹山岛重点发展油品、铁矿石等大宗商品储存、中转、加工、贸易等产业。秀山东锚地重点发展保税燃料油供应业务。

（2）舟山岛北部片区：15.62 平方公里，含舟山港综合保税区区块一 2.83 平方公里，如图 3－3 所示。

图 3－3　舟山岛北部片区

舟山岛北部片区重点发展油品等大宗商品贸易、保税燃料油供应以及石油石化产业配套装备保税制造、仓储、物流等产业。

（3）舟山岛南部片区：25.35 平方公里，重点建设舟山航空产业园，发展大宗商品交易、水产品贸易、海洋旅游、现代商贸、金融服务、信息咨询以及航空研发设计、制造、零部件物流等高新技术产业，见图 3－4。

图 3－4　舟山岛南部片区

3. 完成九大任务

1）建设规范行政体系和公平竞争市场机制

到 2020 年，自贸试验区“最多跑一次”改革走在全省前列，以“四张清单一张网”为核心的行政审批制度改革成效显著。建立统一开放的市场准入制度，建立健全事中事后监管体系。同时开展知识产权综合管理改革试点。

2）以保税燃料油供应服务为突破口，建设国际海事服务基地

到 2020 年，力争年保税燃料油供应量达到 500 万吨、外轮供应货值达到 8 亿美元、船舶交易额达到 60 亿元，基本建成以保税燃料油供应服务为核心，外轮供应服务、特色航运交易、船舶融资租赁和海事衍生服务全面发展的国际海事服务基地。

扩大航运服务业对外开放，如发展邮轮、游艇等旅游产业，争取部分国家游客 72 小时过境免签政策，开辟公海无目的地邮轮航线，实现国际邮轮出境 24 小时通关；在自贸试验区实行以“浙江舟山”为船籍港的国际航行船舶登记制度

和以“中国宁波舟山港”为船籍港的“方便旗”船舶回国登记制度，落实中资“方便旗”船舶税收优惠政策；争取在自贸试验区设立进境免税店。

3）扩大油品储存中转规模，建设国际油品储运基地

到2020年，力争在舟山离岛片区新增油品储存能力1000万吨以上，形成自贸试验区4000万吨油品储存能力，成为我国最大的油品仓储基地。

4）推进油品加工投资便利化，建设国际绿色石化基地

到2020年，舟山绿色石化基地炼化一体化项目二期竣工投产，形成年炼油4000万吨、对二甲苯800万吨、乙烯280万吨生产能力，初步建成投资开放、上下游产业链完整的国际绿色石化基地。

5）提高油品资源配置能力，建设国际油品交易中心

到2020年，力争参与油品贸易的规模以上企业达到300家，油品年贸易总额突破3000亿元。在条件成熟时，争取开展与期货相关的交易业务。

6）拓展新型贸易投资方式

到2020年，铁矿石总堆存能力达到1500万吨、配矿能力达到1000万吨，初步建成亚太地区配矿贸易中心、矿石信息中心和价格形成中心。大力发展航空装备及零配件制造等相关产业，初步建成舟山航空产业园。

7）深化金融领域开放创新

到2020年，形成以服务油品、铁矿石等大宗商品自由贸易为主的金融服务体系，以及支持金融创新、有效防范风险的金融监管机制。

8）创新通关监管服务模式

到2020年，以油品全产业链为核心的贸易自由化通关监管制度创新成效明显，国际贸易“单一窗口”运行顺利，“一线放开、二线安全高效管住”通关监管模式不断优化，通关效率显著提升。

9）完善法制保障和税收配套政策

到2020年，推动形成比较完备的法规制度体系、高效的法治实施体系、严密的法治监督体系、有力的法治保障体系，探索研究符合大宗商品贸易自由化的税收政策。

第二节　保税区与自由贸易区

一、保税区和自由贸易区内涵

1. 保税区

保税区是指允许外国货物不办理进出口手续即可连续长期储存的区域，核心功能为保税仓储、出口加工、转口贸易；海关对保税区实行封闭管理，享有“免证、免税、保税”政策；而自贸区政策的核心逻辑是简化手续、降低成本，实行境内关外政策。

保税制度，是由国家在港口或机场附近设立保税区、保税仓库或保税工厂，外国商品运进这些保税区域不算进口，不缴纳进口税；保税区是海关监管的实行境内关外管理的特定区域，保税区的货物可以在区内企业之间转让、转移，出口他国完全自由，进入国内市场要按进口征收关税和增值税。内地货物进入保税区按正常出口管理，转口货物和在保税区内仓储的货物按照保税货物管理。

保税区，又称保税仓库区，是一国海关设置的或经海关批准注册、受海关监督和管理的可以较长时间存储商品的区域。运入保税区的货物可以进行储存、改装、分类、混合、展览，以及加工制造。外国货物可以在保税区与境外之间自由进出，但如果要进入关境就需交纳关税了。从政策上讲，自贸区就是现有保税区的全方位升级，自贸区实行“境内关外”政策，保税区实行“境内关内”政策。

2. 自由贸易区

自由贸易区是指一国境内、受海关保护的、无贸易限制的关税豁免区域，是世界经济自由区中开放程度最高的一种形式，其基本特征可以概括为“国家行为、境内关外、功能突出、高度自由”。自由贸易区是一个关税、进出口许可证和配额的突破口以及适用特殊海关管理的区域，实际上是采取自由港政策的关税隔离区。

“人民币资本项目放开、离岸金融中心、创新监管模式、免税自由港”成为自贸区同保税区最大差别的政策，主要表现在贸易自由、人员进出自由、货币流通自由、货物存储自由、货物进出自由等方面。自贸区是中国目前开放的最高层次，自贸区主要体现在贸易和投资的自由化、便利化方面。

3. 自由港

自由港（free port）是指全部或绝大多数外国商品可以免税进出的港口，划在一国的关税国境（“关境”）以外。又称自由口岸、自由贸易区、对外贸易区，这种港口划在一国关境之外，外国商品进出港口时除免交关税外，还可在港内自由改装、加工、长期储存或销售，但须遵守所在国的有关政策和法令。

保税区，也称保税仓库区，级别低于综合保税区。这是一国海关设置的或经海关批准注册、受海关监督和管理的可以较长时间存储商品的区域，是经国务院批准设立的、海关实施特殊监管的经济区域，也是境内关外。

二、保税区和自由贸易区的区别

（1）保税区在海关的特殊监管范围内，货物入区前须在海关登记，保税区货物进出境内、境外或区内流动有不同的税收限制；而自由贸易区是在海关辖区以外的、无贸易限制的关税豁免地区。

（2）保税区的货物存储有时间限定，一般为 2 ~ 5 年；而在自由贸易区内，货物存储期限不受限制。

（3）由于保税区内的货物是“暂不征税”，保税区对货物采用账册管理方式；而在自由贸易区，主要考虑货畅其流为基本条件，多数自由贸易区采取门岗管理方式，运作手续更为简化，交易成本更低。

（4）目前许多保税区的功能相对单一，主要是起中转存放的作用，对周边经济带动作用有限；而自由贸易区一般是物流集散中心，大进大出，加工贸易比较发达，对周边地区具有强大的辐射作用，能带动区域经济的发展。

三、适合进入自贸区的企业

1. 有跨境需求的企业

自贸区有跨境融资、跨境发债等金融政策，并允许符合条件的境外金融机构进入自贸区营业，因此，对于有跨境融资需求的企业比较合适。

2. 与境外有大量资金结算的企业

如果因为货物进出口、服务贸易、服务外包等业务，需要与境外机构进行大量的资金结算，这样的业务比较适合进入自贸区，能利用自贸区有效管理汇率风险。

3. 有境外投资意向的企业

如果国内企业需要向境外投资，对汇出资金的便利性要求较高，建议进入自贸区。

4. 需要引入境外高层次人才的企业

自贸区对引入的境外人才有优惠政策，可以降低境外人士的生活成本，需要引入外籍高管人员的业务比较适合进入自贸区。

5. 对货物通关便利性有依赖的企业

企业业务对货物进出关的便利性、快捷性特别敏感，这样的业务比较适合进入自贸区，海关等进出口管理部门在自贸区推行了一系列简化进出口手续、降低进出口管理成本的措施。

6. 境内非自贸区投资受限的企业

在境内非自贸区实施的是投资目录管理，不在目录内列举的项目，审批存在困难，自贸区实施的是负面清单管理，对投资项目实施备案管理。因此，在境内非自贸区审批有难度的项目在自贸区也许不存在问题。

7. 境内非自贸区审批流程长的企业

在自贸区设立融资租赁、股权投资基金、商业保理机构，办理方式进行了优化和创新，需要的时间短，审批效率高，相同的业务，进入自贸区能降低前期筹备成本。

8. 属于国内创新业务的企业

现在的商业模式日新月异，千变万化。在境内非自贸区，这样的投资项目可能会遇上玻璃门，错失商机。自贸区就是中国新型改革开放试验区，可以为企业的新业务新模式研究推出适当的政策，如果成功，还可以将该政策推向全国。所以，对属于创新商业模式的业务，不妨大胆向自贸区政府管理部门提出要求，请求政府进行创新支持。

第三节　浙江自贸区发展方向

一、以“油”为主做强大宗商品

在此次设立的7个自贸区中，浙江自贸区的目标尤为集中，明确以“油”为主，做大做强大宗商品贸易，推动油品全产业链投资便利化和贸易自由化。未来，舟山将成为一个全球性的油品国际贸易中心，油品将在这里中转、交易。

据《中国贸易报》报道，从浙江石油化工交易中心（以下简称“浙油中心”）获悉，由浙江省金融办牵头指导，物产中大集团旗下“浙油中心”经过一年多时间的调研、论证，浙江自贸区国际油品交易中心建设实施方案获批。

“浙油中心”是经浙江省政府批准的全省唯一一家专业从事石油化工产品交易服务的交易场所，已与上海期货交易所就期现合作品种及方式达成一致，并成功与金融机构、仓储企业启动战略合作，交易规模、客户资源、系统建设等方面具备较好的基础。

根据建设方案规划，浙江自贸区国际油品交易中心将以“浙油中心”为基础，探索打造既符合国际规则又具有中国特色且风险可控的大宗商品交易市场模式，有效服务实体经济，提升我国以油品为主的大宗商品全球配置能力，推动人民币国际化。

方案将国际油品交易中心建设划分为现货交易、以现货为基础的中远期交易、场外 OTC 交易生态系统打造、场外衍生品交易共四个发展阶段。并谋划出股权改造、集成服务体系搭建、期现合作、清算服务体系建立、油品价格指数打造、高标准数字化交易系统布局、国际化合作等重点配套工作。

“浙油中心”各项经营业绩向好，平台集聚效应不断增强，至 2019 年已集聚油品化工企业 869 家。2019 年 1 ~ 8 月会员企业实现贸易交易额同比增长 204.09%，贸易交易量同比增长 151.64%，会员企业税收贡献同比增长 182.05%。国际化水平持续提升，与新加坡交易所橡胶 OTC 国际化合作项目取得突破，交易量已破万吨。与迪拜黄金与商品交易所、印度多种商品交易所、印度 63 卫星科技公司开展对话、寻求合作。战略合作伙伴体系逐步完善，已与上海期货交易所就期现合作品种及方式达成意向，并成功与 7 家金融机构、6 家仓储企业启动战略合作，探索开展基于区块链的仓单通融资。科技创新成果取得新进展，共获得国家软件著作权证书 6 项、浙江省软件产品评估证书 2 项；自主研发的“现货会员全生命周期智慧管理系统”经毕马威公司评估，被列入自贸区向国家商务部报送推荐的第二批 26 个制度创新成果之一。

二、提供跨境投资新渠道

舟山自贸区的成立为跨境投资开通了新的渠道。个人可以开设自由贸易账户，设立外汇账户，只要相关配套细则出台，个人就可以通过自由贸易账户投资港股、美股等境外资本市场。这为国内企业国际融资带来了极大便利。

三、自贸区金融创新

在《中国（上海）自由贸易试验区总体方案》中，对金融领域开放创新提到了“在风险可控前提下，可在试验区内对人民币资本项目可兑换、金融市场利率市场化、人民币跨境使用等方面创造条件进行先行先试。推动金融服务业对符合条件的民营资本和外资金融机构全面开放，支持在试验区内设立外资银行和中外合资银行。允许金融市场在试验区内建立面向国际的交易平台。逐步允许境外企业参与商品期货交易。鼓励金融市场产品创新”等。

1. 人民币资本项目可兑换

资本项目可兑换指任意资本（无论投资国内资本市场还是国外资本市场）可以自由兑换成该国货币资本。目前我国仅经常项目可兑换，比如你出境旅游，可以直接去银行购汇用于旅游，但如果你想把人民币换成美元去海外买股票，银行就不给办理了。

2. 融资租赁

融资租赁是取代直接购买的一种获取设备的新形式。以某企业希望购买一家5300万美元的公务飞机为例，如果直接购买，就必须一次性缴纳相关的5%关税和17%增值税，大约7630万元人民币，资金压力较大；但是通过保税区融资租赁的形式，采用8年租赁的方式，最初只需要缴纳首季度租金相应的关税和增值税，仅为309万元，大大降低了租用飞机企业的现金流压力。来自自贸区符合规定的项目，还将享受增值税优惠政策。

3. 利率市场化

目前我国的存款利率是由央行设定基准利率，各银行只能在此基础上至多上浮10%。各期限利率高低，根本上还是由央行说了算。所谓利率市场化，就是要取消各期限存款利率的央行基准利率，由市场自行决定。比如在美国，除了隔夜利率由美联储议息决定外，其余期限利率均通过债券市场等市场价格来决定。

4. 离岸金融

离岸金融业务指金融机构吸引非居民的资金，为非居民服务的金融活动，一般采取与国内金融市场隔离的形态，使非居民在筹集资金和运用资金方面不受所在国税收和外汇管制及国内金融法规影响，可进行自由交易的市场离岸金融市场对本国经济几乎没有不利影响，还能带来税收、就业、房地产和相关产业的发展。

5. 互联网金融服务平台

近期，亚洲金融翘楚 SBI 集团与陆家嘴集团、新希望集团签署战略合作备忘录，拟共同在上海自由贸易试验区开展金融创新业务，打造互联网金融服务平台。

日本重磅级网络经纪商入驻自贸区再度引爆证券行业对网络证券经纪商牌照放开的预期。业内人士指出，参考成熟市场发展轨迹，设立专业的网络证券试点公司为大势所趋。SBI 借道自贸区进入金融服务领域，有望推动中国证券行业与互联网加速对接。

6. 自贸区拓展券商业务创新空间

SBI 集团是全球知名的亚洲互联网金融综合集团。公司依托互联网高速发展，旗下汇集证券、银行、保险、外汇交易、盘后交易等多个平台。网络证券业务尤为出彩，目前市场占有率日本第一。

四、向更高标准的贸易规则靠拢

美韩自贸区的条款，和 TPP、TTIP 的条款基本相近，因为 TPP、TTIP 是排他的，条款是不公布的。因此，研究我国是否能够达到更高标准的贸易规则，与这个贸易规则还差多远，是有困难的。中国国际经济交流中心找到了美韩自贸区的全部文本，翻译成中文，进行比较研究。按照美韩自贸区更高标准的贸易规则，中国基本上已经具备加入更高标准的贸易组织的条件。越南和文莱也可以加入，越南的贸易水平、自由化水平、便利化水平、劳工水平都和中国相差很远。所谓标准就是对所有成员都是平等的，都是同一准绳的，标准是准绳。

看了这些标准之后，觉得中国已经具备了条件。比如知识产权，原来认为知识产权的差距比较大，但是中国这些年对知识产权的高度重视，党中央国务院召开科技创新会，把知识产权提到了非常高的战略高度，而且制定了一系列保护知识产权的政策、文件、规定和标准。知识产权保护的要求正好也是更高标准的贸易规则涉及知识产权的标准，它的标准在某种程度上还不如我们现在的文件要求得高，所以，方向是一致的。

从劳工标准来看，我国现在的劳工不仅是 8 小时工作制，而且还有双休制。中国的劳工休息时间只是少于法国和北欧的一些国家，当然，有些企业工资底线定得很低，比如苏州的一个工业园，工人的月工资 600 元，一天工作 14 小时，主要挣的是8小时之外的加班工资，现在这些都受到了限制。我国对劳动保护，对劳工的标准也不低于美韩自贸区的标准。

从农业领域的标准来看，过去农产品出不去，但是现在韩国、日本对我国农产品出口的标准要求都是极高的，高于自贸区标准。农产品出口、纺织品出口、畜牧业的出口，标准最高的是欧盟。全世界126个国家制定了动物福利法，欧盟的动物福利法是最苛刻的。比如，要求猪有15天吃母乳的权利；猪在运输的过程中，每运输24小时有8小时的休息权利；在宰杀的过程中不被同伴看到的隐私等权利。欧盟曾经因为乌克兰的生猪在运输过程中没有让猪休息而拒收。目前，我国出口到日本、美国及欧盟的农产品，实际上是按国际标准在做。当然，国内农产品的标准，我们认为还相对比较低。提高农产品标准，特别是食品安全、粮食安全，是我国政府最关注的，也是现在下力量最大的，党中央国务院决心大、力度大、措施得力。这也是将来加入更高标准必备的条件，现在越接近标准，将来的前景会非常好。

中投顾问发布的《2016～2020年中国自贸区深度调研及投资前景预测报告》表示，水的治理、土壤的治理、空气的治理、化学品污染的治理，齐头并进。更高标准贸易规则所涉及的、过去比较惧怕、认为会对开拓国际市场产生比较大的压力和阻力的方面，现在正在变成动力。主要有两种动力：一种是来自中国政府在推动的这些工作，使这些工作向更高标准迈进；另一种是来自国际市场，美国推动的更高标准的贸易规则是排他的，而未来我们会比美国提出的贸易规则做得更好，让其无法排斥。国际标准实际上是最低标准，就是进入国际市场最低标准，国家标准应该高于国际标准，行业标准应该高于国家标准，龙头企业的标准应该高于行业标准。这样一个标准体系才能使我们的企业在国际市场无往不胜。

第四节 自贸区与“一带一路”倡议

一、什么是“一带一路”？

1. “一带一路”的含义

“一带一路”分别指的是丝绸之路经济带和21世纪海上丝绸之路，见图3－5、图3－6。2013年秋，习近平主席正式提出“一带一路”倡议。6年来，全球100多个国家和国际组织积极响应，支持和参与“一带一路”建设。2015年3月

28日，国家发展改革委、外交部、商务部联合发布了《推动共建丝绸之路经济带和21世纪海上丝绸之路的愿景与行动》。随后，“一带一路”加快步伐。

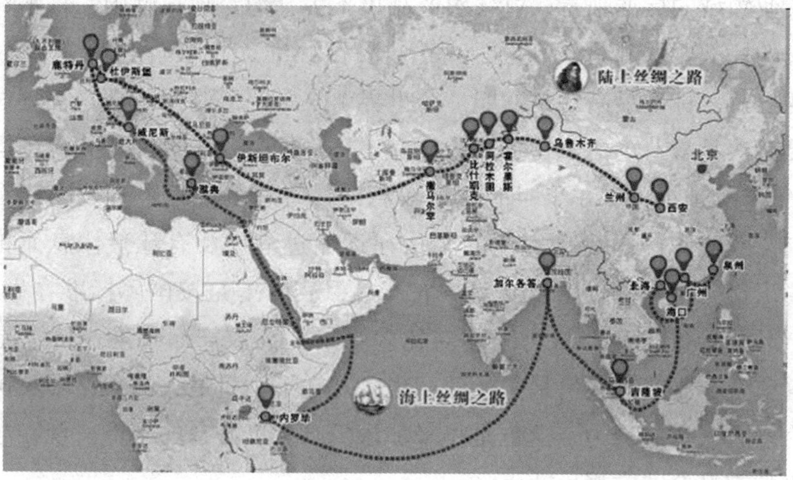

图3-5 “一带一路”

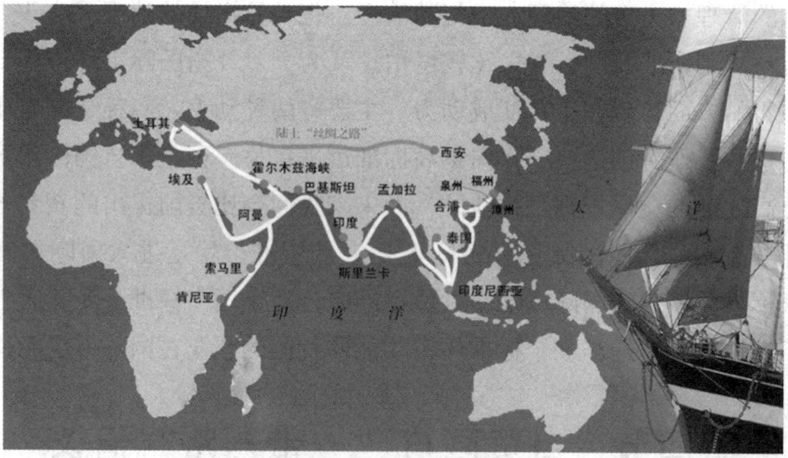

图3-6 海上丝绸之路

2. “一带一路”整体框架和思路

（1）“一带一路”四大理念：开放包容，互学互鉴，互利共赢，和平合作。

（2）三大共同体：通过政治互信、经济融合和文化包容达成责任共同体、命运共同体、利益共同体。

（3）陆上：依托国际大通道，以沿线中心城市为支撑，以重点经贸产业园区为合作平台，共同打造新亚欧大陆桥、中蒙俄、中国－中亚－西亚、中国－中南半岛等国际经济合作走廊。

（4）海上：以重点港口为节点，共同建设通常安全高效的运输大通道。

（5）构建绿色丝绸之路、健康丝绸之路、智力丝绸之路、和平丝绸之路。

3. “一带一路”倡议中的“五通”发展

政策沟通、道路联通、贸易畅通、货币流通和民心相通，以点带面，从线到片，逐步形成区域大合作格局。

（1）政策沟通——和 54 个沿线国家签订税收协定；与芬兰建立新型合作伙伴关系，同新加坡携手打造自贸协定“升级版”，与沿线国家签署 130 多个互联互通交通协定。

（2）设施联通——已与 40 多个沿线国家实现空中直航；中欧丝路高通量卫星进入评估阶段；印尼雅万高铁项目贷款协议正式签署；2017 年中欧班列开行 1000 列。

（3）贸易融通——与沿线国家贸易总额约 20 万亿元，正式发布海上丝路贸易；第三批自贸区列近千项创新清单。

（4）资金融通——亚投行批准新一批 7 个意向成员加入，成员扩至 77 个；中国将向丝路基金新增资金 1000 亿元人民币。中资银行在沿线国家设 62 家一级机构。

（5）民心相通——中国和印尼推进教育合作，沿线国家在华留学生已达 20 多万人，中国与柬埔寨人文交流掀起“汉语热”。

4. “一带一路”国内各地进展

（1）30 个省市建立了“一带一路”建设工作领导小组。

（2）31 个省市出台“一带一路”倡议对接方案。

（3）22 个省市与国家发展改革委签署《推进国际产能和装备制造合作协议》。

（4）16 个省市与国外相关州市签署了“一带一路”或产能合作方面的相关协议。

（5）10 个省市均设立了“一带一路”相关的专项资金。

（6）各地与海外重要城市之间建立友好城市关系共计 2315 个。

（7）各省市在海外联合办学共 1023 所，上海市的海外联合办学数量最多（120 所）。

“一带一路”经济区开放后，承包工程项目突破 3000 个。2015 年，我国企业共对“一带一路”相关的 49 个国家进行了直接投资，投资额同比增长

18.2%。2015年，我国承接“一带一路”相关国家服务外包合同金额178.3亿美元，执行金额121.5亿美元，同比分别增长42.6%和23.45%。

2016年6月底，中欧班列累计开行1881列，其中回程502列，实现进出口贸易总额170亿美元。2016年6月起，中欧班列穿上了统一的“制服”，深蓝色的集装箱格外醒目，品牌标志以红、黑为主色调，以奔驰的列车和飘扬的丝绸为造型，成为丝绸之路经济带蓬勃发展的最好代言与象征。

5.“一带一路”大数据解读：跨境电商迎爆发式发展

据统计，2016年我国跨境电商交易规模达到6.3万亿元，除了传统的热门国家，“一带一路”沿线国家的商品也在逐渐成为我国消费者的热捧对象。而在速卖通的用户中，“一带一路”沿线国家的用户占比就超过了45%。而根据俄罗斯电商协会与俄罗斯邮局调查报告，2016年中国网店销售额占据俄罗斯跨境在线贸易总额的52%，俄罗斯90%的外国邮包来自中国。特恩斯市场研究公司2017年1月的数据显示，速卖通平台共有2220万用户。

在“一带一路”倡议的引导下，国内企业纷纷紧抓机遇“走出去”。浙江湖州市吴兴区，成立了吴兴国际电商应用平台，并设立了一路进出口有限公司，专门服务中小型童装企业出口。目前该区通过各平台培育的跨境电商企业已有100余家，其中80%为童装企业，单月出口额超1000万元。

二、“一带一路”倡议规划

1. 发挥优势，全面对接“一带一路”

以油品为核心的大宗商品全球配置能力显著提升，对接国际标准初步建成自由贸易港区先行区是中国（浙江）自由贸易试验区的发展目标。在建设过程中，浙江自贸区应深挖自身优势，将特色优势与“一带一路”建设有机结合，推进重点区域和重点项目的建设发展，将自贸试验区建设成为海上开放门户示范区、国际大宗商品贸易自由化先导区和具有国际影响力的资源配置基地。

发挥区位优势，打造21世纪海上丝绸之路战略枢纽。浙江处于我国南北海运大通道和长江黄金水道交汇地带，是江海联运的重要枢纽，是我国深入环太平洋经济圈的前沿地区，也是我国扩大开放、联通世界的战略门户。浙江自贸区对内须加快江海联运服务中心建设，打造与中西部沟通互联的多式集疏运网络，对外大力开辟航线，与“21世纪海上丝绸之路”沿线国家港口建立合作。

发挥资源优势，构筑港航物流服务体系。浙江拥有丰富的深水岸线资源，建港条件十分优越，深水良港众多，具有发展港口物流业的独特优势。浙江自贸区应按照“大港口、大水运、强海运”的建设思路，做大做强港口物流业，着力构建大宗商品交易平台、海陆联动集疏运网络、金融和信息支撑系统“三位一体”的港航物流服务体系，大力发展大宗商品交易、现代航运、金融结算、航运保险等现代航运服务业，努力增强港口的核心竞争力和衍生效益，高水平建设我国大宗商品国际物流中心和“集散并重”的枢纽港。

发挥开放型经济优势，提升海洋经济开放程度。浙江是一个民营经济、外贸经济较为发达的省份。浙江作为全国较大的对外贸易省份之一，是一个天然的开放型经济形态。浙江自贸区应发挥浙江人和浙江大地上的开放“基因”，主动接轨上海、融入长三角，全面参与“一带一路”，不仅“立足浙江发展浙江”，而且“跳出浙江发展浙江”，使浙江省海洋经济开放程度更宽更广。

2. 锚定站位，主动定位“一带一路”

当前浙江自贸区亟须做好“顶层设计”与“摸着石头过河”的关系，积极主动实现自贸区与“一带一路”的完美耦合，找准自己在国际、国内、长三角地区和浙江本地四个层次的定位和发展机会，将长江经济带与“一带一路”建设对接，整合国内外、区内外资源，促进五大洲、四大洋之间物畅其流、人畅其通，构建统一高效的区域大市场，构筑大宗贸易合作新格局。

努力成为“一带一路”大宗商品交易中心。以全油品产业链为核心的大宗商品贸易交易自由化、投资便利化成为建设中国（浙江）自由贸易试验区的制度创新和创建特色，也是中央赋予浙江的责任和使命。推动政府和各类企业间信息共享互联，加强口岸、金融、信息服务支撑体系建设，发展大宗商品现货交易及分拨、配送业务，增强港口物流功能。培育、引进了一批大宗商品国际运营商、贸易商、期货经纪商及会计、法律、结算等机构，大大提高了大宗商品贸易现代化水平。

努力形成“一带一路”海陆交通枢纽中心。如何打通义乌国际陆港和宁波舟山港一体化，成为浙江开放发展中必须补齐的交通“短板”。江海联运方面，着力推进舟山衢山南航道、鱼山进港航道等项目建设；海河联运方面，重点提升浙北航道网、钱塘江中上游航运开发工程等航道建设；海铁联运方面，加快推进义甬舟大通道建设；海陆联运方面，重点推进舟山国际绿色石化园区疏港公路、六横大桥等公路建设。

努力建成“一带一路”国际港口货运中心。浙江自贸区核心地块的宁波舟山港是世界上重要的港口之一，货物吞吐量连续7年稳居全球港口第一位，2016年完成吞吐量9.2亿吨，完成集装箱吞吐量2156万标箱。未来浙江自贸区应充分发挥港口优势、深水海岸线的优势，努力提升港口货运能力，形成宁波舟山港与“一带一路”沿线国家港口的货物运输协作机制，成为“一带一路”沿线最具港口货物运输能力的区域。浙江自贸区与国际接轨的成品油、保税燃料等大宗贸易交易正在蓬勃发展，浙江自贸区将可能成为“一带一路”大宗货物交易最活跃、最频繁的国际化港口货运中心。

3. 对标国际，建立“一带一路”贸易新规则

主动对接国际大宗贸易投资新规则，尤其是以油品全产业链为核心的大宗贸易交易、投资新规则，是浙江自贸区的出发点，也是适应“一带一路”沿线国家贸易规则的现实需要。近年来，以新加坡为主导的油品标准在燃油料混兑、燃油料资质、金融服务体系以及监管等方面成为国际通行规则。为此，建立浙江自贸区就是要在投资开放、贸易便利、金融服务、综合监管、法治环境等方面先行建立国际大宗贸易新规则新标准，为我国大宗商品交易参与“一带一路”建设积累经验。

推动金融服务体制创新。扩大金融服务领域开放，支持中资、外资银行设立分支机构，支持符合条件的民营企业设立各类法人金融机构。拓展金融服务功能，促进跨境贸易、投融资结算便利化。健全金融风险防范体系。设立保税展示交易平台。探索建立与自贸试验区相适应的本外币账户管理体系，促进跨境贸易、投融资结算便利化。开展油品现期货交易初期采用双币种计价、结算，逐步探索采用人民币计价、结算，推动人民币国际化进程，完善结售汇管理。

建立统一开放的监管制度。建立与自贸试验区相适应的行政监督管理制度，加强与负面清单管理体制相适应的事中、事后监管体系建设。对涉及自贸试验区内的投资贸易等商事案件，建立专业化审理机制。严格执行环境保护法规和标准。强化安全监管保障，制订安全生产区域规划，建立自贸试验区油品安全管理制度。对自贸试验区内海关特殊监管区域实施“一线放开、二线安全高效管住”，探索建立货物状态分类监管模式。完善通关合作机制，开展货物通关、贸易统计、“经认证的经营者”互认、检验检测认证等方面合作。

加快打造国际化法治环境。完善浙江自贸区内的商事登记管理制度，使得企业设立运营更为便捷和高效，使得浙江自贸区的企业设立制度更趋法治化、国际化。建立商事案件专业化审理和多元化仲裁、调解机制和优化商事仲裁和司法诉

讼，提高法律工作人员素质，引入国外专业仲裁机构。

三、“一带一路”的国际合作

1. 战略平台

中国－中东欧合作框架：2014 年 12 月 16 日，李克强总理在第三次中国－中东欧国家领导人会晤上强调，要充分利用《布加勒斯特纲要》，积极落实《贝尔格莱德纲要》，启动制定《中国－中东欧国家中期合作规划》，以基础设施建设为牵引，以产能合作为抓手，以金融合作为支撑，推进合作不断取得新进展。

2015 年 9 月 17 日，上合组织经贸部长第十四次会议在西安举行，各方围绕落实 7 月上合组织乌法元首峰会取得的共建“一带一路”重要成果，达成了 9 项具体举措。包括批准启动《2017～2021 年推动项目合作措施清单》，涉及 10 多个领域百余个项目，总金额近千亿美元；开展跨境电子商务合作。各方商定将探讨建立“上合组织电子商务平台”等。

《中欧班列建设发展规划（2016～2020 年）》按照铁路“干支结合、枢纽集散”的班列组织方式，在内陆主要货源地、主要铁路枢纽、沿海重要港口、沿边陆路口岸等地规划设立 43 个枢纽节点，建设发展 43 条运行线。西线包括了昆明、贵阳、成都、重庆、西安、厦门、合肥、连云港、呼和浩特等城市；中线则涵盖了京广线上的主要城市，如广州、武汉、石家庄；东线上的枢纽节点，则包括南昌、福州、上海、济南、天津，大连等。

2016 年 10 月 13 日，国家发展改革委主任徐绍史代表中国政府与柬埔寨政府代表、财政与经济部大臣安蓬·莫尼拉签署了《中华人民共和国和柬埔寨王国关于编制共同推进“一带一路”建设合作规划纲要的谅解备忘录》。当前中柬合作已建、在建国道超过 20 条，约 2200 千米，占柬国道总里程 35% 以上。中方在柬建设运营多座水电站，发电量占柬发电总量的 50% 以上。

2016 年 11 月 5 日，第五届中国－中东欧国家领导人会议上，中方与捷方代表签署了中捷两国政府间《在“一带一路”倡议框架下的双边合作规划》，双方商定在基础设施建设、投资、工业和贸易、能源资源、科技与研发、金融、运输与物流、医疗卫生、民用航空、标准与认证、农业、文化、旅游、体育、教育、环境、地方合作、“网上丝绸之路”合作、智库合作共 19 个领域加强合作。

2. 交通对接

2014 年 8 月，中国参与埃及新苏伊士运河建设，苏伊士运河走廊经济带逐步形成。

2014 年 8 月，中泰“高铁换大米”计划，泰国政府通过了两条连接中国和泰国的铁路项目。

2014 年 11 月 8 日，中巴积极推进瓜达尔港建设，现已开航。

中国投资匈塞铁路。

青藏铁路在 2020 年以前延伸至中尼边界基隆。

2015 年 4 月，中国承担巴基斯坦拉合尔首条轨道交通。

2015 年 5 月 20 日，中国投资南美洲“两洋铁路”建设。

2015 年 5 月 18 日，中国拟与泰国开展克拉地峡的修建研究工作。

成昆曼国际大通道推动中国西部与东盟深度合作，全长 2600 余千米的公路。

2015 年 10 月 16 日，印尼雅加达－万隆高铁项目中国企业中标。

中英政府同意成立高铁项目组。

2015 年 10 月 23 日，中马《港口联盟协议》。

2015 年 11 月 13 日，中老签订铁路合作建设项目。

2016 年 1 月 21 日，中埃签订铁路合作项目。

3. 产业合作

2014 年 9 月，中俄油气管道合作，价值 4000 亿美元。

中俄长吉图（珲春）——扎鲁比诺万能海港——海参崴经济特区东北亚大图们江区域经济合作。

2014 年 10 月 13 日，中俄丝绸之路高科技产业园（西咸新区）。

中哈（连云港）物流合作基地。

2015 年 1 月，中缅油气管道。

中国获租巴基斯坦瓜达尔港 2000 亩土地为期 43 年。

4. 金融合作

2014 年 10 月 24 日，包括中国、印度、新加坡等在内 21 个首批意向创始成员国的财长和授权代表在北京人民大会堂正式签署《筹建亚投行备忘录》，共同决定成立亚洲基础设施投资银行（简称“亚投行”），标志着这一中国倡议设立的亚洲区域新多边开发机构的筹建工作将进入新阶段。亚投行的法定资本为 1000 亿美元，初始认缴资本目标为 500 亿美元左右，实缴资本为认缴资本的 20%。正式签署《筹建亚投行备忘录》的国家包括孟加拉国、文莱、柬埔寨、中国、印度、哈萨克斯坦、科威特、老挝、马来西亚、蒙古国、缅甸、尼泊尔、阿曼、巴基斯坦、菲律宾、卡塔尔、新加坡、斯里兰卡、泰国、乌兹别克斯坦和越南。

亚投行成立将弥补现有世界金融体系在亚洲基础设施建设投资上的缺口，并将会有良好的发展前景。一方面能继续推动国际货币基金组织（IMF）和世界银行（WB）的进一步改革，另一方面也是对当前世界银行和亚洲开发银行（ADB）在亚太地区的投融资与国际援助职能的有效补充。据亚洲开发银行的预测，2010～2020 年 10 年间，亚太区域基础设施建设需要投入 8 万亿美元，而亚洲开发银行每年提供的基础设施项目贷款仅为 100 亿美元。亚投行的建立，将弥补亚洲发展中国家在基础设施投资领域存在的巨大缺口，减少亚洲区内资金外流，投资于亚洲的“活力与增长”。到 2015 年 4 月 15 日，亚投行的意向创始成员有 57 家。

中国出资 400 亿美元启动丝路基金。2014 年 11 月 8 日，国家主席习近平宣布中国出资 400 亿美元设立丝路基金。丝路基金是开放的，欢迎亚洲域内外的投资者积极参与。未来 5 年，中国将为周边国家提供 2 万个互联互通领域培训名额。以人文交流为纽带，夯实亚洲互联互通的社会根基。

中国国家开发银行在“一带一路”中发挥更充分的作用。据统计，已建立涉及 60 个国家总量超过 900 个“一带一路”项目的储备库，涉及投资资金超过 8900 亿美元。而在已签署的近 50 份协议中，涵盖的领域包括煤气、矿产、电力、电信、基础设施、农业等。已实施的项目数为 22 个，累计贷款余额超过 100 亿美元。

2016 年 6 月 23 日，在塔什干中国、俄罗斯、蒙古国第三次会议上签署《建设中蒙俄经济走廊规划纲要》，共同推进交通基础设施建设，加强边境地区经济合作。蒙方希望加强同中俄在农业、救灾减灾等领域合作。

5. 自贸区与国际贸易

（1）“渝新欧”国际运输班列。该班列从重庆出发，经西安、兰州、乌鲁木齐，向西过北疆铁路，到达边境口岸阿拉山口，进入哈萨克斯坦，再经俄罗斯、白俄罗斯、波兰，至德国的杜伊斯堡，全长 11179 千米。这一条由沿途六个国家铁路、海关部门共同协调建立的铁路运输通道，最大的受惠者是落户重庆的企业向西进入欧洲市场的企业。以前中国到欧洲的货物，不管内陆还是沿海的货物，90% 以上都是“一江春水向东流”，先运到沿海，然后走海运到欧洲，需要 40 天左右。“渝新欧”的运费，为每个 40 英尺集装箱 6500 美元左右，而相应的海上运费是 5000 美元左右，“渝新欧”的运费虽然比海运贵 1500 美元，但从时间效益上来说，“渝新欧”节省了20多天时间，企业的资金可以得到更快的周转。假设1个集装箱的货值为1000万元，仅财务成本就能节约3万元，相当于5000美元。

（2）“郑新欧”国际运输班列。该班列始于郑州，经新疆阿拉山口出境，途经哈萨克斯、俄罗斯、白俄罗斯和波兰后到达德国汉堡，全程10214千米，运行时间16天左右，比走海运到欧洲节约时间15天。“郑新欧”国际铁路货运班列沿途经过5个国家，历经2次转关2次换轨。2014年9月2日，汉堡至郑州的铁路货运专线9月1日首次开通。

（3）蓉欧快铁运输班列。成都到波兰罗兹的蓉欧国际快速铁路货运直达班列于2013年4月26日开通，每周五固定发车。蓉欧快铁将从成都青白江集装箱中心站出发，经新疆阿拉山口出境，途径哈萨克斯坦、俄罗斯、白俄罗斯后，直达波兰第三大城市罗兹奥莱霍夫站，全长9826公里，站到站运行时间12～14天，并可在1～3天内分拨至欧洲任何地方。比当前货运班列节省8～10天，比海运节约1个月以上，运输成本仅为空运的1/8～1/4。

（4）“苏满欧”国际运输班列。“苏满欧”铁路运输专线正式开通后，为进一步提升货运效率，南京和苏州海关，上海铁路局、哈尔滨铁路局，满洲里市政府多方经协调，于2013年9月30日成功开行首趟“定点、定时、定线、定车次、定价格”的“五定班列”。“苏满欧”班列将原26天左右的铁路散货运输时间压缩至14天，最短时仅用11天，相较传统的海运模式，更是缩短26天，成为华东地区运输时效仅次于空运的东欧方向国际物流通道。从运输时间来看，从苏州到华沙1.12万公里，“苏满欧”班列运行时间最快为12天，比西线的“渝新欧”和“郑新欧”班列分别缩短5天和3天，为运时最短的亚欧通道。从运输价格来看，“苏满欧”班列每大柜运价7200美元，比“渝新欧”和“郑新欧”班列在实际成本上每大柜分别降低3100美元和3500美元，成本运价最低。从运输效率来看，“苏满欧”班列在满洲里口岸仅需2～3小时便可完成查验通关十余项手续，顺利出境，运输成本最低。除此之外东北方向，也开通粤满欧、津满欧、沈满欧、营满欧、哈满欧等多条低成本快捷路线。

2016年6月9日，由商务部主办的第二次中国－中东欧国家经贸促进部长级会议在浙江宁波召开。与会各国共同发表的《宁波宣言》，各方认同，中国与中东欧国家在工业、科技合作和装备制造领域富有潜力，双方将在产业结构调整和基础设施改造升级方面加强合作，同时还将建立投资合作基金及即将设立的

“16+1”金融公司。

6. 地方实施

1）地方规划

2015年6月3日，广东省提出《广东省参与建设“一带一路”的实施方案》要打造“一带一路”枢纽。打造世界一流粤港澳大湾区，建设国际金融贸易中心、科技创新中心、交通航运中心、文化交流中心，建设粤港澳大湾区物流枢纽；打造“空中丝绸之路”，增加广州、深圳至东南亚地区国家的国际航线和航班。以港口合作来建设珠三角湾区，建设一批国际旅游度假区；二是突出与港澳合作。重点是建设粤港澳大湾区，包括合作发展航运、跨境基础设施。

2015年5月29日，江西省提出《江西省参与丝绸之路经济带与21世纪海上丝绸之路建设实施方案》，把江西省建设成为连接“一带一路”内陆战略通道、内陆开放合作高地、生态文明国际合作重要平台。其中，景德镇要建设世界知名的陶瓷文化名城，成为我国“一带一路”倡议棋子中的重要窗口。

2）物流联盟

丝路经济带物流联动发展合作联盟（江苏）。2014年10月，中国（连云港）丝绸之路国际物流博览会暨第十一届国际物流节上通过了《合作联盟章程》《合作倡议书》以及合作联盟机构，签署了《丝绸之路经济带物流联动发展合作意见》。在江苏省的提议下，丝绸之路经济带沿线的8个省（区）构建了物流联动发展合作机制，涵盖乌鲁木齐、伊犁、兰州、酒泉、西宁、银川、西安、郑州、徐州、连云港等27个重要节点城市。8个省（区）倡议，逐步建立统一、开放、公平的企业市场经营环境。

中欧铁路东部国际通道建设实施方案。哈尔滨铁路局制订中欧铁路东部国际大通道建设实施方案，2014年7月召开中欧集装箱班列跨局运输合作商定会，与北京、沈阳等铁路局共同研究境内7条出口、3条进口直达班列运输线，缩短了大连、营口、天津等港口与口岸间的运行时限。同时，哈铁局协调俄罗斯铁路部门铺画后贝加尔至莫斯科的直达班列运行线以及到波兰华沙的直达班列运行线，形成进出口货物快速通道。

3）产业合作

武威保税物流中心。2014年1月，武威保税物流中心获得中华人民共和国海关总署等四个部门的批准。2014年9月，通过国家验收，是到目前为止全国唯一一个当年批准、当年验收通过的保税物流中心。武威保税物流中心地处连接兰新铁路和宝兰铁路的唯一通道——干武铁路园墩车站边，由北京中进物流有限公司建设，注册成立甘肃亚欧路桥国际物流有限公司运营，占地面积 730 亩，以此为中心规划 5.7 平方公里的产业发展用地。

新疆计划着手启动丝绸之路经济带区域国际金融中心建设规划工作，以乌鲁木齐会展片区“金融城”为基础，打造具有国际视野的金融服务网，同时构建以乌鲁木齐为中心，伊犁、喀什等地州区域为次中心的多层次金融体系。

第四章　浙江国际油品交易中心优势分析

石油是世界交易量最大的商品，在世界各类商品总货运量中，石油占一半以上。舟山建设国际油品交易中心已具备了国家政策支持和区域地理条件。本章分析舟山国际油品交易中心构建的内外部环境，并从石油产业链的上、中、下游完善交易市场设计的方法。积极布局和加快推进油品交易平台化、集成化、国际化、专业化，着力打造交易、信息、结算、物流、金融、定价“六大中心”，积极对接国家战略，主动投身到浙江自贸区油品全产业链建设当中。

第一节　油品储运贸易的优势

一、区位及自然条件优势明显

舟山市位于浙江省舟山群岛，地处我国东南沿海，长江口南侧，杭州湾外缘的东海洋面上。舟山背靠上海、杭州、宁波大城市和长江三角洲辽阔腹地，面向太平洋，具有较强的地缘优势，踞中国南北沿海航线与长江水道交汇枢纽，是长江流域和长江三角洲对外开放的海上门户和通道，与亚太新兴港口城市呈扇形辐射之势。舟山位于长江经济带的区位，处于我国长江经济带和海上丝绸之路的交汇处。

舟山市紧临国际海运的主通道，是长江经济带江海联运的重要枢纽，也是我国21世纪为“一带一路”国家开放的地区和重要前沿，所以国务院把舟山确立为江海联运中心，江就是长江的黄金水道，海就是海洋运输，包括我国的南北大通道，也包括海上丝绸之路经济带。作为江海联运中心，宁波舟山港的重要性不言而喻，2015年浙江省的沿海港口完成货物的吞吐量11亿吨，尽管还包括嘉兴、台州和温州，但最核心的是在宁波和舟山。完成集装箱的吞吐量达到2257万标箱，“十二五”期间年均分别增长6.9%、10%，其中宁波舟山港完成了8.9亿吨，连续7年稳居全球港口第一位；完成集装箱吞吐量2063万标箱，首次超过中国香港，位居全球第四。

舟山全市拥有岸线2444公里，港域内适宜开放建港的深水岸线54处，总长282公里。其中水深大于15米的岸线长198.3公里，水深大于20米的岸线107.9公里。舟山的陆地面积不到全国的万分之二，人口不到全国的万分之七，但战略性资源深水岸线却占全国的近五分之一。按每千米深水岸线可承载500万吨年吞吐能力的系数计算，舟山港域的岸线资源理论最大支撑能力可超过年吞吐量10亿吨。目前已利用岸线117公里，未利用岸线165公里。在可供开发的54处岸段中，未开发利用（包括部分未开发）的岸线41段。舟山港域适宜建港的港湾条件十分优越，水深浪小，少淤不冻，10米以下的等深线离岸距离大多在100米以内，腹地纵深，是建设深水泊位、泊航巨轮的理想港区，能满足第六代、第七代集装箱船通行和靠泊。

二、优良的港口作业条件

舟山目前的11个港区分别是定海港区、老塘山港区、金塘港区、马岙港区、沈家门港区、六横港区、高亭港区、衢山港区、泗礁港区、绿华山港区和洋山港区。这些港区内分布着41个万吨级码头泊位，其中“十一五”期间新增万吨级码头泊位27个。其中30万吨级的码头泊位有三个，分别是位于定海港区的中化兴中石油5号30万吨码头、位于老塘山港区的舟山实华册子原油码头1号泊位和位于马迹山港区的马迹山卸船码头2号泊位。

宁波舟山港分别承担了长江经济带45%的铁矿石、90%以上的油品中转量，三分之一的国际航线的集装箱运输量，以及全国约40%的油品、30%的铁矿石、20%的煤炭储备量，是全国最大的江海联运基地。2015年，实现江海联运量2.5亿吨，海河联运量是1400万吨，集装箱的海铁联运是17万标箱，多式联运发展形势快。

在国内整个燃料油市场进口下滑之际，非常明显的一点是浙江省的燃料油的进口却呈现稳步上行的趋势，占到全国进口量的近四分之一，全国消费量的近六分之一。而浙江省的燃料油进口主要集中在宁波－舟山港，通过把宁波－舟山港作为转运中枢，进一步运到内陆地区。全国的燃料油消费需求下降主要是由于发电厂对燃料油的需求减弱，发电厂用天然气逐步代替了燃料油作为发电的燃料，但是浙江的燃料油的需求增长主要来源于船用燃料油的增长，航运的发展使得对船用燃料油的需求稳定上升。

三、政策优势

（1）2011 年 6 月 30 日，国务院正式批准设立浙江舟山群岛新区，新区范围与舟山市行政区域一致。舟山群岛开发开放上升为国家战略，是中国第一个以海洋经济为主题的国家战略层面新区。

（2）2013 年 1 月 17 日，国务院又批复了《浙江舟山群岛新区发展规划》，根据《规划》中明确的战略目标定位：舟山群岛新区未来要成为浙江海洋经济发展的先导区、海洋综合开发试验区、长三角地区经济发展的重要增长极；要建成我国大宗商品储运中转加工交易中心、东部地区重要的海上开放门户、重要的现代海洋产业基地、海洋海岛综合保护开发示范区和陆海统筹发展先行区，努力打造面向环太平洋经济圈的桥头堡。

（3）2015 年 2 月，交通运输部和浙江省政府联合召开《宁波 – 舟山港总体规划（2012 ~ 2030 年）》审查会议，宁波 – 舟山港港区重新调整：合并泗礁、绿华山两个港区，新增白泉港区，但整个港区总体上仍然保持“一港、四核、十九区”的空间格局。此举旨在为加快开展“宁波 – 舟山港”一体化和江海联运服务中心建设，推进宁波 – 舟山港做强做大，向世界第一大现代化港口迈进。

（4）在舟山市 2014 年和 2015 年度的《政府报告》中分别提出，“在综保区基础上，继续深化舟山自由贸易港区建设总体方案，以大宗商品贸易自由化、海洋产业投资便利化和扩大现代海洋服务业对外开放为重点，探索扩大开放新模式”“继续加强舟山自由贸易港区的申报工作，推进综保区探索试行自由贸易港区政策”。

（5）在 2016 年第 10 届中国期货分析师暨场外衍生品论坛上，浙江省副省长做了《浙江海洋港口一体化战略与大宗商品交易中心的建设》的演讲指出，国务院确立了舟山的地位，叫作江海联运中心，联运中心建设功能定位：国际一流的江海联运综合枢纽，国际一流的江海联运航运服务基地，国家重要的大宗商品储备加工交易基地，我国港口一体化改革发展的示范区。在“十三五”期间，对宁波舟山港的规划有以下几个方面：要新增石油储备能力 1000 万立方米以上，要完善国际结算、保税机制，港口大宗货物交易额达 5 万亿元，舟山国际绿色石化基地一期基本建成，临港石油炼化能力达到 4000 万吨，要建成长江经济带的粮油集散加工基地，粮油中转吞吐量达到 2000 万吨。

（6）浙江省在“十二五”规划中指出，构筑大宗商品交易平台。按照建设一个大宗商品交易中心，宁波、舟山两个服务平台，石油化工、矿石、煤炭、粮食、建材、工业原材料、船舶等多个交易区，一批国家战略物资和商业化储运配送基地的总体架构，完善配套设施和服务，加强国内外战略合作。着力构建大宗商品交易平台，引导发展流通加工、分拨配送、国际采购、转口贸易等增值服务，带动物流金融、现货即期交易、期货合约交易等业务发展。扩建舟山国家石油储备基地，推进国家成品油战略储备基地项目。宁波市在“十二五”规划中指出：坚持炼化一体化、园区化发展模式，推进循环经济链、延伸石化产业链、提升产品价值链，重点推进镇海炼化扩建1500万吨炼油、大榭石化馏分油综合利用、大榭石化1000万吨炼化一体化，规划7000万吨炼油。同时国家在舟山建立的国家石油储备基地，已建成总库容为500万立方米，未来计划石油储备能力将达到1100多万立方米，成为世界最大的单体石油储备基地。

总之，以油品为代表的大宗商品要从传统贸易向服务贸易转型，把宁波舟山港从大宗商品的集散中心转变到大宗商品交易中心，最后到大宗商品的定价中心。一方面需要广泛的现货基础，同时也需要完善、发达的金融衍生品工具来支撑现货市场的进一步发展，而舟山大宗商品交易所结合地理位置与政策导向，将现货贸易与远期交易等金融衍生品联系起来，对于舟山的大宗商品定价中心的建设具有重要意义。

同时油品作为大宗商品的龙头，是浙江省进行进出口贸易转型升级的重要尝试，已经获批的中国（浙江）自由贸易试验区，进行保税交易，简化进出口程序，降低交易的成本，提高效率，从传统贸易向以服务金融贸易转型，对于浙江省的经济发展具有重要的意义。

第二节　储运企业及储罐规模优势

通过对舟山市辖范围内有多家油品储运企业进行调研，并通过油品储运企业对相关的贸易商情况进行摸查，目前舟山市共有港区内油品仓储经营企业44家，储罐942座，总罐容1364.7万立方米。其中，可从事原油经营业务的港口经营企业7家，共有原油储罐116座，总罐容661万立方米，占全市总罐容的48.4%，其中5家可兼营成品油经营业务。规模以上（10万立方米）的油品仓储企业12家，总罐容为1284.8万立方米，占全市总罐容的94.1%，保税罐容926.7万立方米。舟山港域规模以上（10万立方米）危险货物港口经营企业基本情况表详见表 4－1。

舟山市港区内，共有特级石油库（计算总容量 $TV \geqslant 120$ 万立方米）企业 3 个，分别为天禄能源总罐容 296 万立方米、册子油库 205 万立方米和中化兴中 256 万立方米，其总罐容达到 757 万立方米，占全市总罐容的 55.5%，3 家企业的保税罐容分别 296 万立方米，95 万立方米和 190 万立方米，共计 581 万立方米；一级石油库（10 万立方米 $\leqslant TV <$ 120 万立方米）9 座，主要有金润石油、洋山申港石油、太平洋化工等，总罐容为 527.8 万立方米，占全市总罐容的 38.7%。

目前，万向石油公司的原油罐区正在进行扩建，储罐 10 座，总罐容达到 104 万立方米。届时，舟山市港区内罐区的总罐容将达到 1468.7 万立方米；可从事原油储存的储罐 126 座，总罐容 765 万立方米，占全市总罐容的 52.1%；规模以上油储企业总罐容达到 1388.8 万立方米，占全市总罐容的 94.6%；120 万立方米以上的特级石油库达到 4 座，其总罐容达到 861 万立方米，占全市总罐容的 58.6%。

另外，岙山岛上的舟山国家石油储备基地有限责任公司作为国家石油储备基地，现有原油储罐 80 座，总罐容 800 万立方米，均为保税罐。

表 4－1　舟山港域大规模危险货物港口经营企业基本情况表

<table>
<tr><th>序号</th><th>企业名称</th><th>类型</th><th>泊位数量</th><th>泊位等级/吨</th><th>储罐数量</th><th>罐区总容量/立方米</th><th>辖区</th></tr>
<tr><td>1</td><td>浙江海洋石油化工有限公司</td><td>成品油</td><td>1</td><td>1 万</td><td>23</td><td>142300</td><td rowspan="6">定海</td></tr>
<tr><td>2</td><td>舟山世纪太平洋化工有限公司</td><td>成品油、液体化工</td><td>3</td><td>5 万
3 万
1 万</td><td>53</td><td>874500</td></tr>
<tr><td>3</td><td>浙江天禄能源有限公司</td><td>原油、成品油</td><td>2</td><td>5000 × 2</td><td>80</td><td>2960000</td></tr>
<tr><td>4</td><td>浙江泰富石油化工有限公司</td><td>原油、成品油、液体化工</td><td>4</td><td>3000 × 3
5 万</td><td>59</td><td>594000</td></tr>
<tr><td>5</td><td>舟山纳海油污水处理有限公司</td><td>原油、成品油、液体化工</td><td>3</td><td>3 万 × 2
3000 吨
1000</td><td>47</td><td>322850</td></tr>
<tr><td>6</td><td>舟山实华原油码头有限公司</td><td>原油</td><td>1</td><td>30 万</td><td>21</td><td>2050000</td></tr>
</table>

续表

序号	企业名称	类型	泊位数量	泊位等级/吨	储罐数量	罐区总容量/立方米	辖区
7	浙江建桥能源发展有限公司	成品油	3	5 万 3.5 万 5000	25	342000	定海
8	舟山市名洋石化有限公司	成品油	2	3000 ×2	18	94000	定海
9	中化兴中石油转运（舟山）有限公司	原油、成品油	4	30 万 25 万 8 万 3000	55	2560000	新城
10	万向石油储运（舟山）有限公司	原油、成品油、液体化工	4	10 万 1 万 3000 1000	27	630000	新城
11	舟山市金润石油转运有限公司	原油、成品油	2	3 万 3000	25	1095000	六横
12	路易达孚中奥能源有限责任公司	成品油、液体化工	2	5 万 3000	13	210000	六横
13	洋山申港国际石油储运有限公司	原油、成品油、液体化工	5	10 万 2000 ×2 5000 ×2 300 ×2 500	57	1067000	嵊泗

一、在舟储油油品贸易企业注册情况

通过调研了解到，目前舟山市港区内油品仓储经营企业的贸易商以注册在省外的国内企业为主，其次是注册在省内的企业，注册在舟山的贸易商很少。抽样调查 9 家企业的贸易商总数为 37 家，其中注册在浙江省外的国内企业 30 家，注册在舟山外的浙江省内的企业 8 家，注册在国外企业 5 家，注册在舟山的企业只有 2 家。由于注册在舟山的油品贸易商很少，舟山市整体储运量虽然很大，但是对舟山的税收贡献很少，税收难以落地。抽样调查企业贸易商情况表详见表4－2。

表4－2　抽样调查企业贸易商情况表

<table>
<tr><th rowspan="2">企业</th><th colspan="2">贸易商</th><th rowspan="2">企业</th><th colspan="2">贸易商</th></tr>
<tr><th>名称</th><th>注册地</th><th>名称</th><th>注册地</th></tr>
<tr><td rowspan="5">兴中石油</td><td>高桥石化</td><td>上海</td><td rowspan="5">世纪太平洋</td><td>上海联油国际贸易有限公司</td><td>上海</td></tr>
<tr><td>三菱商事</td><td>日本</td><td>天津市燃料油公司</td><td>天津</td></tr>
<tr><td>金陵石化</td><td>南京</td><td>浙江物产石化有限公司</td><td>浙江</td></tr>
<tr><td>扬子石化</td><td>南京</td><td>上海卓京石化有限公司</td><td>上海</td></tr>
<tr><td>壹鼎海运</td><td>宁波</td><td>GUNVOR SINGAPORE PTE LTD</td><td>新加坡</td></tr>
<tr><td rowspan="3">万向石油</td><td>中国石化</td><td>舟山</td><td rowspan="2">路易达孚</td><td>宁波中金石化有限公司</td><td>镇海</td></tr>
<tr><td>宁波中金</td><td>宁波</td><td>联合石化有限公司</td><td>新加坡</td></tr>
<tr><td>深圳光汇</td><td>深圳</td><td rowspan="4">纳海油污水处理有限公司</td><td>宁波市恒高石油化工有限公司</td><td>宁波北仑</td></tr>
<tr><td rowspan="3">天禄能源</td><td>中国石油</td><td>香港</td><td>中油华威石油化工（大连）有限公司</td><td>辽宁</td></tr>
<tr><td>中国石化</td><td>北京</td><td>舟山瑞信石油化工有限公司</td><td>舟山</td></tr>
<tr><td>中国海油</td><td>北京</td><td>葫芦岛汇中石化有限公司</td><td>辽宁</td></tr>
</table>

二、石油储存基地不断扩建

舟山群岛目前已经建成国家石油战略储备基地、全国最大商业原油储运基地和矿砂中转基地、浙江省最大的煤炭中转基地。舟山群岛是我国最大的油品仓储和调拨中心，全国进口的原油一半以上要通过舟山入关。截至2018年，舟山的油品仓储库容已超过2100万立方米。

岙山国家石油战略储备基地库容总规模仅次于镇海基地，占地1.42平方公里，有50座10万立方米储油罐，依山而建，比邻江海，总库容为500万立方米，总投资超过40亿元。同时中化兴中石油转运（舟山）有限公司投资建设158万立方米的储油罐。浙江万向集团投资12亿元建设的150万立方米岙山石油储存项目正在进行。岙山岛上的所有石油储备能力将达到1100多万立方米，成为世界最大的单体石油储备基地。另外还有黄泽山石油存储基地以及2017年7月双子山油品储运贸易基地进入实质性施工阶段，该工程位于岱山县衢山岛以北，黄泽山以南的双子山附近水域，围垦成陆面积总计约4664亩，拟建围堤长度约8.3千米，估算总投资约2700万元。舟山群岛油品储运基地，目标是成为我国最大的“油仓”。基地坐拥多个30万吨级油品码头。

1. 原油储运现状

2012～2016年舟山港域原油进出港量变化情况，从图4－1可看出，2012～2016年舟山港域的原油总进港量除2013年以外逐年增长，5年时间从2500万吨增长到3000万吨。

虽然原油进港量在5年时间内增加了约500万吨，但是原油出港量只增加了约150万吨，且整个原油进出港中，出港量只占约20%，另外80%左右的原油采用管道输送的方式输运出港，不包含在统计数据中。

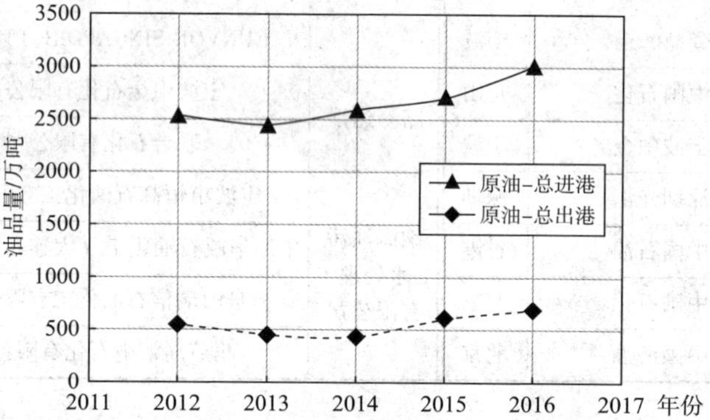

图4－1　2012～2016年舟山港域原油进出港量变化

2012～2016年舟山港域内外贸原油进出港量变化情况，从图4－2可以看出，2012～2016年，舟山港域的外贸原油进港量远高于外贸原油出港、内贸原油进出港量，说明舟山港域还是典型的油品外贸进口港，这与我国的油品进口趋势一致。

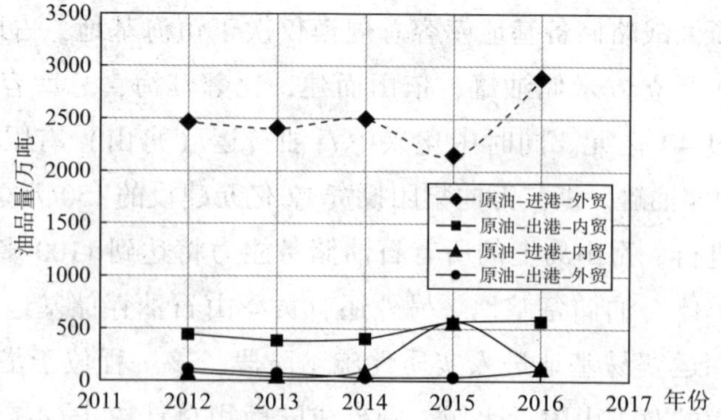

图4－2　2012～2016年舟山港域内外贸原油进出港量变化

以2015年数据计算，舟山港域原油进口量2100万吨约占全国原油进口量3.4亿吨的6.2%，占华东地区进口量1亿吨的21%。舟山港域原油出口量为37.0万吨，占据全国原油出口量286.56万吨的13.0%。

从图4-2可知，2012~2016年舟山港域内贸原油进港量大致保持在100万吨，除了2015年达到500万吨，2012~2016年舟山港域外贸原油进港量大致保持在2500万吨。

1）原油进港

2012~2016年，舟山港域的外贸原油进港来源地变化非常大，原油进港来源主要是西亚地区及亚太地区，2016年进港量排名前5的地区是伊拉克、沙特阿拉伯、阿曼、伊朗、新加坡。

2017年上半年，浙江自贸试验区效应的显现及国际原油价格持续走低，直接推动舟山港域油品吞吐量快速增长，其中新城港域的油品吞吐量首次突破2000万吨。宁波舟山港新城港区成功接卸超大型油轮101艘，完成油品吞吐量2046.83万吨，完成年度吞吐计划的70.59%，同比增长27.38%，占了全市油品吞吐量的53%。

2017年全年完成吞吐量2900万吨，上半年突破2000万吨已经超出了我们的预期。岙山作为全国最大的油品储运中转基地，面对全球原油市场需求疲软的经济形势，油品吞吐量逆流而上，为国家原油战略储备和商业储备提供了运输保障，也为舟山江海联运服务中心建设和自由贸易区建设提供了坚实的基础。”

2）原油出港

2012~2016年舟山港域内贸原油出港长江经济带情况，从图4-3可以看出，2012~2016年，舟山港域的内贸原油出港目的地基本是长江经济带，内贸原油出港长江经济带的量为400万吨至600万吨，与舟山港域内的出港量变化趋势基本一直，出港长江经济带的量占比非常高，2012~2016年5年平均占比达到92.5%，最高为2015年高于98%的原油出港到长江经济带。

2. 成品油储运现状

2012~2016年舟山港域的成品油总进出港量，从图4-4可以看出2012~2016年，舟山港域的成品油总进出港量基本相当，总进港量基本稳定在1000万吨至1300万吨，总出港量进步稳定在900万吨至1300万吨，成品油总进港量从2012到2016总计增加约300万吨，成品油总出港量从2012到2016总计增加约500万吨，总进港量与总出港量基本保持一致。

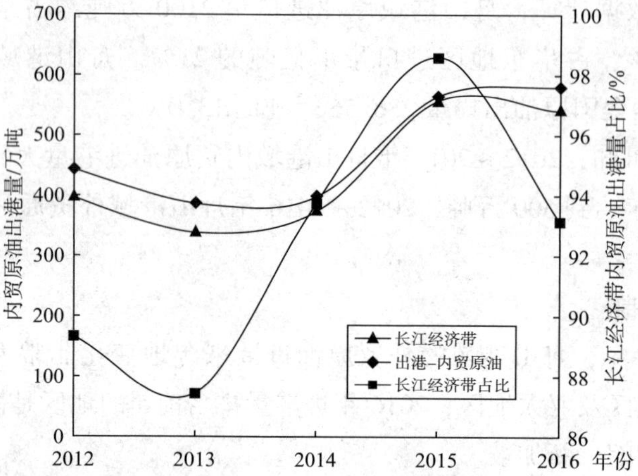

图 4-3　2012～2016 年舟山港域内贸原油出港长江经济带量情况

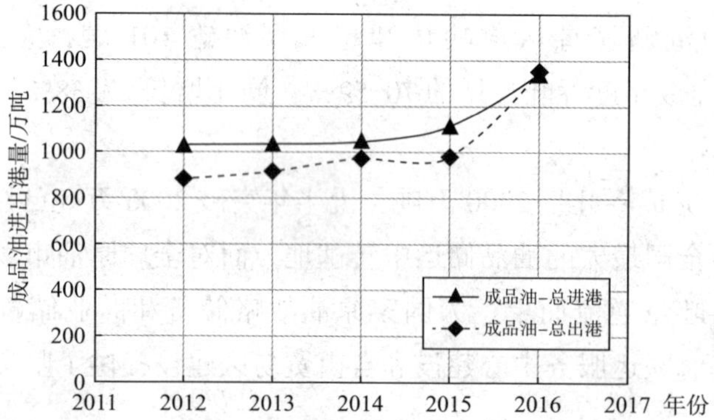

图 4-4　2011～2016 年舟山港域成品油进出港量变化

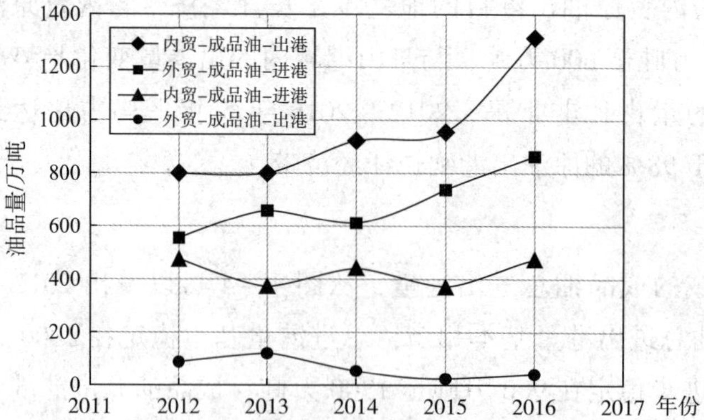

图 4-5　2012～2016 年舟山港域内外贸成品油进出港量变化

2012～2016 年，舟山港域的内贸成品油出港量最高（见图 4-5）；其次是外贸成品油进港量，2012 年至 2016 年逐年增长，从 600 万吨增长到 900 万吨；再次为内贸成品油进港量，其量约为 400 万吨；最低为外贸成品油出港量，低于 100 万吨。舟山港域的成品油储运主要也是满足国内需求为主，出口成品油非常少。

1）成品油进港

2012 ~2016 年舟山港域内贸成品油进港量大致保持在 400 万吨左右，如图 4 -6 所示。可以看出，2012 ~2016 年，舟山港域的内贸原油进港来源地及进港量基本保持稳定变化不大，排名前 5 的地区是宁波、山东、辽宁、上海、大连。该分布基本与我国沿海炼化产业的分布相吻合。

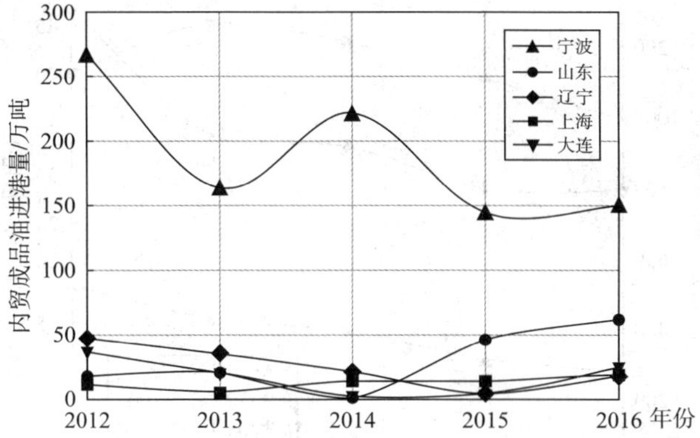

图 4 -6　2012 ~2016 年舟山港域内贸成品油进港量（按地区）

2012 ~ 2016 年舟山港域外贸原油进港量大致保持在 600 万 ~900 万吨，如图 4 - 7 所示。从图 4 - 6 可以看出，2012 ~2016 年，舟山港域的外贸成品油进港来源地变化基本稳定，成品油进港来源主要是亚太地区及俄罗斯，2016 年排名前 5 的地区是新加坡、韩国、马来西亚、俄罗斯及日本。

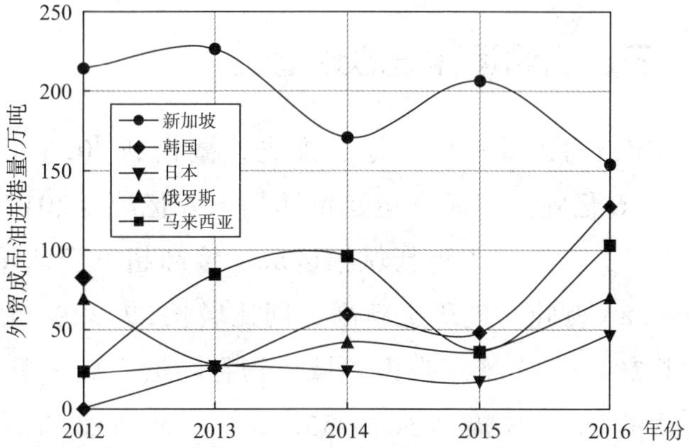

图 4 -7　2012 ~2016 年舟山港域内贸原油进港量（按地区）

2）成品油出港

从图 4－8 可以看出，2012～2016 年，舟山港域的内贸原油出港长江经济带量稳步增加。2012 年至 2016 年 5 年时间内从 284 万吨增加至 528 万吨，增长 85.9%。其中出港长江经济带量占比总内贸成品油约为 40%。舟山港域内贸原油出港的年出港量大于 150 万吨的主要目的地是上海和宁波，主要出港目的地为上海、宁波、江苏各港口。

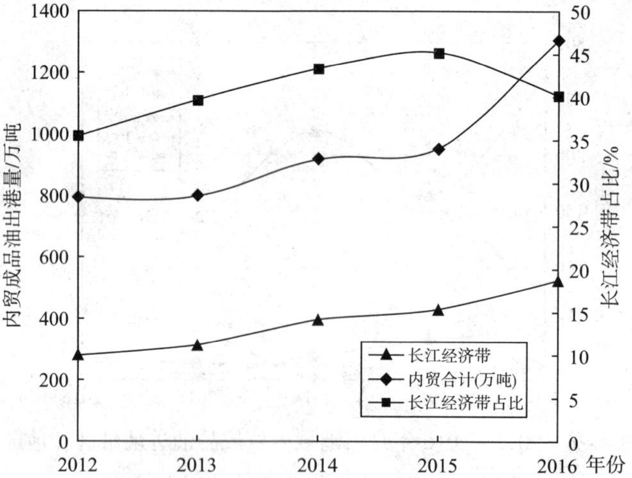

图 4－8　2012～2016 年舟山港域内贸成品油出港长江经济带情况

三、石油运输量急速增长

宁波舟山港一体化稳步推进，截止到 2016 年底舟山港域货物吞吐量达到 4.26 亿吨，江海联运运量达到 1.6 亿吨（2017《政府工作报告》）。2017 上半年，宁波舟山港新城辖区成功接卸超大型油轮 101 艘，完成油品吞吐量 2046.83 万吨，创历史新高，同比增长 27.38%（港航局信息）。表 4－3 呈现了 2016 年上半年舟山港域货物吞吐量完成情况。根据表中数据可以得出，油品的同比增幅为最高 33.95%，成品油和原油增幅分别为 33.54%，33.48%。显示了舟山港口石油运输两急速增长。表 4－4 为主要港口的油品运输吞吐量情况，从中可以看出各个成品油企业表现显眼，并且燃料油的需求增长快速。

表 4－3　2016 年上半年舟山港域货物吞吐量完成情况一览表

万吨/TEU

项目		一季度	二季度	季度环比/%	半年累计	同比增幅/%
全港货物吞吐量		10625.21	11397.81	7.27	22023.02	12.55
其中	金属矿石	3829.3	3109.66	－18.79	6938.96	－0.11
	油品	1872.06	1538.8	－17.80	3410.86	33.95
	其中：原油	1078.51	903.12	－16.26	1981.63	33.54
	成品油	791.35	627.74	－20.64	1419.09	34.48
	煤炭	472.94	691.58	46.23	1164.52	－17.74
	粮食	142.21	286.00	101.11	428.21	12.21
	矿建材料	3282.62	4506.68	37.29	7789.3	23.78
外贸货物吞吐量		3409.45	3194.83	－6.29	6604.28	12.67
集装箱吞吐量		206872.75	224156	8.35	431028.75	29.48

资料来源：舟山市政府信息公开网《舟山港域 2016 年上半年港口生产形势分析》2016.7。

表 4－4　2016 上半年主要港口油品经营企业吞吐量及所占份额

码头	经营品种	吞吐量/万吨	所占份额/%	去年同期吞吐量/万吨	所占份额/%	吞吐量增幅/%	同比份额变化/%
册子实华原油码头	原油	858.27	3.90	502.92	2.57	70.66	1.33
兴中公司岙山码头	原油燃料油	1348.89	6.12	1291.1	6.60	4.48	－0.48
洋山申港国际	成品油燃料油	325.53	1.48	191.41	0.97	70.07	0.51
世纪太平洋	化工品燃料油	202.72	0.92	31.45	0.16	544.58	0.76
万向石油	燃料油	158.9	0.72	94.76	0.48	67.69	0.24
金润石油	成品油	158.89	0.72	57.43	0.29	176.67	0.43
天禄能源	成品油	79.58	0.36	21.26	0.11	274.32	0.25

资料来源：舟山市政府信息公开网《舟山港域 2016 年上半年港口生产形势分析》2016.7。

第三节　政府牵头搭建石油交易平台

目前油品交易中心的目标是，到2020年年贸易额突破3000亿元，参与油品贸易的规模以上企业达到300家。石油产业链的上游从事的业务包括原油勘探、开发、买卖。产业链中游主要是石油的储存与运输，下游则涵盖炼油、化工、加工等业务。舟山群岛目前石油活动主要集中在产业链中游，即石油的储运，产业链上游的买卖，以及下游的石油加工业务极少涉及。原油贸易，这是油品全产业链里，最高端的一个产业。截至2019年6月底，浙江自贸试验区内新增了油品企业202家，注册资本319亿元。2017年3月31日，政府出台《中国（浙江）自由贸易试验区总体方案》，方案的重点在油品全产业链投资便利化、贸易自由化、新型贸易投资方式、金融开放创新共5大方面，意在牵头搭建石油交易平台，石油产业链将往上延伸，直至打造全产业链。

产业链往下炼油业务也在有序发展，绿色石化基地，鱼山岛一期2000万吨项目已经正式动工，已于2018年投产，年炼油4000万吨左右，属于世界级别的炼油基地。目前已经有多家国际油品巨头前来洽谈，希望以技术、资金、市场、资源各种方式参与到石化基地建设中来。

一、自贸区政府政策扶持力量大

2017年7月底浙江省政府发布了浙江自由贸易试验区建设实施方案，目标明确：力争到2020年，达到“两个4000万吨”，4000万吨油品储存规模和4000万吨年炼油能力。

政府目前已出台6个专题132项改革清单来更好地服务于自贸区，复制推广96项改革经验，争取并落实海关等5部门出台支持浙江自贸试验区建设共84条改革创新政策，制定出台《浙江自贸试验区扩大对外开放积极利用外资暂行办法》；同时加快行政审批和商事制度改革，建成自贸试验区综合服务中心，组建市场监管局自贸试验区分局。深化审批办证服务改革，共梳理3874个事项实现“最多跑一次”，设立“油品贸易企业协调机构”“外贸企业证照联办”等6个“一口受理”综合窗口。其中“外贸企业证照联办”全流程压缩至7个工作日，审批效率大幅提升。自贸区舟山港综保区辖区内的油品贸易企业核心招商平台浙江石油化工交易中心，2016年就已经率先实现了油品贸易企业代办注册“最多跑一次”，各类登记注册实行“全流程保姆式”免费代理服务，累计惠及油品贸易企业300多家，同时自贸区联合相关部门多次协调，不但为会员企业解决经营范围增加事项，还为企业对接山东地炼寻求优质货源；在资金融通、分销代理等方面，它们也积极联系，努力促成，获得广大油品贸易企业好评。

二、浙江自贸区带动油品企业快速聚集

（浙江）自贸区目前新增企业803家，注册资本达642亿元，其中包括内资企业795家，注册资本633亿，外资企业8家，注册资本9亿元。其中油品企业202家，注册资本319亿。新增资本油品企业占一半，见图4－9。其主营业务，多为汽油、煤油、柴油、液化石油气、煤焦沥青、煤焦油等石油及制品批发，企业类型以内资私营性质的居多。阿美、摩科瑞、壳牌等世界著名跨国石油巨头纷纷前来对接合作项目，计划在自贸区设中转库。油品企业在舟山快速聚集究其原因是油品贸易企业看中舟山油品全产业链基地打造优势以及交易中心的国资背景。

除了油品企业外，配套金融机构如中国工商银行、中国银行等5家单位的自贸试验区分支机构已正式挂牌营业或即将入驻，授信金额达2100亿元，见图4－9和图4－10。

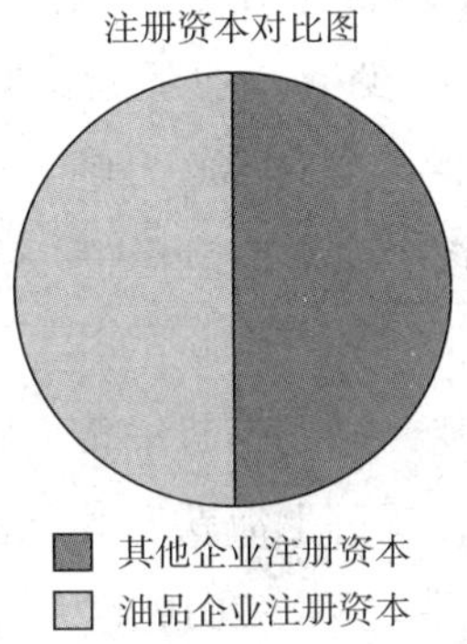

图4－9　自贸区新增企业情况图

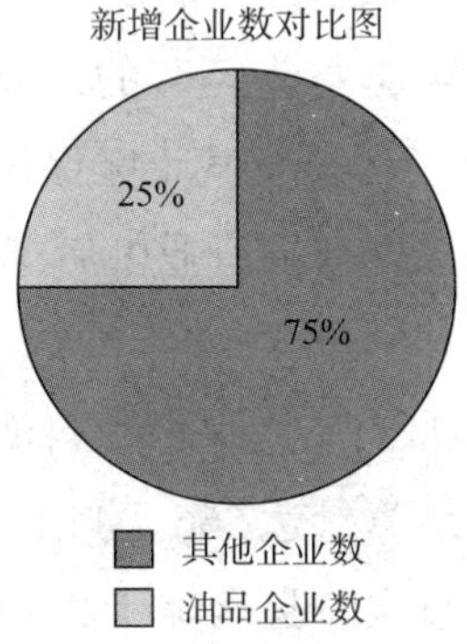

图4－10　新增企业数对比图

油品等大宗商品交易势头良好。2019年1～5月，油品出口49.59亿元，同比增长77.2%，其中成品油出口35.42亿元，同比增长116.4%。油品进口97.12亿元，同比增长37.4%，其中成品油进口64.87亿元，同比增长54.6%。

三、保税燃料油供应行业的发展迅速

浙江自贸试验区总面积 119.95 平方公里，全部位于浙江舟山市，是我国唯一一个由陆域和海洋锚地组成的自由贸易试验区。2017 年 4 月挂牌成立以来，浙江自贸试验区制定《中国（浙江）自由贸易试验区国际航行船舶保税油经营管理暂行办法》，引进国际行业巨头和民营资本，发放经营牌照 7 张，实现保税船用燃料油经营领域全面放开。

2017 年 3 月 15 日，国务院正式批复《中国（浙江）自由贸易试验区总体方案》，同年 4 月 1 日浙江自贸试验区正式挂牌成立。该自贸区建设重点为推进以油气全产业链为核心的大宗商品投资便利化、贸易自由化；战略定位为建设成为中国东部地区重要海上开放门户示范区、国际大宗商品贸易自由化先导区和具有国际影响力的资源配置基地；核心任务为确保国家能源战略资源安全，争夺国际市场话语权；发展目标为经过三年左右有特色的改革探索，对接国际标准初步建成自由贸易港区先行区。

2017 年 1 ~6 月，舟山口岸供油量达 78 万吨，同比增长 68%。其中港内锚地和跨关区直供供油量分别为 29.2 万吨和 28.8 万吨，同比分别增长 53.8% 和 127%，成为国内保税供油业务增长最快的地区。从 2017 年 6 月 8 日起，舟山提供外锚地免税油的服务商共有 9 家，比以往多了 4 家，翻了一倍，此举不只是数量上的意义，更是燃料油供应行业的突破性意义，打破了几十年来全国只有 6 家保税燃料油供应企业经营的现状，因此保税燃油有少数企业经营的现状正在改变。2017 年浙江自贸试验区保税燃料油供应量力目标是到 200 万吨。燃料油供应服务商的增多，带来行业中后续外轮配套、船舶修造和特色航运等一系列业务的风生水起。

2018 年舟山船用保税燃料油供应量达 359 万吨，同比增长一倍，占全国总量 30% 以上，结算量达 566 万吨，占全国 50% 以上，超过上海跃升为国内第一加油港，同时，首次跻身全球十大船用保税燃料供应港之列。2019 年舟山保税船用燃料油供应有望突破 400 万吨，结算量或占全国 50% 以上。

值得注意的是，2018 年 12 月中旬起，世界知名独立能源报价和分析机构——英国阿格斯公司正式发布舟山地区 380 船用保税燃油现货价格指数，并向其遍布全球的数万名用户提供报价服务。为浙江自贸试验区扩大全球船用保税燃料油市场份额打造“舟山指数”以及未来发展船用保税燃料油现货和期货交易，提供了一个具有国际公信力的现货价格基础。

2018 年 7 月，商务部批复同意浙江自贸试验区开展保税燃料油混兑调和加工贸易业务，支持开展以油气全产业链为核心的改革探索。浙江自贸试验区根据要求，切实履行安全、环保监管主体责任，制订完善企业准入标准和实施方案，安全有序推进保税燃料油混兑调和加工贸易业务开展。

第五章　浙江自贸区石油交易物流体系

石油作为我国最大宗的水运物资之一，具有物流网络庞大、运输工具独特、运输组织复杂等特点。海上石油物流平台的建设是基于舟山石油物流原有的发展基础之上的，一方面是基于舟山的港口条件、舟山目前的石油储备中转区域规划及建设情况、舟山目前海上石油物流情况，另一方面基于舟山及华中华东地区城市发展的需求和国家的战略需求。本章站在宏观系统的高度，在当前舟山群岛新区大力建设和蓬勃发展的大环境下，对我国海上石油物流及华东华中地区石油物流大环境进行研究，并详细调研和分析舟山群岛新区石油物流发展的基本情况，深入研究国际国内石油物资的来源及未来的需求，严谨地论证在舟山群岛新区搭建海上石油平台建设的必要性及可行性，在此基础上从战略高度提出舟山群岛新区海上石油物流平台的构建思路、基本功能及建设模式。

第一节　物流服务体系的构成

一、物流服务体系的概念及其模式

1. 物流服务体系的概念

现代物流服务体系是为了保证现代物流服务得以正常运作而与之相关的各类要素的有机组合。它是由相互联系、相互制约的若干要素组合而成的、具有特定功能的一个有机整体。现代物流服务体系具有系统的一般特征，如目的性、整体性、集合性、动态性、相关性、适应性，还具有规模庞大、结构复杂、目标众多等大系统所具有的特征。

2. 物流服务体系的模式

物流服务体系可以采用“物流园区—物流中心—配送中心”的基本模式，来构建分层次的区域物流服务节点体系。

物流园区。它集约了多种物流设施，是物流路径的交汇区，具有集约、调节、转运、集中库存、信息枢纽等综合功能。主要考虑三方面因素：紧临码头，兼顾邻近机场、铁路中心站场和高速公路网，必须有两种以上运输方式相连接；园区建设成本较低，一般利用滩涂、废旧盐场或其他非耕地，适当远离市中心区，使大城市的流通机能、道路交通状况能够得到改善；要有足够的发展空间，为工业企业的发展留有余地。

物流中心，这是物流服务的二级体系，是商业配送物流和加工配送物流的主要载体。其主要要求是：工商企业是物流中心生存的基本，应紧临大型工业、商业企业；公路是物流中心的主要货运方式，应靠近交通主干道的出入口。

配送中心，这是物流服务的三级体系。其要求是：以市区主干道、放射路以及其他次干道、路线为依托，合理布局配送中心，承担市区和对外运输货物的集散、编组和中转等功能，应建在市区和开发区，这样有利于贴近零售业、小型加工业以及其他市场生活息息相关的服务业，为其提供必要的配送服务，甚至直接为市民生活服务。物流配送中心还应当注重整合所在区域资源，与其他小型物流企业或物流配送建立业务网络，对于单个货主的大宗货物，可从码头或物流园区直接向货主配送。

二、物流服务体系的构成

1. 物流体系的边界范围

从本源来看，现代物流服务体系的最基本要素包括人、财、物、信息四个方面。在这四个要素的基础上，现代物流服务体系形成了功能维要素、物理维要素、市场维要素和环境维要素等四维要素。功能维要素包括物流服务活动所具有的运输、仓储、包装、装卸搬运、流通加工、配送、信息处理七大功能要素。物理维要素包括流体、载体、流量、流向、流程、流时和流速七个方面。市场维要素包括物流服务的主体要素（如各类物流企业）、物流服务的客体要素（如工业企业、商贸企业等）、物流服务的平台要素（基础设施与设备平台物流信息技术平台、物流监管协调平台、物流中介平台等）。环境维要素包括如政治、经济、军事等方面。这四维要素借助一定的体系关联模式建立连接关系，形成了体系结构，并在一定的物流服务运作机制下，开展物流服务运作，实现了体系的功能。

2. 物流服务体系的关系

物流服务体系是以满足顾客需求为目标，把制造、运输、销售等市场情况统筹考虑的一种战略措施，追求的是降低成本、提高效率与服务水平进而增强企业竞争力。物流服务体系的成熟理论由物流客户管理、物流服务管理、物流信息管理、物流成本管理、物流库存管理、保管与装卸管理、运输与配送管理、供应链管理这八大体系组成。现代物流体系应建设独具特色的发展模式，主要包括以下几个方面：以物流中心为主体、以区域物流园区和第三方物流企业为补充、以物流信息系统为纽带、以绿色物流为方向、以高效运输体系为支撑。只有以上几个方面相互协作，商品交易市场物流体系才能真正发挥自身作用，才能真正提升交易市场的功能和运作效率。

3. 物流服务体系构建

物流产业是国民经济的基础和支柱，因而物流体系的构建对经济增长起到前提保障的基础性作用。积极发展现代物流体系，将会推动物流产品规模经济和核心竞争力的形成，以应对经济全球化带来的影响以及所带来的激烈市场竞争。因而，物流服务体系的构建对物流产业的发展有着非常重要的意义。

第二节　舟山石油及制品物流发展现状

一、舟山的现实基础和比较优势

近年来，舟山油品码头吞吐能力逐年增加，目前仅宁波－舟山港已有、在建和已批的 12 座 25 万吨以上油品码头，设计通过能力已达 1.8 亿吨，全港油品码头设计通过能力已超过 1.91 亿吨，加上舟山已拥有国家石油储备基地，舟山国际物流岛雏形已渐渐浮出水面。作为千岛城市，舟山海洋资源丰富、区位优势明显、产业特色鲜明。舟山拥有渔业、港口、旅游三大优势，素有“东海鱼仓”和“中国渔都”之美称。舟山港湾众多，航道纵横，水深浪平，是我国屈指可数的天然深水良港。舟山背靠中国最具经济活力的上海、杭州、宁波等大中城市群和长三角等辽阔腹地，面向太平洋，具有较强的地缘优势，是我国南北沿海航线与长江水道交汇枢纽、长江流域和长三角对外开放的海上门户和通道，是中外船舶南来北往的必经之路，与亚太地区交流密切。

由于舟山群岛的独特的位置及地理环境，国务院对舟山群岛也予以了高度的关注，2011 年 3 月 14 日，舟山群岛新区正式写入全国“十二五”规划，批准设立浙江舟山群岛新区，它是第四个国家级新区，也是国务院批准的中国首个以海洋经济为主题的国家战略层面新区。

1. 良好的资源与区位优势

舟山市位于我国重要海岸线与长江黄金水道“T”字形交汇处，北依长江三角面朝太平洋，扼我国南北海运和长江水运交汇要冲，是江海联运和长江流域走向世界的主要海上门户。舟山群岛由1390个岛屿组成，是我国最大的岛群，而舟山市以岛建市以海建岛“既小也大”的特殊性赋予其更加广阔的发展空间。随着舟山跨海大桥和重要深水港区、航道、锚地和大型仓储、中转基地的相继建成，舟山区位优势将进一步凸显。

2. 深水良港及运网与船队的优势

舟山港域建港条件十分优越，规划可开发深水岸段总长279千米，约占全国的1/5，其中水深15米以上岸线198.3千米，水深20米以上岸线107.9千米。舟山港域距离国际航路近，拥有虾峙门、蛇移门等多条30万吨级航道，锚地资源丰富，是远洋原油、矿石、煤炭等大宗货物运输的理想选址。

舟山位于我国东部海岸线和长江出海口的组合部，与釜山，瘦而，大半等港口构成了几乎短距离的率先海域网络，是我国江海流域和海上世界的主要门户。由于丰富的港口资源，舟山全市共有岸线2440公里，占浙江省总长的33.7%。其中，水深20米以上的岸线有100多公里，约占长三角的40%；水深15米以上的有200多公里，港域宽阔，也是我国海洋东部建设大港的理想之地。这几年，随着港口开发的加快，舟山已经成为华东地区重要的石油、矿山、煤炭等大宗物资的储存基地，以及国家原油储备第二和第三个基地。

3. 石油加工产业规模优势

在浙江舟山，一些曾经不适宜居住的小岛，如今迎来炸山填海的隆隆巨响。巨响之后的海岸上，将矗立起一排排巨大的油罐。油罐将与码头直接相连，卸油臂直接伸入船舱，来自中东、南美诸国的石油将送入这些大油罐中。在拥有1000多个岛屿的舟山掀起的油储基地投资热潮。

在舟山群岛这个中国石油储运条件最好的地方，各路资本正在将岛屿变成一个个硕大的工地——有限的优良岸线资源上，一场关于建设石油储备基地的抢滩争夺战正在上演。这其中，既有中国石化、中国石油等央企力量，也有万向、浙广厦、世纪太平洋等民资身影，具有强大的产能、储备、中转和销售优势。截至2013年上半年，国有性质的储油库有中国石化舟山分公司港口浦油库7.14万立方米、中国海洋石油舟山石化 70 万立方米、中化兴中 300 万立方米、国家战略储备库 500 万立方米；舟山民营石油储备能力达到 1114.3 万吨，其中万向石油 57 万立方米、浙江海洋石油 14.1 万立方米、中奥能源 21 万立方米、金润石油 64 万立方米、中际化工 170 万立方米、天禄能源 236 万立方米、世纪太平洋化工 78 万立方米、建桥能源 34 万立方米、海洋石油 14 万立方米、光汇石油 192 万立方米、外钓石油 55 万立方米、金泰石化 4.3 万立方米、金能石化 4.5 万立方米、名洋石化 9.4 万立方米、浙江广厦能源 151 万立方米、其他约 10 万立方米，生产和储备能力有所过剩。

石油储备基地的大规模建设热潮，始于彼时国家对于原油价格一次次冲破心理关口的及时准备。在保证能源稳定供应的国家利益考量之外，重型化和向上游进军也成为民营企业进入的新渠道，谋求建立商业油储基地亦成为这些资本者的自身战略诉求。

4. 保税仓储中转政策优势

2017 年 9 月，舟山港综合保税区正式获得国务院批复。一年的时间，舟山港综保区发生了翻天覆地的变化，2018 年 9 月就迎来省级联合验收组的预验收。截至 2019 年年底，综保区已完成注册企业 66 家，总注册资本金为 22.8871 亿元，另有 12 家企业正在注册，总注册资本金为 1.891 亿元。

综合保税区是具有保税港区功能的海关特殊监管区域，由海关参照有关规定对综合保税区进行管理，执行保税港区的税收和外汇政策，集保税区、出口加工区、保税物流区、港口的功能于一身，可以发展国际中转、配送、采购、转口贸易和出口加工等业务。舟山港综合保税区的探索建设，将浙江舟山群岛新区对外开放的重要平台。建成后将具有口岸联检、码头作业和综合信息服务功能，规划面积 3.02 平方公里，其中一期开发 2.3 平方公里，分别位于舟山本岛北部和衢山区域。

传统保税区主要以集装箱为主，浙江舟山群岛新区将结合舟山港口大宗散货运输优势，探索设立以大宗散货为特色的综合保税区。舟山港综合保税区仍处于报批阶段，将计划按照“一线放开、二线管住，区内自由、入港退税”的监管原则，实行全域封闭化、信息化、集约化的监管。在舟山港域现有大宗散货运输优势条件下，提升港口口岸开放力度，大力发展以矿砂、煤炭、油品、化工品及件杂货等大宗商品的储运、中转、加工为主的现代港口物流业，为把舟山港口建设成为我国大宗商品的国际物流配送中心提供重要口岸支撑。

保税仓库业务量已从几千吨到现在的年吞吐量400多万吨，带动了保税物流的同时，也推动了港口物流的迅速发展，丰富了海洋经济强市的内容。至于主要经营油品保税仓储服务的几个保税油库，更是适应舟山海岛型港口物流大宗货物、港域分散的客观需要，而保税油品跨关区调拨业务能顺利开展，使得舟山港的保税物流辐射到长三角地区。

经济全球化过程中的重要标志，即是充分利用各种灵活手段，开展双边或者多边自由贸易往来。开放程度从低往高排列顺序，则有保税仓库、保税区、保税港、自由贸易市、自由贸易区等。基于此，衡量一国或区域经济开放自由度的标志之一，是看其是否构建了高水准的自由贸易平台。

二、石油及制品物流发展战略机遇

港口经营量持续稳步增长，对物流服务质量提出更高要求，降低物流成本成为企业经营挖潜增效的重要突破口。包括ERP在内的一系列业务信息化的实施，为物流发展提供了技术条件和运作平台。

实现了企业各类资源的优化配置，缩短了管理距离，提高了管理响应效率。全省物流统一运作能更好配合企业经营部署，降低经营风险。相应的战略是抓住发展机遇，加快物流专业化建设；加快对企业现代物流规划，配套政策引导，加大发展所需资源投入；细化对物流成本构成的分析，建立供应链成本核算体系，加快全省管网建设项目立项。

三、主要差距和不足

资源长期从紧，现行体制下的大区公司和省市公司角色定位与供应链优化要求不匹配。储运基础建设得到政策支持的难度越来越大，成本越来越高。

属于相对封闭的企业内部物流，缺乏“生物多样性”的竞争环境和竞争意识，缺乏活力油库超负荷运行带来安全隐患，信息化的应用整合不足，人员素质不高。相应的战略是充分发挥已建管线的运输能力，调整更趋优化的调运结构；加强人员培训，提升团队素质；引入优质服务策略，实行物流服务质量测评；提高物流信息化的应用水平；整合物流资源，扩大规模优化，增强竞争优势；主导区划划分的改制车队合并，培养引入社会运力，提高运费费率的市场化定价能力。

第三节　石油物流市场及其供求功能分析

一、国际石油供需市场格局分析

石油作为一种战略资源，一直是国际社会争夺的焦点。总体上，世界石油供需表现为需求略大于供给，供需平衡紧张，世界石油供需格局呈现出发展中国家尤其是亚太地区成为世界石油需求中心的趋势。石油价格在长期内主要受到供求关系的制约，而国际政治、投机行为等随机因素则会引起国际石油价格的短期波动。国际油价呈上涨趋势，并将成为未来较长时期的主流态势。市场供需平衡变化决定国际油价波动的市场机制作用更加突出。地缘政治格局的变化、经济的快速增长，以及科学技术的提高将影响世界石油领域发生一系列变革，世界石油格局将进入一个较长时期的重组过程。这些特点的出现正在影响和推动一个有序的世界石油市场形成。

1. 供给分析

随着石油勘探新技术的运用以及石油需求的增加，世界各个国家和地区石油探明储量呈现逐年增长的趋势。根据 2018 年《BP 世界能源统计年鉴》，2007 年的探明储量为 1.427 万亿桶，2017 年的探明储量为 1.696 万亿桶，10 年间年均增长 2.3%，增幅较为显著。

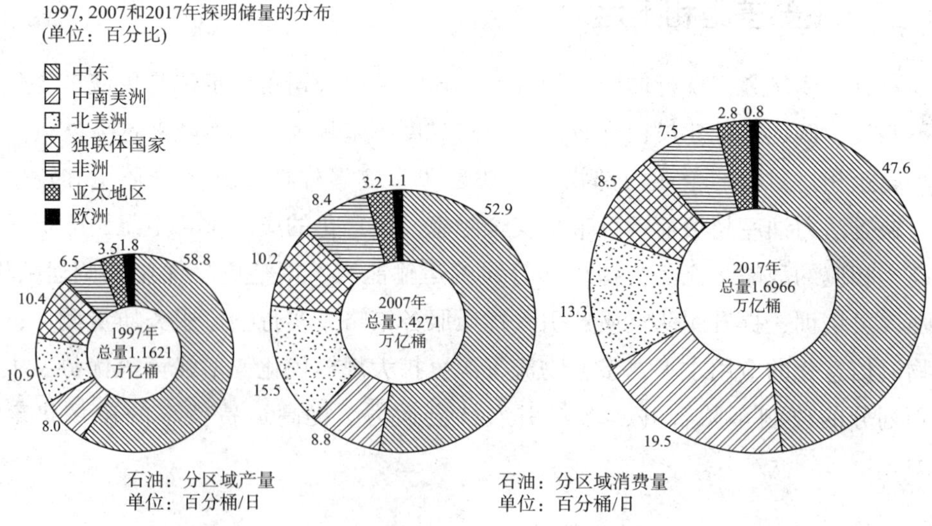

图 5-1　1997、2007 年和 2017 年探明储量的分布（数据来源：《BP 世界能源统计年鉴 2018》）

从图 5 – 1 可以看出，1980 年至 2014 年间原油储量除在 1998 年呈负增长之外，其余年份都是正增长，但是自 2010 年以来增速持续下滑，并在 2015 年出现负增长。这说明在当前技术条件下，全球已探明原油储量已到了阶段性的顶点。

1）分区域储量对比

分区域来看，原油储量的分布也呈现出鲜明的对比，中东地区的原油储量一直以来在世界原油储量中都占据着半壁江山。根据 BP 统计数据测算可知，1985 年中东地区的原油储量占全球原油储量的比例为 63%，2017 年中东地区的原油储量占全球的原油储量比例为 47.7%，虽然占比有所回落但仍然占据着全球近一半的原油资源，这也从一个角度解释了过去几十年在地缘政治博弈中为何中东的战略地位如此重要，美国不惜代价地发动几次“石油战争”很大程度也是与此相关。与中东地区形成鲜明对比的是整个欧洲和欧亚大陆，其储量为 0.16 万亿桶，占全球总储量的 9.5%，由此可见全球原油储量的地区分布呈现鲜明的地区不平衡特征。储量中增长速度最快的是中南美洲地区，2017 年中南美洲的储量为 0.33 万亿桶，占比 19.2%，近 10 年年均增长达 19.7%。

从区域组织的角度来看，全球可以分为经合组织与非经合组织，非经合组织的储量占比为 85.7%，远高于经合组织的 14.3%；从 OPEC 与非 OPEC 的角度来分类，OPEC 储量占比 71.51% 也远超于非 OPEC。截至 2017 年底，苏联地区储量占比为全球的 8.68%，欧盟组织储量占比为全球的 0.30%。

2）分国别储量对比

分国别来看，截至 2017 年底，委内瑞拉已探明总储量达到 3009 亿桶，占世界总量的 17.62%，其拥有世界上最大的重油蕴藏区——奥里诺科重油带。其次是沙特阿拉伯和加拿大，占比分别为 15.6% 和 9.9%，其中加拿大阿尔伯特省北部的油砂储藏属于非常规原油矿藏，但占整个加拿大原油矿藏的 96.4% 以上。已探明总储量世界排名前五的国家还包括伊朗和伊拉克。我国已探明储量为 257 亿桶，占全球储量的 1.5%。近年来，随着非常规油气资源开采技术的进步，特别是以美国页岩油气、致密岩性油气资源为代表的非常规能源的勘探开发或将改变全球能源供应格局。

据 IEA 预测，到 2025 年，欧佩克的石油产能将上升到 31 亿吨，非欧佩克将上升到 32 亿吨，全球石油供应可以满足 63 亿吨的消费需求。

2. 需求分析

从世界范围来看，中东、苏联和北美是主要石油生产区，2010 年这三个地区原油产量约占全球总产量的63%。亚太、北美和欧洲是主要石油消费区，2010年这三个地区石油消费量约占全球总消费量的76%。

2010年世界经济复苏，经合组织北美地区石油需求有所增长，与2009年相比，2010年增长50万桶/日，增幅达到2.4%；经合组织亚太地区需求与上年持平，为770万桶/日；经合组织欧洲地区受经济危机影响较深，需求持续下降。2010年，非经合组织国家石油需求达到4150万桶/日，同比增长5.0%。其中，亚太地区石油需求增长6.2%，达到1952万桶/日，中国增加88万桶/日，达到925万桶/日；中东地区石油需求达到750万桶/日，同比增长3.7%，需求的增长全部来自沙特。因此，发展中国家的石油增长已经并将持续成为世界石油需求增长的主要动力。

3. 石油及制品海运发展状况

2008年世界金融危机使石油海运市场受到较大影响，石油运量和运价出现明显下滑，油轮订单和造船价格也双双走低。随着后危机时代的到来，虽然石油海运相关行业的一些指标出现不同程度的反弹，但全球油轮运价指数、主要油轮船型期租价格、新船造价还将继续低位调整。从中长期来看，未来石油消费刚性增长，海运量将稳步提高。2015年世界原油和成品油海运量合计达到31.58亿吨，其中原油约23.73亿吨，成品油约7.85亿吨。全球油轮运力过剩局面将延续，运价短期内难以恢复；油轮造船能力过剩，竞争形势不容乐观。当前底部趋势比较明显，石油公司和油轮公司应抓住机遇，在较低的造船成本期构建和更新现有运力；造船企业应在订单低迷期加强技术储备与创新，以应对未来激烈的市场竞争。

二、国内石油供需格局变化分析

中国是世界上第二大石油消费国，同时也是一个石油资源贫乏的国家。然而随着国民经济的快速发展，我国对石油资源的依赖程度不断攀升，石油的供需矛盾也日益严峻。

据统计，2018年年底中国的石油剩余可采储量为35.7亿吨，同比增长0.9%，石油储采比不到10，而2018年石油消费量已上升到世界第二位，石油对外依存度高达70%。

1. 供给分析

据《2005年BP世界能源统计评论》，我国石油生产自20世纪80年代中期后持续增长，1985 年石油产量达到 1. 25 亿吨，奠定了我国作为世界石油生产大国的地位。2004 年石油产量达 1. 75 亿吨，1994 ~ 2004 年石油产量年均增速为 1. 79%。2017 年，在我国石油产量中，东部占 65. 3%，西部占 21. 7%，海上占 13%。原油生产已初步形成西部和海上接替东部的战略格局。东部原油产量已出现总体递减，但是大庆仍然是全国最大的油田；西部地区的产量持续上升，从 1990 年的 1000 多万吨提高到目前的 3600 万吨，比重由原先的 7. 5% 上升到 21. 7%；近海石油生产发展很快，1990 年产量 126 万吨，目前增长到 2205 万吨，比重由 0. 9% 上升到 13%。

2. 需求分析

我国石油需求从 1978 年到 1990 年为平稳增长时期，消费量从 1978 年的 9130 万吨增长到 1990 年的 11030 万吨，年均增加 158 万吨，年均增长率为 1. 6960。1991 年以来，我国国民经济的持续快速发展，我国石油需求进入快速增长时期，1999 年突破 2 亿吨，2004 年突破 3 亿吨，达 3. 086 亿吨。在过去十年间，由于经济迅速发展，我国的石油消费量年均增长 7. 5206%，远高于同期的石油产量增速。

我国从 1983 年开始使用进口石油，当年进口量为 905 万吨；1993 年成为石油产品净进口国；1996 年成为原油净进口国。近些年来，我国石油进口贸易逐年增长，2004 年中国石油进口量为 16069 万吨，创历史新高，比 2003 年的 11936 万吨增加 4133 万吨，增长 34. 6%；2004 年石油进口额为 431. 5 亿美元，比 2003 年增长 68%。

1993 年我国石油及其制品首次出现了净进口，中国由石油净出口国变成石油净进口国。随后石油进口量与日俱增，原油出口量减少。至 1996 年，中国石油的产需平衡发生了历史性的转折，当年原油进口量为 2261. 7 万吨，原油出口量为 2032. 9 万吨，我国由原油净出口国变为净进口国，随后原油进口量总体呈逐年增长的态势。

近年来，尽管国际油价空前高涨，但支撑经济快速发展的旺盛能源需求使得中国原油进口增长的势头始终没有放慢。2018 年，中国原油进口量达到 4. 62 亿吨，总额近 1. 59 万亿元。

为确保石油安全，我国已逐步实现石油贸易的多元化、进口来源多元化、进口方式多元化、进口品种和供应渠道的多元化。以 2004 年统计数据为例，我国进口原油中，来自中东的占 45. 4%，非洲的占 28. 7%，亚太地区的占 11%，欧洲和西半球占 14.3%。就增长幅度来看，来自独联体地区的原油进口量增幅达 6.2%，来自欧佩克国家的原油进口量增幅达 22%。

近年来，我国经济增速由前些年的高速增长向中速增长区间回归，且伴随着油品质量升级、安全环保等政策实施，国内成品油消费总体呈现增速回落的特点。按照国家统计局口径，2018 年国内成品油表观消费量 3.22 亿吨，同比增长 0.6%，较上年回落 1.1 个百分点。分品种来看，2018 年我国成品油消费市场呈现“汽柴油趋冷、煤油稳增”的特点。其中，受汽车化社会继续普及的拉动，汽油消费总体保持增长但增速回落，2018 年汽油消费增速 4.3%；因过剩产能淘汰、环保战略实施，柴油消费已连续多年持续低增长甚至负增长，2018 年柴油消费全年增速 -3.9%；而随着国民收入提高和物流快递业发展拉动航空客货运快速增长，喷气燃料消费保持较快增速，2018 年喷气燃料消费同比增长 11.3%，较 2017 年提高 2.1 个百分点。

3. 中国原油的供需情况

新中国的建立为我国石油工业的发展创造了根本条件。20 世纪，我国石油工业经历了 50 年代恢复和探索、60 ~ 70 年代高速发展和 80 年代以后稳定发展的三大历史阶段。1959 年大庆油田的发现，从根本上改变了我国石油工业的面貌，1965 年结束了对进口石油的依赖，实现了自给；在 60 ~ 70 年代，胜利、辽河、长庆、华北等油气田的相继发现和开发使全国原油产量迅速增长，1978 年产量突破 1 亿吨大关，从此我国跨入了世界产油大国的行列；自 80 年代以来，由于国民经济的快速增长和对环境保护要求的提高，对石油天然气的需求逐步加大，我国从 1993 年起成为石油净进口国，天然气供求矛盾也较突出。我国石油工业继续发展面临的形势是复杂而富挑战性的，回顾以往，分析现状，展望未来，制订前瞻性的石油工业“十五”发展计划和远景规划，尽早做好全局性战略部署，有利于使我国资源、环境、人口、经济相互协调，形成健康有序的发展格局。

4. 我国能源经济与能源战略

我国的能源经济能源需求快速增长，但能耗强度进一步降低。国家统计局公布的数据显示，全年能源消费总量为 32.5 亿吨标准煤，同比增长 5.9%，单位产值能源消费量下降 4.1%。“十一五”期间，能耗强度累计下降约 19.06%，年均下降 4%，基本实现既定的目标。不过，我国的能耗强度仍是世界水平的 2.3 倍，大约为美国的 3 倍，日本的 5 倍。

能源基础设施建设稳步推进，供应保障能力进一步增强。2016 年，我国能源基础设施建设继续稳步推进。煤炭产业加快产业重组和淘汰落后产能，在产能总量大大提高，在结构上进一步得到优化。石油方面，原油产能有所增加，超过2亿吨；油气管道建设取得新进展，随着中缅油气管道工程中国段开工建设，我国西南地区油气资源陆路通道开始打通。

能源对外依存度加大，能源安全形势进一步严峻。2010年我国能源进口量大幅度增长。原油进口量为23931万吨，同比增长17.5%，进口额1352亿美元，同比增长51.4%；成品油进口量为3688万吨，基本与上一年持平，进口额223亿元，同比增长31.3%。

能源价格普遍上涨，部分品种出现供需缺口。在强劲等能源需求的带动下，2010年我国能源价格普遍上涨。首先，进口能源的价格都出现了较大幅度的上涨：成品油的平均进口价格为605美元/吨，同比上涨31.6%。

鉴于能源供应不足可能成为中国崛起的最大障碍之一，能源安全在中国大战略中的地位悄然上升，并越来越成为中国战略考虑的重心之一。在全球化浪潮中，越来越多地参与到国际能源大市场中去，制订新的能源战略势在必行。由此，中国能源面临的巨大挑战也是显而易见的。中国能源安全不仅是一个国内保障供应的经济问题，还是一个关乎国际能源供求和能源地缘政治的战略问题。

未来数十年里，全球油气资源供应充足，油气供需发展的总体态势会越来越安全，中国的积极参与可以改善和加强世界能源安全体系，提高中国的国际影响力，因此油气进口将成为中国的重要战略武器。从中国的角度来看，利用国际石油资源是中国优化能源结构和确保能源安全的现实选择和必由之路，中国应该树立走出国门、分享国际油气能源的战略思想，加大利用国际资源的力度，以最终保证中国未来中长期的油气资源供应，增进能源安全。

三、舟山港腹地石油及制品供需分析

1. 舟山港腹地石油及制品海运物流量现状及预测

由于国民经济的持续稳定发展和人民生活水平的不断提高，华东及长江沿线地区对石油产品的需求量逐年增长，使得此地区的炼化企业的年石油进口量随之增加。至2010年，长三角及长江流域进口原油7000万吨；据预测，2020年进口原油量为9000万吨。而这些进口原油的60%以上的转运储存量，将由舟山港域完成。

2. 舟山港腹地主要能源基地

舟山群岛目前已经建成国家石油战略储备基地、全国最大商业原油储运基地和矿砂中转基地、浙江省最大的煤炭中转基地。舟山港域完成油品吞吐量 4500 万吨，矿砂 7500 多万吨，煤炭 2115 万吨，粮食 539 万吨。同时舟山的油品仓储能力也已达到 1150 万立方米，中转吞吐能力接近 6600 多万吨，增仓储能力 1900 万立方米，吞吐能力达到 1.2 亿吨，成为全国油品仓储和中转吞吐能力最大的港口区域。金属矿石年吞吐能力也将在目前约 7500 万吨基础上增至 1.4 亿吨。

舟山开始对位于舟山海域内诸多符合储运条件岛屿进行了统筹规划，建设一批大型油品、矿石、粮油和液化天然气等战略物资的储运基地，提供储运和贸易能力。据估计，10 年后舟山的资源性产品储运能力可达到 4 亿~4.5 亿吨，建成全国重要的油品、铁矿砂、煤炭、化工品、粮食、集装箱中转贸易加工六大基地，为解决国家能源安全提供支撑。

舟山的能源基地既有中国石化、中国石油等央企力量，也有万向、浙广厦、世纪太平洋等民资身影，民营石油企业深圳光汇石油集团股份有限公司将斥资 105 亿元建设舟山石油交易基地，包括建设码头、仓储及相关的配套设施，并开展油品中转、仓储、贸易、配送及物流业务以打造油品供应链物流。

而投资额为 100 亿元的舟山液化天然气 LNG 国际储运中转中心及综合开发利用项目，具体包括液化天然气国际储运中转中心项目、液化天然气中转物流项目、配套天然气发电项目、分布式能源及 LNG 冷能利用子项目、车船油改气子项目、城市燃气利用项目 6 大子项目。

3. 物流总值构成的概念

社会物流总值即一定时期内，初次进入物流领域，通过物流服务，已经或正在送达最终用户的全部商品的价值总量。按照物流对象的用途和特点，社会物流总值可分为以下五个方面：工业品物流总值、农产品物流总值、进口货物总值、再生资源物流总值、邮政物流总值。从一定意义来看，它既是一定时期内全部社会物流活动的最终结果，又是社会物流产业的总需求与总供给。因此，在物流产业统计基础十分薄弱的情况下，统计社会物流总值这一指标具有十分重要的现实意义和使用价值。

社会物流总值 = 工业品物流总值 + 农产品物流总值 + 进口货物总值 +
再生资源物流总值 + 邮政物流总值

4. *石油物流网络体系供求主要功能分析*

依据构建海上石油物流平台的定位和目标，着眼于“高效”“快捷”“安全”“生态”，着眼于提高石油物流一体化水平，着眼于提高石油物流运转效率来设计配置海上物流平台的各项功能。石油物流网络体系供求的主要功能包括以下方面。①海上石油物流平台的硬件实力配置：物流枢纽点、物流分支点、物流基地、物流集疏运网络。②海上石油物流平台的软件实力配置：物流信息化平台、物流安全及监管机构、物流风险控制机构、物流金融服务平台。

（1）降低成本。首先，对物流资源给予足够的重视，整合石油物流资源，对资源进行统一管理调度。对现有的人、财、物等物流资源进行优化整合，建立资源物流统一运作平台。其次，规范物资采购供应管理结构和油田内部供应链，实现管理模式的根本变革，建立与油田持续有效发展相匹配的物资供应管理体制，建立一体化的物流运行体制。采用专业化采购，优化物资采购运作方式。把市场竞争机制引入物资采购过程中，可以最大限度地降低物资采购成本。提高油田物资需求和配送的能力，推行集约化和专业化管理。强化物流成本管理，对物流各环节和各项业务活动成本费用的支出逐项细化，科学管理，严格控制，最大限度地降低物流费用，扩大物资集中采购规模。再次，建立有效的符合现代化石油物流体系的信息化管理系统，使得全国的石油物流体系紧密地联系在一起，加快物流信息处理和传递，提高物流整体运作效率，降低成本。最后，石油企业物资供应部门要主动争取与有经济和技术实力的社会上先进的现代物流企业联合，取长补短，有效地获取现代物流管理经验。

（2）现代化的管理模式。首先，按照建立现代企业制度的要求，将供应物流和生产物流两大服务功能整合起来，对现有的人、财、物等物流资源进行优化整合，逐步实现物流管理一体化，通过物流服务功能和组织机构的整合、物流业务流程的再造，使现行物资体系中供应物流与生产物流之间相对孤立和分散的管理，以及各自为政的间断式物流管理链转变成信息共享、统一调控、集中管理的一体化物流管理链。其次，在整合后的新物流体系中引入现代物流信息技术手段，主要包括基于网络技术的物流管理软件、电子商务、GPS 和 EDI 系统等。最后，要建立一支强有力的现代物流业人才体系。通过不同方式和各种渠道，对石油物流从业人员进行在职培训，提高在职人员的整体素质。面对国际物流环境的竞争，要积极引进有先进物流管理经验的管理人员，并经常让石油物流人员通过有效的信息平台，进行及时的交流和学习，提高整体的物流管理水平。

（3）发展第三方物流模式。第三方物流是指由物流劳务的供方、需方之外的第三方去完成物流服务的物流运作方式。第三方就是指提供物流交易双方的部分或全部物流功能的外部服务者。生产经营活动的实践显示，当一个供货商或制造商为几个或几十个客户提供商品时，其内部简单的物流部门可以为其提供相应的配套服务。通过第三方物流模式，我国的石油企业可以将储运业务外包给存续企业的物资供应部门，由专业物流管理人员和技术人员组成。石油企业可以不再设有仓库、车辆等物流设施，从而可以减少投资和运营物流成本和直接从事物流的人员，同时降低了自己的投资风险和存活风险。在目前国际石油物流竞争的局势下，我国石油企业在做好自己本身的物流体系的同时，选择第三方物流模式将大大提高自己的物流水平，提升竞争力。

（4）面对国际油价漂浮不定，采取灵活有效的物流方式。首先，将油价变动与物流服务价格挂钩，灵活调整服务价格。油料成本是物流企业成本的重要构成部分，物流服务价格应该及时反映油料成本的变化，石油企业需要建立灵活的与油价波动相适应的服务价格调整机制，从而减轻油价大幅涨升带来的成本压力，保持一定的盈利水平。其次，在油价波动不定的情况下，实时地控制库存。在做好自身国内物流的同时，结合第三方物流模式，有效地降低风险，提高自身的竞争力。随着世界经济的国际化，我国石油物流体系面临着巨大的机遇和挑战，尤其是在国际石油价格漂浮不定的情况下，深入分析我国物流体系存在一些弊端，借鉴符合我国国情的本地石油企业的物流管理经验，构建有效的现代化石油物流体系，对我国的石油企业具有重大的现实意义。

（5）发展现代物流配送。发展现代物流配送，石油企业发展现代物流配送，主要有以下几种形式：

第一，物资的直达配送。对品种单一、需求量大、可整车运送的物资，由配送人员依据配送计划，从供货厂商处提料，直接送达用料单位；或由供货厂商提供车辆、配送人员押运，将物资直接送达用料单位。

第二，加工配送。通过物流加工和配送相结合，在不增加物流中转次数、不增加太多资金投入的情况下，取得物流增值服务的合理化。同时，借助于配送，使得加工的目的更加明确，和用户的联系更为紧密，避免加工配送的盲目性。在提供基础性物流服务的基础上，积极开展拆装、分拣、分包、包装、裁制等物流增值服务。

第三，共同配送。对在同一配送路线上的不同单位所需的多品种、小批量的零星物资，“化零为整”，精心设计配送方案，科学安排配送线路，将物资送往各用料单位，从而取得物流配送的合理化。

第四，送取结合。各石油企业相互配合，将各自生产的产品（或其附近相同运输路线上的单位生产的产品）送出的同时，带回当地的产品。这种送取结合的方式，可以使运力得到充分利用，配送功能得到更大发挥。

第五，废弃物回收。采取以现金作价回收、以旧领新等办法，收回生产建设过程中的废弃物和包装物，在保护环境的同时，达到资源再利用的目的，实现社会效益与企业效益的双赢。

（6）发展第三方物流。对原有物流运作成熟的石化企业，可将其主业和物流产业分离，成立专业的物流公司。对物流规模和处理能力相对差一点的石化企业，可通过与石化系统内或系统外其他企业联盟，进行物流资源的优势整合，迅速壮大物流处理能力，超常规直接发展为专业的第三方物流公司。

第四节 舟山国际石油物流服务体系构建

一、总体模式

1. 总体发展思路

基于物流市场供求状况，目前物流企业的服务功能以干线运输、仓储保管和市内配送为主，而且这些传统的物流服务项目的主要是以“分包”为主，总代理的比例很小，物流关系极不稳定，企业物流被严重分割，难以达到规模经济性的要求。同时，客户普遍认为，物流企业提供服务时作业速度慢，物流信息的及时性、准确率低，不能提供网络化的物流服务。这样，满足客户需求成为物流分包企业各自的任务而不是共同的任务，导致物流活动的低效率。面对激烈的市场竞争和迅速变化的市场需求，为客户提供日益完善的增值服务，满足客户日益复杂的需求已成为现代物流企业生存和发展的关键。因此，要构建舟山国际石油物流服务体系，使舟山的石油物流业完成从传统的仓储、货运到现代物流的质变，就必须对物流资源进行重新配置，对其物流系统进行重新规划，使物流服务的层次得到大幅度的提升。

建立符合舟山石油现状的物流网络。根据现代物流观念，物流网络应包括两方面的内容，一是实体化的物流网络，二是电子化的物流网络，使电子化的物流网络和实体化的物流网络融为一体。可以说，物流界至今没有形成这样的一个网络化体系。虽然经过多年发展，目前物流业已经逐渐在交通运输、仓储设施、信息通信、货物包装与搬运等物流基础设施和装备方面取得了长足的发展，为物流产业的发展奠定了必要的物质基础，但是这些设施的建设多以企业自身为核心，或是过于单一化。

树立石油物流一体化的思想。物流被看作是企业与其顾客和供应商相联系的能力，因此物流过程既不应局限于以营利为目的的物流服务提供者，也不为以制造产品为主的厂商所独有。物流一体化就是以物流系统为核心的由生产企业经由物流企业、销售企业直至消费者供应链的整体化和系统化。要达到这一目的，就要将所有涉及物流的功能和工作综合起来，充分利用专业化的物流设施，发挥专业化物流管理人员的专业化物流运作的管理经验，将石油物流充分发展起来，以取得整体最优的效果。

政府部门的政策扶持。政府部门的规划与指导也是带动舟山石油物流发展的重要因素。为降低物流成本，不少国家出台了综合措施以规划物流资源。比如日本在 1997 年颁布的《综合物流施政大纲》就明确了在物流领域里进行经济结构改革的一系列举措，为日本物流体系的完善和跳跃式发展起到了积极作用。作为发展中国家，我国物流业发展慢、起点低，国家应尽早出台物流运作标准及相关扶持政策，促进社会存量资源的整合，构建适应社会发展要求的流畅的物流体系。而对于舟山自身而言，市政府也应积极响应国家相关政策，并在舟山新区建设背景下，制订符合舟山发展特点和地理特点等方面的支持措施，推进舟山国际石油物流体系的进一步发展和完善。

2. 发展重点

目前的石油物流发展现状不容乐观，存在着较多的弊病和问题。长期以来，成品油配送和销售长期依托政府的计划体系，对成品油市场流通缺乏统筹设计和流程管理，造成了对成品油物流管理的重视度不足。虽然石油化工行业是我国国民经济的支柱产业，但它同样存在着经营管理者忽视对成品油的物流化管理等问题，如物流配送线路不合理、区域经营管理布局不合理、自营配送弊端多等。

通过完善物流管理帮助企业提高经济收益的成功案例有很多，既有工业生产加工领域，也有商业服务领域，例如海尔集团和沃尔玛集团就是通过强大的物流管理体系实现了低价优质的经营策略。物流管理的优势有目共睹，石油行业也非常有必要借鉴其他企业成功的案例来通过完善自身的物流管理来实现经济效益的增长和竞争优势的塑造和保持。

作为一种专业性的物流活动，石油企业的物流管理水平与中国物流产业的整体发展水平息息相关。借鉴符合现代石油企业物流发展趋势的物流管理经验，构建有效的现代石油物流体系，不仅为石油物流企业的发展指明了方向，也对我国的石油物流企业发展具有重大的现实意义。通过优化物流管理，合理设计配送方案，高效管理成品油的运输物流，石油行业可以创造可观的经济收益。

3. 功能定位

构建石油物流服务体系的目的就是要在尽可能最低的总成本条件下实现既定的客户服务水平，即寻求服务优势和成本优势的一种动态平衡，并由此创造企业在竞争中的战略优势。根据这个目标，要解决的基本问题，简单地说，就是把合适的产品以合适的数量和合适的价格在合适的时间和合适的地点提供给客户。

4. 总体发展目标

石油作为一种关系国计民生的重要战略性能源，其行业的产业链长、关联行业多、经营单位分布广、企业规模大、管理庞杂。随着世界经济危机的不断演化，整个石油物流企业面对新的经济环境，传统的石油物流体系已经暴露出了很多问题。网络化是物流经济全球化的迫切需要，在新的形势下，随着石油产业结构的调整和改革，石油物流体系虽然得到了较好的优化和发展，但是目前还存在着一些问题。加之目前世界石油价格漂浮不定的新局面，石油物流体系面临着新的挑战和机遇。如何有效地借鉴国内外石油行业的物流改革的经验，重构原有的石油物流体系，建设舟山石油物流网络系统，使得舟山石油企业面对国际环境的竞争下，按照“无缝”运输的理念有效地降低成本，以提高石油工业的竞争力，增加国民经济可持续发展的能力，是舟山甚至全国石油企业目前面临的最紧迫的一项任务。

二、空间结构模式与布局

1. 石油物流体系空间结构模式确定

系统的结构是指构成系统的要素或子系统间相互联系的方式。任何系统中的要素都是以一定的联系相结合的，不同联系方式构成系统的不同结构。石油物流体系是一个既有静态也有动态，既有时间也有空间的多重结构的复杂系统。

空间结构是指物流实体要素之间、不同环节之间在空间地域上分布的关联状态。空间结构合理与否是影响物流体系效能的重要因素之一。

石油物流空间模式由物流线路和物流结点组成，物流线路是指道路、航道等交通线路，主要执行物流中的运输机能；物流结点是连接物流线路的结点之处，物流结点可以分为传统单一功能型物流结点（如各种类型的货运站场、仓储设施等）和现代综合功能型物流结点（如综合物流中心、专业物流、配送中心），物流的其他机能（比如包装、仓储、装卸、分货、配货、流通加工等）都在物流结点中完成。物流线路和物流结点的配置、组成、结构、联系方式、相互关系就构成了相应物流空间布局。

2. 舟山港腹地石油物流服务体系空间布局体系

物流服务体系腹地发展布局，则是指在既定的区域内，综合考虑各种因素，对物流节点和物流线路进行数量、规模、位置、功能定位、供货关系等进行规划设计，以期在该区域内降低社会物流成本、提高社会物流效率，同时带动周围经济圈的发展。由于物流线路的布局规划与交通基础设施密切相关，因此对其的规划主要由交通部门在制订交通规划时制订，而传统单一功能型物流结点（如货运站场、仓库等）虽然是物流空间中必不可少的环节，但其不能代表现代物流发展的方向，其重点主要是对已有的结点进行提升改造。因此，舟山市石油物流体系腹地发展布局，主要是针对综合物流中心（基地）、专业物流中心、配送中心等现代综合功能型物流结点布局的完善和延伸，使本港与其腹地联动发展，相互促进。

3. 舟山国际石油物流服务体系空间布局体系

1）规划布局原则

符合城市总体规划原则。城市总体规划对城市的性质、形态、结构、用地布局、综合交通、基础设施规划都做了明确的规定，可以说是一个城市未来发展的蓝图和纲要。而舟山国际石油物流服务体系空间布局从属于城市总体规划，因此，舟山国际石油物流服务体系空间布局规划必须在符合城市总体规划的前提下，做到科学、合理的布局。

靠近石油源原则。物流源的需求直接决定了物流结点的类型、数量、规模和布局，因此应通过对物流源的需求进行层次和结构分析，在物流需求源附近确定相应类别和规模的物流结点设施，以使物流结点所提供的物流服务能尽量与需求源相一致。

交通便利原则。物流结点是连接物流线路的地点，因此，物流结点必须设在交通便利之处，最好能实现两种及两种以上运输方式的对接。目前，衢州市融高速公路、铁路、水运、航空等运输方式的综合立体网络已初现雏形，其他交通基础建设正在进行之中，因此，衢州市在进行物流空间布局时，应该充分利用现有及未来的交通基础设施，一方面降低物流节点的建设成本，另一方面使得物流结点和物流线路的衔接更为通畅从而保证货畅其流。

经济合理原则。物流空间的布局必须符合经济合理性原则，包括较低的地价、充足且素质较高的劳动力等，从而为物流结点中的企业获得必要利益创造条件。

适度超前原则。随着舟山市经济的快速发展，石油物流需求也会随之猛增，但一定时期内地区物流结点所提供的服务量是基本固定的，而且物流节点等物流基础设施一旦建成就很难进行变动，或者是重新变动需要花费大量代价。因此，物流空间布局规划应当具有适度超前性，以便协调经济不断发展对物流需求的猛增和一定时期内物流设施提供服务量的稳定性之间的矛盾。

环境保护和可持续发展原则。缓解城市交通压力、减轻物流对环境的污染是物流空间布局的一个重要目的，也是“以人为本”规划思想的重要体现。使车流量密集、占地规模较大、噪声污染严重的物流结点远离交通拥挤、人口密集和人类生活比较集中的城市中心区，从而为人们创造良好的工作生活环境，这既是物流结点产生的重要原因，也是城市可持续发展的必然要求。

2）总体要求

舟山国际石油物流服务体系空间布局的总体要求是：依托特有的区位优势，形成以服务舟山市域为基础，同时辐射周边区域和省份的完善的石油物流服务体系；充分利用舟山市综合运输网络体系，建设高水平的石油物流中心，构筑时效性货运通道运输网络，建立快速、准时、多样化配送道路体系；在规划期内形成总量平衡、布局合理、层次分明、配套完善、运作协同、具有网络化物流服务与运作功能的现代物流基础设施体系和空间发展布局体系。

3）总体布局框架

物流涉及交通运输、仓储、批发零售、对外贸易等行业，既有经济区域内的各个物流“点”的问题，又有经济区域内的各物流点的连接“线”的问题，还有经济区域内整体物流“面”的问题，物流的空间结构即指这个“点—线—面”的结构。舟山国际石油物流服务体系空间布局主要是着力构筑以“三大物流圈（面）、物流走廊带（线）、三大物流结点（点）”为主要内容的框架体系。

其中，三大物流圈即规划构筑以普陀、沈家门、岱山、定海为物流核心圈；以其他各岛为物流辐射圈；以浙江省其他地区为物流影响圈的紧密型和松散型相结合的物流圈层。

两条物流走廊带即第一条从舟山综合石油物流中心起始，经金塘，沿舟山跨海大桥，通往宁波、杭州及省内其他各市的物流走廊带；第二条是在上述基础上，沿经跨海大桥、高速公路等，通往省外各地区的物流走廊带。

三个层次物流结点为一个完善的物流体系应具备较好的层次结构，形成“主辅相成”的网络格局，才能提供高水平的物流服务。舟山国际石油物流服务体系空间布局体系由“综合物流中心（一级节点）——专业物流中心（二级节点）——配送中心（三级节点）”三个层次构成，三个层次各物流节点之间特别是一级节点之间通过运输通道和信息通道连接在一起，形成大的舟山石油物流网络。

三、舟山国际石油及制品物流服务体系构建要素

1. 体系构建的重点项目

舟山石油物流体系需由舟山石油物流运输网络、舟山石油物流信息网络、舟山石油物流客户网络和舟山石油物流管理网络共同构成，如图 5－2 所示。

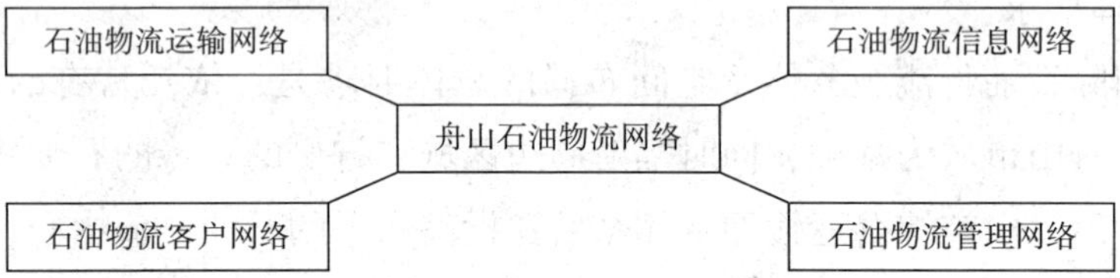

图 5－2　舟山石油物流体系结构

2. 体系构建重点项目概要

石油物流运输网络是指由一个物流企业的配送中心与仓储中心（作为网络的节点）、运输工具、运输线路等组成的系统运输网络。网络节点之间的连接是物理连接，如公路网络、水运网络等等。

石油物流信息网络是指一个物流企业建立的有关用户需求信息、市场动态、企业内部业务处理情况等信息共享的网络，是依靠现代信息网络技术建立起的运输节点间的信息网络。

石油物流客户网络是指由物流企业所服务的对象组成的一个虚拟网络。服务用户越多，物流用户网络越大。一旦用户与物流企业达成了长期合作协议，它即被锁定。依靠用户的口碑及兼容性、便捷性方面的优势，其他潜在用户将不断被吸引到此用户网络中来。

石油物流管理网络是指由物流企业一个统一的指挥中心与多个操作中心所组成的网络。真正的现代物流必须是一个指挥中心、一个利润中心，企业的组织、框架、体制等形式都要与这个中心相符。一方面，要求分部坚决服从总部，总部对分部有高度的控制力，分部在作业上做到专业化、流程标准化；另一方面，总部必须具有强大的指挥、设计能力以及对市场把握的高度准确性和控制风险的能力。

四、舟山国际石油及制品物流服务体系构建的建议

1. 物流服务体系有效运作的相关建议

随着经济全球化的深入推进，物联网产业的高速发展，石油物流企业必将迎来前所未有的机遇与挑战。舟山石油物流企业必须通过探索、交流和互相学习借鉴，加强合作，构建竞争力更加强大的物流网络，这是石油物流企业成功的经营之道。物联网技术的不断突破，石油物流网络的质量的不断提高，将加快推进商流、物流、信息流与资金流的一体化进程，有效提高石油物流企业的竞争能力，从而形成舟山新区石油现代物流产业，为中国石油物流企业的发展开辟一个辉煌的将来。

1）加快舟山石油物流运输网络建设

舟山群岛新区有着其他地区不一般的地域优势，加强舟山石油物流企业有形的营运网点的建设，强化服务的物理网络支持，使舟山石油物流企业拥有相对比较完善的网络设施，提高石油物流企业的竞争力。

2）加快舟山石油物流信息网络建设

基于物联网理念加强信息技术方面的投资，完善企业信息系统建设，加强物流组织过程中的信息处理功能，为物流活动的开展提供网络化的强有力的信息支持，借助物联网信息识别技术，整合石油物流企业现行的业务流程，构筑更加先进的舟山石油智能物流系统，通过物联网技术实现企业资源的网络化运作。

3）加快舟山石油物流客户网络建设

实施过程中积极建立企业的客户管理系统，加强与客户间的沟通，基于信任

与客户间建立长期合作的伙伴联盟关系，在需方规模经济的推动下不断扩大企业自身的客户资源网络。

4）加快舟山石油物流管理网络建设

基于 ERP 原理与实施过程设立一个拥有统一指挥中心、多个操作中心的管理网络，总部（指挥中心）对各营运网点（操作中心）的资源统一配置，实现规模效益。这就要求各个操作中心之间协同合作，避免对抗性竞争，根据业务和策略发展的结成合作伙伴关系，服从总部的集中指挥与管理协调。

2. 构建石油物流服务组织体系的平台

物流服务体系的核心价值是帮助该区域在经济发展中取得持续发展的竞争优势，所以说石油物流服务组织体系是该区域经济的重要组成部分，其构成可以概括为“一个中心，两个组织，三个平台”。

“一个中心”是指以构建舟山石油物流核心竞争力为中心。

“两个组织”是指石油物流发展和协调组织，包括石油物流管理委员会和石油物流协会。石油物流管理委员会基本职能是，审批该地区石油物流发展的规划并负责组织实施，协调不同区域的利益关系，组织实施石油物流重大项目，组织研究重大综合物流问题，等等。石油物流协会基本职能是，向石油物流管理委员会提出物流规划、政策、法规等建议；组织物流系统理论和实务研究，举办各种类型的学术讨论会、报告会；设立培训机构，开展物流专业人员培训；协调政府与企业间的关系，促进地区石油物流系统资源的整合、优化、共享。

“三个平台”包括物流基础设施平台、物流信息系统平台和物流政策平台。

综合石油物流基础设施平台。物流基础设施是物流作业的基础。综合物流基础设施平台应以地区物流发展战略为基调，根据所在地区石油资源、资源结构、交通网络等现状、发展趋势，充分考虑区域现状和发展需要，协调各核心区城的物流规划，优化区域内现有石油资源，实现地区内各物流枢纽的可达性、货运及配送通道的联通性，实现地区经济、社会和环境多层次、全方位的综合效益。

综合石油物流信息平台。地区性物流信息平台是地区性物流信息提供、交换和决策的枢纽；整体、通畅的地区物流信息系统将为该地区物流发展提供信息支持；实现地区物流作业一体化，有助于各级、各地政府部门宏观调控和决策，有助于整合地区物流信息资源，提高地区物流效益，增强企业竞争力。综合石油物流信息平台是以各核心区域信息化发展为基础的。整合各物流基础设施信息平台和通信网络，构建各区域物流信息系统，并加以完善和拓展其周边区域，并对各区域物流信息系统进行无缝接口，保证综合石油物流信息系统的整体性和通达性，从而通过各类物流信息的通畅流通、共享，实现地区范围内物流信息的顺利提供、交换和决策，有利于促进舟山市整体石油物流信息平台的形成。

综合石油物流政策平台。综合石油物流政策平台由各核心区域的具体物流政策环境组成，以地区相关法律法规以及物流政策为基础，参考国内外物流发达地区经验，遵循地区物流发展战略，结合地区的实际进行。要注重从总体、观念、管理、市场、技术、人才、资金以及项目等各方面，架构地区物流政策支持体系；树立现代物流观念，营造良好的物流发展氛围；以顺畅高效的管理体制、公平有序的市场机制为基础，以吸引先进物流技术、高素质物流人才、雄厚资金为支点，以重大发展项目为切入点，从而创造地区积极的物流政策环境优势。

第六章　国际主要石油交易中心介绍

原油期货是最重要的石油期货品种，目前世界上重要的原油期货合约有 4 个：纽约商业交易所（NYMEX）的轻质低硫原油即“西得克萨斯中质油”期货合约、高硫原油期货合约、伦敦国际石油交易所（IPE）的布伦特原油期货合约、新加坡交易所（SGX）的迪拜酸性原油期货合约、国内石油石化企业与各大交易中心的合作将进一步做实、做细、做大，持续创新，不断推出新的交易品种，扩大交易规模，形成特点和亮点。浙江自贸区油品交易中心要加快建立并探索期货交易模式，并对标国际，要争取国际能源话语权，加快探索期货业务，吸引更多参与者，形成有影响力的价格体系，保障我国能源安全，降低能源成本，成为油气市场重要的参与者、建设者和引领者。

第一节　纽约商业交易所

一、纽约商业交易所简介

纽约商业交易所是全球最具规模的商品交易所，地处纽约曼哈顿金融中心。它从属于芝加哥商业交易所集团（CME Group）。纽约商业交易所的其他办事处位于其国内的有波士顿办事处、华盛顿办事处、亚特兰大办事处、旧金山办事处，位于其他国家的办事处有迪拜办事处、伦敦办事处以及东京办事处。

纽约商业交易所于 1882 年改名为现在的名字，当时的交易产品主要为干果类、罐头食品和禽肉类。随着交易所的发展，1978 年正式推出了第一个成功的石油期货合约——取暖油期货合约，1981 年推出了汽油期货合约，1983 年推出了世界上第一个原油期货合约——轻质原油期货合约。由于它是以美国著名的西得克萨斯中质原油为主要交易标的物的，俄克拉何马州的库欣作为运输点，因此被称为西得克萨斯中质原油（WTI）合约。一直到现在，西得克萨斯中质原油为主要交易产品。20世纪80年代，伦敦石油交易所的第一位主席 Robin Woodhead 与纽约商业交易所的主席 John Elting Treat 合作开发出北海布伦特原油为交易产品。因此纽约商业交易所也有涉及北海布伦特原油交易，但其主要交易所为伦敦石油交易所。

在纽约商业交易所分部，通过公开竞价来进行交易的期货和期权合约有原油、汽油、燃油、天然气、电力，有煤、丙烷、钯的期货合约，该交易所的欧洲布伦特原油和汽油也是通过公开竞价的方式来交易的。在该交易所上市的还有 e-miNY 能源期货、部分轻质低硫原油和天然气期货合约，在能源市场中作为一种有效的参与手段为小投资者和商人提供了机遇。合约通过芝加哥商业交易所的 GLOBEX 电子贸易系统进行交易，通过纽约商业期货交易所的票据交换所清算。

在纽约商业交易所分部上市的有金、银、铜、铝的期货和期权合约。在交易场地关闭的18个小时里，纽约商业交易所分部的能源和金属合约可以通过建立在互联网上的 NYMEXACCESS 电子交易系统来进行交易，这样就可以使日本、新加坡、中国香港、伦敦以及瑞士的参与者们在他们的正常工作时间内积极主动地参与到能源和金属期货市场。市场的诚信是通过市场、交易和财务监督系统来保证的。票据交换所作为每一笔交易的最终交易对象，面对卖主时扮演着买主的角色，而面对买主时又扮演着卖主的角色。通过票据交换所的保证金制度，减轻了市场参与者在交易所进行交易时的信誉风险。

二、纽约商业交易交所期货制度

1. 保证金

纽约期货交易所棉花期货合约实行保证金制度，最低保证金额依账户的性质而有所区别。属于投机的账户，其初始保证金为每张合约1000美元（以7月合约收盘价38.95美分/磅计算，其比例为5.13%），维持保证金为750美元/张；属于套期保值的，每张合约的初始保证金为500美元（其比例为2.57%），维持保证金为500美元/张。如何区分一个账户是投机还是套保呢？主要是根据客户的性质。如果一个牙科医生做棉花期货，那他肯定属于投机。一般大的现货商，如 Allenberg Cotton Co.，它们就同时拥有两个账户，一个是投机账户，一个是套期保值账户。

在不出现行情巨幅波动的情况下，保证金一般不会改变，但如果行情波动较大，考虑到每个客户的信用情况，CFTC（商品期货交易委员会）会对某些客户提高保证金，如果你不能拿出更多的资金来保证你的头寸，则会被交易所强制平仓。在进入交割月时，有些交易所或有些合约会从第一通知日开始增加保证金，但纽约期货交易所没有这样做，它的保证金与非交割月相同。

每日价格波动幅度限制制度。纽约期货交易所棉花期货实行每日价格波动幅度限制制度。交割月和一般月份分别执行不同的价幅限制，在一般月份又以 110 美分/磅为界分别做了规定：低于 110 美分/磅时，价幅限制为不超过上一交易日结算价 3 美分/磅；当有一个或几个合约结算价等于或高于 110 美分/磅时，所有合约的价幅限制均改为 4 美分/磅；如果所有合约均低于 110 美分/磅时，价幅恢复原来的 3 美分/磅。在第一通知日以后，交割月合约不再有价幅限制。

2. 限仓

纽约期货交易所棉花期货实行限仓制度，所有限仓都是针对客户来定的，不包括套期保值头寸。交割月、非交割月和所有月份持仓的限制数量如下：交割月持仓不得超过 300 张，非交割月持仓不得超过 2500 张，所有月份合计持仓不得超过3500 张。一般来说，非交割月份，交易所和 CFTC 对这一制度执行的并不很严，也就是说，你即使超过 2500 张，但只要信用没有问题，它们也不会强制你减仓。到了交割月，如果你还拥有大量的持仓，CFTC 就会要求你做出解释，如果你有确凿的证据证明你是在做套期保值，他们不再管你；如果没有充分的证据，你却拥有大量持仓，就会受到严厉的处罚。

3. 升贴水

纽约期货交易所棉花期货的升贴水制度比较复杂，也比较科学，正是这样的升贴水制度，才使得棉花期货能够顺利进行。纽约期货交易所棉花期货升贴水（或近似于升贴水）有三种，现逐一介绍：

第一种，正常的品级、长度、叶屑级之间的升贴水。美国农业部棉花分级及市场信息分部在充分调研现货市场棉花价格的基础上，每天都要公布棉花现货市场不同等级、长度、叶屑级之间的升贴水，交易所不再另行规定这些升贴水，完全执行美国农业部公布的等级间差价标准，只不过从时间上向后延续一周，并以提交割当日美国农业部公布的升贴水为准。

第二种，对入库时间较长棉花的处罚（Overage Cotton Penalty）。制定这一罚金的目的就是为了让入库时间较长的棉花流出期货市场，它是从仓单注册之月算起，分阶段进行处罚，入库时间越长，处罚越严厉。从仓单注册满 4 个月后开始处罚，5～11 个月，每月处罚 3 磅/包；12～17 个月，每月处罚 4 磅/包；18～23 个月，每月处罚5磅/包；24～29个月，每月处罚6磅/包。这样的设计对于持有仓单的客户具有很大的威慑作用，如果不把仓单撤销，就得承担严厉的处罚。

第三种，年度贴水。纽约期货交易所规定，新年度棉花收获后，只在本年度内交割不处罚，过了本年度的下一公历年度，就要执行2美分/磅的贴水，并且每增加一年，此贴水额增加2美分/磅。也就是说，2001/2002年度生产的棉花（美国棉花年度为8月1日至次年7月31日），即2001年8月生产的棉花在2001年8月至2002年12月内交割不贴水，到2003年1月1日开始执行2美分/磅的贴水，如果到2004年的1月1日这批棉花还在用于期货交割，那么开始执行4美分/磅的处罚，到2005年1月1日执行6美分/磅的处罚，以此类推。

通过以上三种贴水和处罚，纽约期货交易所的棉花仓单在仓库内的存放时间一般不很长，能够有效地促使棉花尽可能快地流出期货市场。比如，2000年9月（新年度）注册的仓单，从2001年1月1日起开始执行3磅/包的处罚，3月交割月进行棉花交割时，应贴水1.875%；5月交割，贴水为3.125%；7月交割，贴水4.375%；10月（满一年后）交割，贴水6.875%；12月交割，贴水8.542%。如果到2002年1月1日还未流出期货市场，还要增加年度贴水，也就是2美分/磅的贴水，以纽约期货交易所7月合约收盘价38.95美分/磅计算，2美分/磅的处罚占5.13%，即此时交割，贴水额将达合约价值的14.505%（9.375%＋5.13%）。到2002年3月交割时其贴水将达到16.588%（11.458%＋5.13%），时间越长，贴水额越大。有时，仓单持有者会考虑，是把仓单注销重新检验再次注册仓单还是放在仓库里继续接受更重的处罚。此时，交易者就要对比重新检验费（2.9美元/包）、棉花发生自然变异的程度和接受处罚哪一方面更经济，如果棉花发生自然变异的程度较小，重新检验费用比接受处罚低，他就会考虑把仓单注销再重新检验，注册新仓单，否则，他或者是继续接受更重的处罚，或者是让棉花流入现货市场处理掉。

4. 信息披露

纽约期货交易所定期公布有关棉花期货交易、交割的情况，这些信息分每日、每周和每月定期发布。公布的信息有：（1）交易结束后公布的交易情况，包括合约月份、开盘价、最高价、最低价、收盘价、结算价、走势、成交量、空盘量等；（2）仓单数量及变化情况；（3）现货市场价格；（4）品级、长度、叶屑级之间的升贴水情况等。每周公布的信息有：（1）本周交易情况综述；（2）各交割仓库仓单量；（3）按品级和长度划分的仓单量；（4）套期保值和投机比例等。每月公布的信息有：(1) 达到4个月以及超过4个月的仓单量及在各交割仓库的分布；(2) 棉花长势及收获情况等。

三、期货交易的组成

根据纽约商业交易所的界定，它的期货交易分为NYMEX及COMEX两大分部。

1. NYMEX

NYMEX负责能源、铂金及钯金交易，在NYMEX分部，通过公开竞价来进行交易的期货和期权合约有原油、汽油、燃油、天然气、电力，有煤、丙烷、钯的期货合约，该交易所的欧洲布伦特原油和汽油也是通过公开竞价的方式来交易的。在该交易所上市的还有e-miNY能源期货、部分轻质低硫原油和天然气期货合约，在能源市场中作为一种有效的参与手段为小投资者和商人提供了机遇。合约通过芝加哥商业交易所的GLOBEX电子贸易系统进行交易，通过纽约商业期货交易所的票据交换所清算。

2. COMEX

其余的金属（包括黄金）归COMEX负责，有金、银、铜、铝的期货和期权合约。COMEX的黄金期货交易市场为全球最大，它的黄金交易往往可以主导全球金价的走向，买卖以期货及期权为主，实际黄金实物的交收占很少的比例。参与COMEX黄金买卖以大型的对冲基金及机构投资者为主，他们的买卖对金市产生极大的交易动力。庞大的交易量吸引了众多投机者加入，整个黄金期货交易市场有很高的市场流动性。黄金交收成色标准与伦敦相同。COMEX的黄金买卖早期只有公开喊价，后来虽然引进了电子交易系统，但COMEX并没有取消公开喊价，而是把两种模式混合使用。市场早期是采用公开喊价，然后由电子交易系统接力，两者相加使参与买卖者差不多可以24小时在COMEX交易。伦敦与纽约黄金交易市场有密切的互动关系，并衍生出如伦敦现货金与纽约期货黄金的掉期交易。

四、主要交易产品

纽约商业交易所的交易主要涉及能源和稀有金属两大类产品，具体交易产品有煤、天然气、原油、电、汽油、取暖油、钯、白金、丙烷、铀、铝、铜、黄金、银，能源产品交易大大超过其他产品交易。交易所的交易方式主要是期货和期权交易，到目前为止，期货交易量远远超过期权交易量。其中 WTI 原油是石油交易里面最主要的产品，其推出的 WTI 期货合约是目前流动性最大的原油交易平台，也是目前世界上成交量最大的商品期货品种之一。其流动性良好和价格透明，促使该合约价格成为全球原油定价的基准价格。此外，交易所还推出了一系列其他风险控制和交易机会的产品：期权交易、期权差价交易、取暖油和原油间的炼油毛利期权交易、汽油和原油间的炼油毛利期权交易以及平均价格期权交易。轻质低硫原油期货合约交易单位是每手 1000 桶，交割地点在俄克拉何马州的库欣，通过管道运输可以将原油运输到全球现货市场。交割品质设定了国内和国际交易原油的几个等级，满足了现货市场的不同需要。

五、交易方式以电子交易系统为主

纽约商业交易所对于不同的交易产品而有不同的交易市，目前可分为四个交易市：

1. 常规交易市

常规交易市是指在交易所场内进行公开竞价的交易。

2. NYMEX ACCESS 交易市

能源和金属市场的风险不会随着每日场内公开竞价交易的收市而消失，而会推迟至次日公开竞价交易的开市才重现。实际上，市场参与者每时每刻都暴露在市场风险之下。NYMEX ACCESS 是一种以网络为平台的电子交易系统，交易者几乎可以在世界各地通过计算机登录该系统进行交易。借此 NYMEX 实质上实现了昼夜连续开市，从而使投资者有效地规避风险。

3. GLOBEX 交易市

GLOBEX 交易市是指在芝加哥商业交易所 GLOBEX 系统上市交易的产品所进行的交易。目前交易所交易活跃的原油和天然气期货合约向投资者提供了微缩版本：合约规模为标准合约规模的 40%，通过 GLOBEX 系统电子交易平台进行昼夜连续交易，并通过 NYMEX 结算所进行财务结算。

4. 可选择的电子交易系统（“AEST”）交易市

除 NYMEX ACCESS 以外的任何一个为 NYMEX 分部和 COMEX 分部交易产品提供交易平台的电子交易系统，但不包括 GLOBEX 智微盘 zwp. zlcfzx. com。

在 NYMEX 的 Clear Ports 交易平台上，合约交易单位为每手 2500mmBtu。同时也有场外交易，场外交易情况需要递交交易所，通过 NYMEX 的 Clear Port 清算网站清算，可以通过实物交割方式清算也可以通过交换成期货头寸清算。e-mi NY天然气期货合约是为投资组合设计的，相当于 5000mmBtu 天然气，约占标准天然气期货合约 50% 的量，该合约可以通过 CME（芝加哥商品交易所）的 GLOBEX 电子交易平台交易，由纽约商品交易所清算机构清算。

第二节　伦敦国际石油交易所

一、伦敦国际石油交易所

1981 年 4 月，伦敦国际石油交易所（The International Petroleum Exchange，简称 IPE）推出重柴油（Gasoil）期货交易，合约规格为每手 100 吨，最小变动价位为 25 美分/吨，重柴油在质量标准上与美国取暖油十分相似。该合约是欧洲第一个能源期货合约，上市后比较成功，交易量一直保持稳步上升的走势。

目前在世界范围内来看，有两种基准原油：一种是 WTI，在美国纽约商品交易所进行交易；另一种是布伦特，在英国伦敦国际石油交易所（IPE）进行交易。人们通常所谈论的国际原油价格，指的就是纽约商品交易所的 WTI 或者英国国际石油交易所的布伦特期货价格。

二、伦敦国际石油交易所的地位

伦敦国际石油交易所是欧洲最重要的能源期货和期权的交易场所，是世界石油交易中心之一，伦敦国际石油交易所的原油价格是观察国际市场油价走向的一个晴雨表。

1988 年 6 月 23 日，IPE 推出国际三种基准原油之一的布伦特原油期货合约。IPE 布伦特原油期货合约特别设计用以满足石油工业对于国际原油期货合约的需求，是一个高度灵活的规避风险及进行交易的工具。IPE 的布伦特原油期货合约上市后取得了巨大成功，迅速超过重柴油（Gas Oil）期货成为该交易所最活跃的合约，从而成为国际原油期货交易中心之一，而北海布伦特原油期货价格也成为国际油价的基准之一。现在，布伦特原油期货合约是布伦特原油定价体系的一部分，包括现货及远期合约市场。该价格体系涵盖了世界原油交易量的 65%。

自伦敦国际石油交易所成立以来，原油平均日交易量一直保持在 6500 万桶左右。但由于近年来世界石油市场动荡不定，许多交易商对现货市场把握不准，伦敦的原油期货交易一直比较活跃。根据该交易所 2017 年 9 月 15 日公布的数字，当日其主要原油合同交易量创下最高纪录，合 1.8 亿桶，按时价计达 75 亿美元。

三、伦敦国际石油交易所的作用

面对世界石油供求关系的变化以及国际市场石油价格走势的不确定，为了更好地为交易商服务，伦敦国际石油交易所于 2004 年 9 月 27 日宣布实行新的能源报价服务，使交易商无论在什么地方都可在交易期间从手机上得到 8 种不同的石油与天然气报价。交易所首席执行官理查德·沃德说："该交易所的期货合约为交易商管理价格风险发挥了重要作用。"

2004 年以来，国际市场原油价格已上涨 50% 以上。在英美两国都设有实时石油交易信息服务中心的石油交易者网站负责人吉姆·林托尔表示，虽然伦敦石油期货市场的规模与交易额只有纽约的三分之一，但它在欧洲却是唯一的石油期货交易所，它对交易商在变幻莫测的石油市场上通过期货交易规避风险有着重要意义。

分析家认为，鉴于国际石油交易所的北海布伦特原油价格已成为国际市场基准油价之一，虽然今后一段时期进入伦敦国际石油交易所的大户交易商不会增加，但交易所的原油期货交易可能会更趋活跃。

四、伦敦国际石油交易所的发展

2000 年 4 月，IPE 完成了改制，成为一家营利性公司。2001 年 6 月，IPE 被洲际交易所（Intercontinental Exchange，Inc。）收购，成为这家按照美国东部特拉华州（Delaware）法律成立的公司的全资子公司。

目前世界上重要的原油期货合约有 4 个，其中，纽约商业交易所的西得克萨斯中质原油期货合约规格为每手 1000 桶，报价单位为美元/桶，该合约推出后交易活跃，为有史以来最成功的商品期货合约，它的成交价格成为国际石油市场关注的焦点。

五、伦敦国际石油交易所的合约

1. 布伦特原油期货合约

A. 人工喊价交易时间为 10：02 ~ 19：30；电子交易时间为 2：00 ~ 22：00

（周一到周四），2：00~20：30（周五）。

B. 简介：

IPE 布伦特原油期货合约是可以进行实物交割的合约，同时合约可以选择期转现进行结算。合约有以下特征：

①灵活性大：通过提供与现货市场相对应的期货合约，石油工业可以利用期转现以及基差交易，锁定价格以及安排生产，这样就可以更好地控制买卖货物的时间。

②价格透明：实时价格可以通过主要的数据提供商得到，因此所有的参与者均可在交易时实时了解价格情况。

③小批量交易：期货交易为进行小批量交易提供了可能（1000 桶的倍数），而现货市场数量标准较高。

④合约安全性强：伦敦清算所（LCH）是在伦敦交易所进行交易的买卖双方的另一方。这保证了（交易所清算会员）交易的每张合约的财务稳健性，包括交割与清算等。LCH 与其会员的客户（非会员用户或交易所非清算会员）没有义务或合同关系。

C. 合约单位：1000 桶（42000 加仑）。

D. 合约月份：12 个连续月份，一季度后扩展至最长 24 个月，半年后至最长 36 个月。

E. 报价方式：美元及美分每桶。

F. 最小价格波动：0.01 美元每桶。

G. 合约最小变动档：每张合约 10 美元。

H. 每日价格限制：无价格限幅。

I. 最后交易日：如果交割月第一天的前第 15 天为伦敦的银行日，交易应于当天收盘时停止。如果当日是伦敦的非银行日（包括星期六），交易将于当天前一个工作日停止，该日期由交易所公布。

J. 交割日期：IPE 布伦特原油期货合约是可交割合同（通过期货转现货），也可以选择按最后交易日之后一天的布伦特指数价格进行现金结算。如果需要现金交割，那么必须在交易停止后的一个小时之内通知交易所（与清算所程序相同），在交易停止后的两个工作日内通过 LCH 进行清算。

布伦特指数由 IPE 负责编制，并于每天的中午 12 点（当地时间）对外公布，该指数是前一交易日相关交割月份的 21 天 BFO 合同的所有得到确认交易的加权平均价。BFO 中的 B 指布伦特原油（BRENT），F 指福地斯原油（FORTIES），O 指奥斯博格原油（OSEBERG），三种原油的日产量分别大约为 40 万桶/日、40 万桶/日和 90 万桶/日。指数的具体计算公式是以下三项的算术平均：①当前月份的 BFO 市场的加权平均价；②次月的 BFO 市场的加权平均价，加减当前月份和次月的套利交易价差的算术平均；③相关媒体公布价格的算术平均。

K. 期货转现货（EFP）与期货转掉期（EFS）：交割月的 EFP 及 EFS 交易，可以在交割月的交易时间内报告给交易所，并在交易停止后（停牌）的一个小时内由 LCH 登记。这样将使同时拥有场外柜台交易头寸的市场参与者，具有更多的规避风险的机会。

L. 持仓限额：无限制。

2. 柴油期货合约

A. 人工喊价交易时间为 9：15 ~ 17：27；电子交易时间为 2：00 ~ 22：00（周一到周四），2：00 ~ 20：30（周五）。

B. 简介：

IPE 柴油期货合约的设计，旨在为用户提供一个有效的保值与交易的工具。其相应的现货市场是在 ARA（安特卫普、鹿特丹、阿姆斯特丹）地区进行交割的燃料油驳船市场。它被用于欧洲及其他地方石油蒸馏产品定价的参考。

IPE 于每一交易日的 18：30 计算当前合约的公开喊价交易的日加权平均价。然后提交给杰出的报价服务机构——普氏（Platts），该机构使用该平均价作为欧洲多数蒸馏产品价格评估的基准。交易商们按与 IPE 柴油基准期货合约价差的形式，将现货市场上交易的燃料油、柴油及航空煤油价格报告给普氏。因此普氏公布的价格，相当于 IPE 加权平均价加或减去市场向普氏报告的价差。

C. 合约单位：100 公吨，交割时可按 118. 35 立方米/手计量，相当于真空状态、15℃、密度为 0. 845 千克/公升的 100 吨柴油。

D. 合约月份：12 个连续月份，一季度后扩展至 24 个月，半年后扩展至 36 个月。

E. 报价方式：美元及美分每吨（含欧盟进口税）。

F. 最小价格波动：25 美分每吨。

G. 合约最小变动档：每张合约 25 美元。

H. 每日价格限制：无价格限幅。

I. 最后交易日：

交易应停止于交割月第 14 天前的第二个工作日的中午 12：00 点，该日期由交易所公布。该日也是交割通知日。

J. 交割方式：实物交割。

K. 交割期限：在交割月的第 16 日至最后一天之间。

L. 备用交割程序（ADP）：

如果买卖双方达成一致，配对的双方可以按照不同于合约规定的条款执行，如交割方式、交割地点。一旦运用 ADP，LCH 将合约对冲，并停止对双方的一切义务。

M. 期货转现货（EFP）与期货转掉期（EFS）：

交割月的 EFP 及 EFS 交易，可以在交割月的交易时间内报告给交易所，并在交易停止后（停牌）的一个小时内由 LCH 登记。这样将使同时拥有场外柜台交易头寸的市场参与者，具有更多的规避风险的机会。

N. 持仓限额：无限制。

3. 天然气期货合约

A. 电子交易时间为 8：00 ~ 17：00（除单日合约），8：00 ~ 16：00（单日合约）。

B. 简介：

该合约最初于 1997 年 1 月上市，是目前很常见的金融工具，它主要用于：控制天然气现货市场的价格风险；作为一种投资工具；为英国的天然气网提供实物（交割）；为用户签订长期天然气现货合同提供价格参考；只有在到期日之前没有平仓的合约，方才进行实物交割。实物交割地点在英国天然气网的"国家平衡点"（NBP）。交割必须在交割期内均匀进行，并且与到期日时的持仓数量一致。

C. 合约单位：合约是以天为单位计量的，最小交易量是 5 手，1 手 = 每天买或卖 1000 热量单位的天然气，所以 5 手 6 月合约具有的能量为：5 手 ×30（天）×1000 热量单位 =150000 热量单位（交割时，1 热量单位 =29. 3071 千瓦时）。

D. 合约月份：

①半年合约：是 6 个连续月份的合约。它有两种：4 月 ~9 月或 10 月 ~3 月。该合约在挂牌位置上位于所有合约之后。

②季合约：是三个连续月份的合约。有四种类型：1 月 ~3 月、4 月 ~6 月、7 月 ~9 月，10 月 ~12 月四种。在合约挂牌位置上，该合约位于半年合约与月合

约之间。

③月合约：是连续单日合约。该合约包括28天、29天、30天或31天合约，具体天数取决于相关月份的日历天数。月合约在前9、10或11个（合约）月份中挂出。月合约于每个月倒数第二个工作日期满。

④月余额合约（BOM）：是单个日合约的组合，具体天数取决于当前月份的剩余天数。BOM合约的天数每天都会减少，每天收盘时，BOM产生一个单日合约，并表示第二天要交割。BOM合约于每个月倒数第四个工作日期满。

⑤单日合约：于一天前（D+1）至七天前（D+7）挂牌。单日合约于交割日前一天的16：00到期。

E. 报价方式：英镑及便士每热量单位。

F. 最小价格波动：0.01便士/热量单位。

G. 合约最小变动档：每张合约15英镑。

H. 每日价格限制：无价格限幅。

I. 期货转现货（EFP）和期货转掉期（EFS）：EFP及EFS可以用于清算或建立期货头寸，但双方应当持有数量相等、方向相反的现货、掉期头寸或期货头寸。EFP及EFS可以在交易结束之后的30分钟内进行，并根据IPE程序进行登记。

J. 持仓限额：无限制。

第三节　新加坡原油期货交易所

一、新加坡原油期货交易所简介

石油期货就是以远期石油价格为标的物品的期货，是期货交易中的一个交易品种，是由期货交易所统一制订以原油为标的的标准化合约。例如，NYMEX于1983年推出轻质低硫原油期货合约，IPE于1988年6月23日推出国际三种基准原油之一的布伦特原油期货合约。新加坡交易所（SGX）于2002年11月2日正式推出了中东迪拜石油期货合约。

20世纪70年代初发生的石油危机，给世界石油市场带来巨大冲击，石油价格剧烈波动，直接导致了石油期货的产生。石油期货诞生以后，其交易量一直呈现快速增长之势，已经超过金属期货，是国际期货市场的重要组成部分。

在石油期货合约之中，原油期货（OilFut）是交易量最大的品种。目前世界上交易量最大、影响最广泛的原油期货合约共有3种：纽约商业交易所的轻质低硫原油即WTI（西得克萨斯中质原油）期货合约，伦敦国际石油交易所（IPE）的BRENT（北海布伦特原油）期货合约，以及新加坡国际金融交易所（SIMEX）的DUBAI（迪拜原油）期货合约。

其他成品油期货品种还有馏分油、无铅汽油、瓦斯油、取暖油、燃料油、轻柴油等。

国际原油实货交易主要采取基准价+/-贴水的计价方式，WTI、BRENT、DUBAI等期货交易价格经常被用作基准价。以CME的WTI期货合约为例，其规格为每手1000桶，报价单位为美元/桶，价格波动最小单位为1美分。西半球出产的原油主要挂靠WTI计价，包括美国的ANS（阿拉斯加北坡原油）、墨西哥的MAYA（玛雅原油）、厄瓜多尔的ORIENTE（奥瑞特原油）、委内瑞拉的SANTA BARBARA（圣芭芭拉原油）和阿根廷的ESCALANTE（埃斯克兰特原油）。挂靠BRENT的主要是西欧、地中海和西非地区出产的原油，比如俄罗斯的URALS（乌拉尔原油）、利比亚的SARIR（萨里尔原油）和尼日利亚的BONNY LT（博尼轻质原油）。挂靠DUBAI的主要是中东地区出产的原油。而远东地区出产的原油交易主要挂靠MINAS、CINTA、DURI等地区性的基准油种。

二、原油储量

探明储量是指经过详细勘探，在目前和预期的当地经济条件下，可用现有技术开采的储量。2018年年底全球石油探明储量比2008年上升2359亿桶，总量达1.73万亿桶，如图6-1所示。

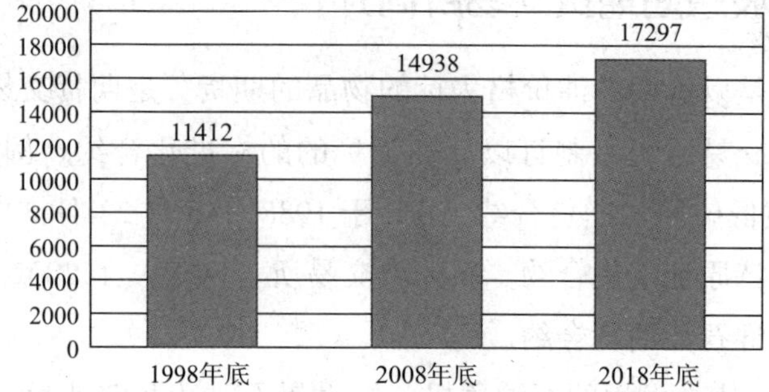

图6-1 1998~2018年全球石油资源探明储量（资料来源：BP）

全球石油资源主要分布于中东地区和美洲地区。截至 2018 年底，中东石油资源探明储量 8361 亿桶，占比 48.3%。中南美洲石油探明储量 3251 亿桶，占比 18.8%；北美洲石油探明储量 2367 亿桶，占比 48.3%。欧洲石油探明储量仅为 143 亿桶，占比 0.8%。分布情况详见图 6－2。

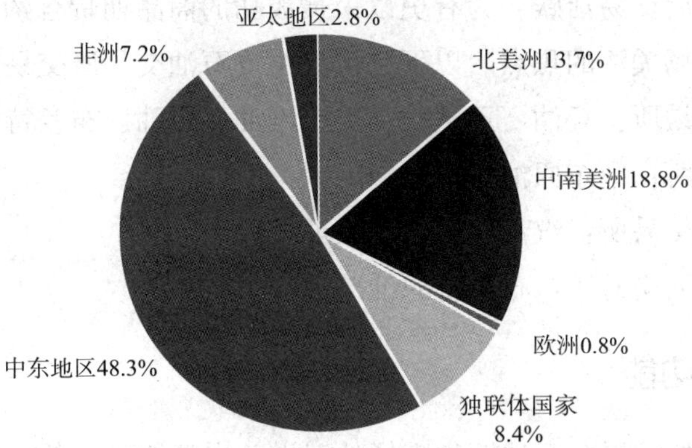

图 6－2　2018 年全球石油探明储量分布（资料来源：BP）

在石油储量上，沙特阿拉伯和委内瑞拉遥遥领先于全球其他国家。储量最高的单一国家是委内瑞拉，480 亿吨（占全球储量 17.5%），沙特阿拉伯 409 亿吨（占比 17.2%）紧随其后，随后是加拿大 271 亿吨（占比 9.7%）、伊朗 214 亿吨（占比 9.0%）和伊拉克（占比 8.5%）。探明储量详见图 6－3。

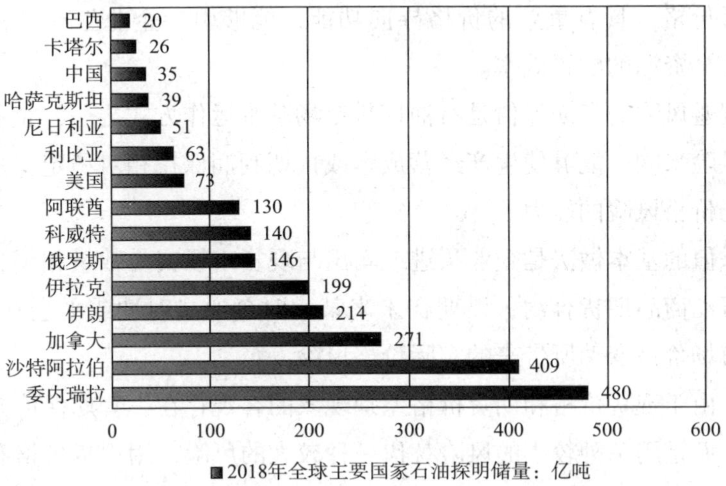

图 6－3　2018 年全球主要国家石油探明储量（资料来源：BP）

三、交易品种

除了原油期货，其他石油期货品种还有取暖油、燃料油、汽油、轻柴油等。NYMEX 的西得克萨斯中质原油期货合约规格为每手 1000 桶，报价单位为美元/桶，该合约推出后交易活跃，为有史以来最成功的商品期货合约，它的成交价格成为国际石油市场关注的焦点。以下是世界主要石油交易所交易品种：

纽约商品交易所：轻油、天然气、无铅汽油、热油、布兰特原油；

新加坡交易所：中东原油；

东京工业品交易所：汽油、煤油、柴油、原油；

英国国际石油交易所：布伦特原油柴油。

四、基本功能

经过若干年的发展，石油期货市场的三大基本功能已经基本具备。

一是价格发现。期货市场上聚集着众多的商品生产者、经营者和投机者，他们以生产成本加预期利润作为定价基础，相互交易，相互影响。各方交易者对商品未来价格进行行情分析、预测，通过有组织的公开竞价，形成预期的石油基准价格。这种相对权威的基准价格，还会因市场供求状况变化而变化，具有一定的动态特征。在公开竞争和竞价过程中形成的期货价格，往往被视为国际石油现货市场的参考价格，具有重要的价格导向功能，能够引导企业生产经营更加市场化，提高社会资源的配置效率。

二是规避风险。套期保值是石油期货市场基本运作方式之一，企业通过套期保值实现风险采购，能够使生产经营成本或预期利润保持相对稳定，从而增强企业抵御市场价格风险的能力。

套期保值的基本做法是企业买进或卖出与现货市场交易数量相当，但交易方向相反的石油商品期货合约，以期在未来某一时刻通过对冲或平仓补偿的方式，抵消现货市场价格变动所带来的实际价格风险。

当然，由于现货价格和期货价格差别现象的客观存在，套期保值并不能完全消除风险，而是用一种较小的风险替代一种较大的风险，用现货价格和期货价格差别风险替代现货价格变化风险。

三是规范投机。资本具有天然的投机需求。利用石油期货市场可以吸引大量资金，从而为石油产业发展提供第一推动力。利用期货市场，交易商一方面可以规避国际油价波动的负面影响；另一方面，还可通过投机交易从市场价格波动中获取更多的利益。

在规范的市场，投机行为要受到严格的监督和管理，投机者是在严格遵循交易规则的条件下获取正常经济利益，监督和管理使投机行为成为调节期货市场的工具。有了投机者的参与，期货市场的交易量增加，市场供求关系也可以更好地得以调节。

纽约期货交易所轻质原油介绍：

因为美国这个超级原油买家的实力，加上纽约期交所本身的影响力，以 WTI 为基准油的原油期货交易就成为全球商品期货品种中成交量的龙头。通常来看，该原油期货合约具有良好的流动性及很高的价格透明度，是世界原油市场上的三大基准价格之一，公众和媒体平时谈到油价突破多少美元时，主要就是指这一价格。

CFX 平台原油差价合约（基于 WTI 原油报价）

合约标志 CL

期货场所	纽约商品交易所（NYMEX）
交易时间	周一凌晨 6：00 至周六凌晨 5：00（北京时间）
合约单位	1000 桶（一标准手）
报价方法	美元/桶
最小变动价位	0.01 美元/桶
交易点差	0.05 美元
保证金	1000 美元（100 倍杠杆）

五、运作条件

石油期货市场已经成为世界能源市场的重要组成部分，对世界能源市场的运行具有深远影响。从实践和运行历史来看，期货市场的产生和运行对环境有着特殊要求。成熟和规范的市场经济体系，是石油期货市场得以存在和发展的前提。

一是市场竞争和开放程度较高，供求信息充分，现货市场发达；

二是经济体系比较开放，不存在严格的价格和进出口管制；

三是期货交易所所在地区的金融市场开放，期货标价货币在资本项目下可自由兑换；

四是期货市场所在国家或地区法律法规健全，对期货市场的监管切实有效。

由于市场体系不完善导致期货市场建立和发展受到影响的例子很多，比如1993年初，我国的原上海石油交易所成功推出石油期货交易，后来原华南商品期货交易所等相继推出石油期货合约。总交易量一度达到5000万吨，占当时全国石油期货市场份额的70%左右，当时推出的标准期货合约主要有大庆原油、90号汽油、0号柴油和250号燃料油共四种。

由于当时我国的石油流通体制市场化程度不高，石油期货市场的产生也是昙花一现，最终退出了历史舞台。中东一些产油大国虽然拥有丰富的石油资源，却没有建立石油期货市场，也与缺乏成熟的市场经济体系不无关联。

六、中国上市

我国原油期货（OilFut）已经获批上市，2014年12月12日，中国证监会正式批准上海期货交易所在其国际能源交易中心开展原油期货交易，原油期货上市工作正在稳步推进中。

我国石油需求量增长迅速，自1993年开始，成为石油净进口国，年进口原油7000多万吨，花费近200亿美元，2016年由于国际油价上涨多支付了数十亿美元。目前，我国石油供求和价格对国外资源的依赖程度越来越高，承受的风险越来越大，国内企业对恢复石油期货交易的呼声很高。其实我国在石油期货领域已经有过成功的探索。1993年初，原上海石油交易所成功推出了石油期货交易。后来，原华南商品期货交易所、原北京石油交易所、原北京商品交易所等相继推出石油期货合约。其中原上海石油交易所交易量最大，运作相对规范，占全国石油期货市场份额的70%左右。其推出的标准期货合约主要有大庆原油、90#汽油、0#柴油和250#燃料油共四种。到1994年初，原上海石油交易所的日平均交易量已超过世界第三大能源期货市场新加坡国际金融交易所（SIMEX），在国内外产生了重大的影响。我国过去在石油期货领域的成功实践，为今后开展石油期货交易提供了宝贵经验。总之，石油期货就是以远期石油价格为标的物品的期货。

中国很快将成为全球最大的原油进口国，多年来的高速经济增长导致我国对原油的需求逐日上升，对进口原油的依赖程度也随之提高，从而承受的风险也随之变大。我国着手推出原油期货的根本目的就是：①增强我国的原油话语权，原油的定价权；②为国内产业链上下游厂家提供套保工具，规避原油价格波动的风险。

目前来看，世界上有4个重要的原油合约，分别是纽约商品交易所的轻质低硫原油合约和高硫原油期货合约，伦敦国际石油交易所的布伦特原油期货以及新加坡交易所的迪拜酸性原油期货。而中国原油期货的推出，将为我国在全球原油价格当中的影响争得自己的一席之地。

除了能够增强原油价格话语权和提供套保工具两大作用以外，原油期货的上市还有推进中国商品进一步国际化的作用，原油期货的上市将考虑引进境外投资者。而《期货交易管理条例》新增“符合规定条件的境外机构，可以在期货交易所从事特定品种的期货交易”的规定，为原油期货引进境外投资者铺平了道路。

总而言之，原油期货的上市肩负的意义超过了以往一切商品。境外投资者的引入将打造出一个重要的全球原油价格定价中心，而伴随原油期货的结算机制的确定，也将推进我国的金融机制改革，为中国进一步走向国际市场开启大门。

交易平台：

上海国际能源交易中心股份有限公司（以下简称能源中心）是经中国证监会批准，由上海期货交易所出资设立的面向全球投资者的国际性交易场所，根据《中华人民共和国公司法》《期货交易管理条例》和证监会有关规章制度履行职能。

2013 年 11 月 6 日，能源中心注册于中国（上海）自由贸易试验区，经营范围包括组织安排原油、天然气、石化产品等能源类衍生品上市交易、结算和交割，制定业务管理规则，实施自律管理，发布市场信息，提供技术、场所和设施服务。

能源中心将遵循“公开、公平、公正”的原则，以“国际化、市场化、法治化、专业化”为准绳，建立完善国际能源衍生品交易平台；目标是客观反映亚太地区能源供需状况，提高亚太区能源市场在国际市场体系中的作用，为全球能源生产、流通、消费企业及投资者提供价格发现和风险管理的工具以及投资管理的功能，积极促进能源类商品的资源优化配置，促进经济发展。

能源中心的注册资本 50 亿元人民币，是目前上海自贸区内注册资本金最大的企业。2013 年 11 月 22 日，能源中心正式揭牌成立，标志着原油期货的上市迈出了关键一步，原油期货已于 2015 年底上市。对全球 4 大原油期货市场，即美国 WTI 期货、伦敦布伦特原油期货、上海原油期货、迪拜阿曼原油期货从 2018 年 3 月 29 日到 8 月 31 日的所有交易数据进行比较分析后发现，中国原油期货的交易量和持仓量比率高——中国原油期货是 7.72，WTI 为 0.77，布伦特为 0.55，这反映了中国原油期货市场短线投机交易者比例明显偏高。从另一方面来看，交易量很不错。目前，中国原油期货交易量已跃居全球前四。

原油期货是很多机构和个人的选择，当然也伴随着风险。原油投资类似于股票，所以理财基础知识还是需要的，而且也不是原油外汇公司都可以选择，不是所有的投资都可以赢利，准备工作或者说入门非常重要。表6-1为三大石油交易中心原油产品对比情况。

表6-1　三大石油交易中心原油产品对比

对比项目	HYMEX 轻质低硫原油	IPE 布伦特原油	SGI 迪拜酸性原油
合约规格	1000 桶	1000 桶	1000 桶
报价方式	美元及美分每桶	美元及美分每桶	美元及美分每桶
最小变动价位	USD0.01 每桶	USD0.01 每桶	USD0.01 每桶
每日价格最大波动限制	月合约的前一交易日结算价上下 USD10 每桶	无价格限制	无
交易合约	原油期货合约上市为期9年，依照下列时间规定： 今年与未来5年的连续月份，第6年后每年6月及12月。 其余月份将在12月合约到期后每年更新，因此，未来9年每年6月及9月以及第6年连续月份也将计入其中。 此外，交易可在2~30个连续月期间依前一日的结算价平均差价在单笔交易中执行。这些跨期迭期将在公开喊价交易时间执行	12个连续月份，一季度后扩展至最长24个月，半年后至最长36个月	本月开始6~7个连续月的合约。 本季开始5个连续季度合约。 本年开始2~3年的连续合约，新的标的年度要从一季度以后开始计算

第七章　期货交易风险分析

近年来，我国经济规模和石油需求快速增长，2018 年我国进口原油 4.62 亿吨，超越美国成为全球第一大原油进口国，年石油需求增加量占到世界总需求增加量的 1/3 以上。但目前在国际原油贸易体系中发挥主导作用的布伦特原油期货和 WTI 原油期货，分别反映的是欧洲和美国市场的供需情况，还没有能够直接反映我国和亚太地区原油供需情况的期货价格。我国推出原油期货的主要目的就是谋求建立合理的世界石油贸易新秩序，增强亚太地区在国际石油市场中的话语权，从而进一步保障国家的能源安全。

第一节　期货投机交易风险分析

一、控制风险是投机者的首要任务

投机者的首要任务就是控制一切风险，风险控制是投机交易的核心理念之一。众所周知，投机是以小博大，这“小”指的就是控制风险，只有在控制好风险的前提下，才有可能博到“大”的利润，这就是“以小博大”的实质。风险控制的意识和行动应该始终贯穿在投机交易的全过程，在任何时候，投机者都不能失去对风险的控制能力。失去对风险的控制就意味着对交易的失控，意味着投机变成了赌博。投机者需要控制的风险主要有两大类：一是交易活动本身可能遇到的各种系统风险；二是交易过程中产生的交易风险。

交易活动本身可能遇到的各种风险又叫系统风险。系统风险往往具有更大的不确定性。系统风险的发生通常出乎人们的意料，又超出了交易者所能控制的能力范围，对交易者具有很大的杀伤力。比如：突然停电，电脑死机，网络中断，经纪商倒闭，爆发战争，发生自然灾害，等等。系统风险会对投机者的交易活动产生巨大的乃至致命的风险。如何避免系统风险是一门比做交易更为复杂的学问，通常人们所能做的就是分散资本，不要把所有的资金都投入市场交易中去。也就是谚语所言：不要把所有的鸡蛋都放在一个篮子里。尽管如此，投机者还是应该尽可能地采取一切措施来降低系统风险的危害，比如投机者至少可以想办法避免工作环境对交易活动产生负面影响。当然，对一位平时训练有素、事先准备充分、交易经验丰富的专业投机者来说，系统风险的影响是很低的。而系统风险对于那些原始投机者来说，如同一次海啸，危险系数极高。

交易风险是指在交易过程中，只要一建仓，交易资金就会完全暴露在交易市场中，资金的命运由市场行情所左右，投机者暂时失去了对资金的控制权。由于投机交易基本上都使用财务杠杆工具采取保证金交易的方式，所以交易风险被极度放大。以 1 比 100 的杠杆为例，1% 的行情波动就会使交易者损失 100% 的交易资本金。因此交易者在开始学习做投机交易的时候，首先要建立控制交易风险的意识，然后学习控制交易风险的方法，也就是通常所说的止损。交易者通常都知道要止损，可是在实际操作中往往止不住亏损，主要原因还在于控制交易风险的意识不够强烈，对控制交易风险的意义领会不透。他们把控制交易风险作为追逐暴利的一种辅助手段，而不是作为交易的首要任务来对待。对一名专业的投机者来说，控制风险是第一位的，追逐利润是第二位的。也就是说，投机者始终把保护资本金的安全作为最优先考虑的因素，只有在确保资本金安全的前提下，才会去投机以图暴利。对于交易风险，投机者唯一可以做的一件事情就是中止交易止损或止赢。

控制交易风险，防范系统风险是每一个交易者都应该具备的最基本的交易思维理念。需要控制风险的对象也有两类：一是交易资金；二是账户资金。通常交易者依靠各种止损的手段来控制交易资金的风险，依靠资金管理的办法来控制账户资金的风险。

关于如何止损以及资金管理的问题在后面的章节会专门阐述。这里重点要提醒交易者的是既要重视对交易资金的风险控制，又要严格管理交易账户中的资金，确保整个交易账户中资金的安全。

二、止损与风险控制

作为一笔交易，其最初的构成部分至少包括了入场价、止损价、目标价、仓位，这四者要结合考虑，从一个整体来衡量风险。除非你的交易经验比较丰富，否则不要在进场以后才来考虑止损价位的设置。止损价位一旦确认就不要向扩大潜在亏损的方向进行调整。如果在期价达到预设的止损位时，你仍将希望寄予下一个支撑位，也就已经失去了止损的价值，因为“支撑位”会不断出现，也就意味着你的损失可能不断扩大，永无止境。所以，亏损的时候一定要严格止损。

期货交易一定要注意资金回吐，每一笔交易都要制订好期货投资计划，如果因获小利而回吐，将可能导致投资者由于盈小亏大而最终投资失败。当市场大势与投资者建仓方向一致之际，投资者不宜轻易平仓，在获利回吐之前要找到平仓的充分理由。

在设定止损价位的分析过程中，首先需要确认的是市场运行趋势，也就是方向，在不同的趋势下交易有不同的止损设置方法。核心的止损设置方法要点是：顺势交易，比如涨势中买入或者跌势中卖空，止损价位的选择要在表明涨势发生转变的时候，设置在潜在转变点下方是最有效的；逆势交易，比如跌势中买入或者涨势中卖空，止损价位的选择要在表明跌势仍在延续的时候；而如果遇到横盘震荡走势，止损价位的选择显然只能在盘整区间发生突破的时候。

要正确看待基本面消息，原油期货怎么投资？买于预期，卖于现实。期货开户客户应注意，当市场有重大利多抑或利空消息，应分别建多抑或建空，而当上述消息公布于众，则市场极可能反向运行，因此投资者应随即回吐多单抑或回补空单。

学会了期货投资技巧，才有更多的盈利机会。新手炒原油期货和商品期货，要积极介入利润大损失小的商品，当商品价格较多地跌破生产成本抑或较多地超过销售盈利之际，投资者应在合理控制资金的前提下，分别考虑逢低逐渐建多抑或逢高逐渐建空，以获取价格反向运行而导致的较大盈利。

止损点位设定方法有两类：

第一类是正规止损，就是当买入或持有的理由和条件由于市场情况发生变化而损失原油期货了，要立即平仓或止损。

第二类是辅助性止损，在实践中经常运用的有最大亏损法、回撤止损、横盘止损、期望 R 乘数止损、关键心理价位止损、切线支撑位止损、移动均线止损、成本均线止损、布林通道止损、波动止损、K 线组合止损、筹码密集区止损、CDP（逆势操作）止损等。

投资者应结合自身风险承受能力进行判断，选择适合自己的止损方法。

止损的大小：可依据上面的寻求止损点中的阻力支撑来设置，这里所说的止损的大小更多地应依据利润空间来设置，这就是以小博大，当利润空间只能看到

5～8个点时，止损可控制在3个点左右。

操作中长线交易止损点可适当放大，利润点在30个点以上时，止损可设置为8～10个点以上，当然止损的大小更多的参考因素还是在阻力以及支撑。

止损中的点差：交易的费用由点差以及佣金组成，在下单的时候，尽量去寻找最佳的入场点，会去计算点差，那么在设置止损时也是一样。

在原油投资市场中，往往是一个小数点就可以改变盈利或亏损的，所以在设置止损时需要把点差计算在内。

设置止损点的4个原则：

第一，止损点一旦设置以后如非必要不建议频繁更改，应该果断执行，止损其实是获得利润的前提和保障。

第二，止损点应该在每手交易之前就设定完成。

第三，止损点可以灵活变化，但绝对不能朝令夕改、随心所欲。

第四，设置止损点之前一定要以当前的总体趋势为依据。

三、终止交易与风险控制

正因为投资者是投机者，投机本身就是希望以小博大，企图以很小的代价去获得一个很大的利益，这是投资者做投机交易的一个最基本的思想。所以投机者一定是以最小的风险去博取最大的利润。要控制交易中的风险，最可靠的莫过于终止交易，终止交易自然就控制住了一切交易风险，当然也中止了赢利的可能。

在市场交易中，大部分交易者都是通过止损来终止交易的，也就是说是通过价位止损来终止交易的。这样终止交易的方法似乎天经地义，但是经过仔细研究投资者却发现，靠止损来终止交易，其实就是等于不断地在给市场送钱。市场赚的就是投资者止损的钱。如果投资者统计一下亏损的单子，就会发现，几乎都是被止损的单子。这就说明了一个问题，许多交易者其实把防范风险和终止交易混淆在了一起。本来设立止损只是为了防范交易中的意外风险，可是结果却是这种意外风险每次都如期而至，准确打掉事先设定的止损，这岂不是得不偿失？

所以，终止交易一定不是靠止损来实现的，而是必须靠交易时间周期来控制。交易时间周期才是决定是否终止交易的唯一要素，而止损则是防范交易意外风险的措施。采用交易时间周期来控制交易，可以将投机的交易风险控制在一个更小的范围之内，因而更加符合投资者投机交易以小博大的投机理念。

第二节 期货交易的风险类型

一、经纪委托风险

经纪委托风险即客户在选择和期货经纪公司确立委托过程中产生的风险。客户在选择期货经纪公司时，应对期货经纪公司的规模、资信、经营状况等对比选择，确立最佳选择后与该公司签订《期货经纪委托合同》。投资者在准备进入期货市场时必须仔细考察、慎重决策，挑选有实力、有信誉的公司。

二、流动性风险

流动性风险即由于市场流动性差，期货交易难以迅速、及时、方便地成交所产生的风险。这种风险在客户建仓与平仓时表现得尤为突出。如建仓时，交易者难以在理想的时机和价位入市建仓，难以按预期构想操作，套期保值者不能建立最佳套期保值组合；平仓时则难以用对冲方式进行平仓，尤其是在期货价格呈连续单边走势，或临近交割，市场流动性降低，使交易者不能及时平仓而遭受惨重损失。因此，要避免遭受流动性风险，重要的是注意市场的容量，研究多空双方的主力构成，以免进入单方面强势主导的单边市。

三、强行平仓风险

期货交易实行由期货交易所和期货经纪公司分级进行的每日结算制度。在结算环节，由于公司根据交易所提供的结算结果每天都要对交易者的盈亏状况进行结算，所以当期货价格波动较大、保证金不能在规定时间内补足时，交易者可能面临强行平仓风险。除了保证金不足造成的强行平仓外，还有当客户委托的经纪公司的持仓总量超出一定限量时，也会造成经纪公司被强行平仓，进而影响客户强行平仓的情形。因此，客户在交易时，要时刻注意自己的资金状况，防止由于保证金不足，造成强行平仓，给自己带来重大损失。

四、交割风险

期货合约都有期限，当合约到期时，所有未平仓合约都必须进行实物交割。因此，不准备进行交割的客户应在合约到期之前将持有的未平仓合约及时平仓，以免于承担交割责任。这是期货市场与其他投资市场相比较为特殊的一点，新入市的投资者尤其要注意这个环节，尽可能不要将手中的合约持有至临近交割，以避免陷入被“逼仓”的困境。

五、市场风险

客户在期货交易中，最大的风险来源于市场价格的波动。这种价格波动给客户带来交易盈利或损失的风险。因为杠杆原理的作用，这个风险被放大了的，投资者应时刻注意防范。

第三节　期货交易所风险管理制度

一、保证金制度

保证金制度是期货交易的特点之一，是指在期货交易中，任何交易者必须按照其所买卖期货合约价值的一定比例（通常为5%~10%）缴纳资金，用于结算和保证履约。经中国证监会批准，交易所可以调整交易保证金，交易所调整保证金的目的在于控制风险。

二、涨跌停板制度

所谓涨跌停板制度，又称每日价格最大波动限制，即指期货合约在一个交易日中的交易价格波动不得高于或者低于规定的涨跌幅度，超过该涨跌停幅度的报价将被视为无效，不能成交。涨跌停板一般是以合约上一交易日的结算价为基准确定的。

三、持仓限额制度

持仓限额制度是指交易所规定会员或客户可以持有的，按单边计算的某一合约投机头寸的最大数额。实行持仓限额制度的目的在于防范操纵市场价格的行为和防止期货市场风险过于集中于少数投资者。

四、大户报告制度

大户报告制度是与持仓限额制度紧密相关的又一个防范大户操纵市场价格、

控制市场风险的制度。实施大户报告制度，可以使交易所对持仓量较大的会员或投资者进行重点监控，了解其持仓动向、意图，对于有效防范市场风险有积极作用。

五、交割制度

交割是指合约到期时，按照期货交易所的规则和程序，交易双方通过该合约所载标的物所有权的转移，或者按照规定结算价格进行现金差价结算，了结到期末平仓合约的过程。以标的物所有权转移进行的交割为实物交割，按结算价进行现金差价结算的交割为现金交割。一般来说，商品期货以实物交割为主，金融期货以现金交割为主。

六、强行平仓制度

强行平仓制度是指当会员、投资者违规时，交易所对有关持仓实行平仓的一种强制措施。强行平仓制度也是交易所控制风险的手段之一。我国期货交易所对强行平仓制度主要规定是当会员结算准备余额小于零并未能在规定时限内补足的。

七、风险准备金制度

风险准备金制度是指，为了维护期货市场正常运转提供财务担保和弥补因不可预见风险带来亏损而提取的专项资金的制度。

八、信息披露制度

信息披露制度是指期货交易所按有关规定定期公布期货交易有关信息的制度。期货交易所公布的信息主要包括在交易所期货交易活动中产生的所有上市品种的期货交易行情、各种期货交易数据统计资料、交易所发布的各种公告信息以及中国证监会制定披露的其他相关信息。

九、当日无负债结算制度

期货交易结算是由期货交易所统一组织进行的。期货交易所实行当日无负债结算制度，又称“逐日盯市”。它是指每日交易结束后，交易所按当日结算价结算所有合约的盈亏、交易保证金及手续费、税金等费用，对应收应付的款项同时划转，相应增加或减少会员的结算准备金。期货交易所会员的保证金不足时，应当及时追加保证金或者自行平仓。

第四节　套期保值风险

套期保值是指企业为规避外汇风险、利率风险、商品价格风险、股票价格风险、信用风险等，指定一项或一项以上套期工具，使套期工具的公允价值或现金流量变动，预期抵消被套期项目全部或部分公允价值或现金流量变动风险的一种交易活动。为了在货币折算或兑换过程中保障收益锁定成本，通过外汇衍生交易规避汇率变动风险的做法叫套期保值。

一、基本特征

套期保值的基本特征：在现货市场和期货市场对同一种类的商品同时进行数量相等但方向相反的买卖活动，即在买进或卖出实货的同时，在期货市场上卖出或买进同等数量的期货，经过一段时间，当价格变动使现货买卖上出现的盈亏时，可由期货交易上的亏盈得到抵消或弥补。从而在“现”与“期”之间、近期和远期之间建立一种对冲机制，以使价格风险降低到最低限度。

套期保值的理论基础：现货和期货市场的走势趋同（在正常市场条件下），由于这两个市场受同一供求关系的影响，所以二者价格同涨同跌；但是由于在这两个市场上操作相反，所以盈亏相反，期货市场的盈利可以弥补现货市场的亏损，或者现货市场的升值由期货市场的亏损抵消。

二、原油期货交易规则

原油期货是2018年3月份在上海期货交易所挂牌上市的期货品种，是由上海国际能源交易中心提供的期货合约规则。目前，原油期货主力合约的成交额达到了2000亿，是国内期货中比较热门的品种。那么原油期货交易规则是什么？有哪些需要注意的规则？

1. 原油期货合约规则

上海国际能源交易中心的原油期货合约内容：

交易品种：中质含硫原油。

交易单位：1000桶/手。

报价单位：元（人民币）/桶。

最小变动价位：0.1 元（人民币）/桶。

涨跌停板幅度：不超过上一交易日结算价 ±4%。

合约交割月份：最近 1 ~ 12 个月为连续月份以及随后八个季月。

交易时间：上午 9：00 ~ 11：30，下午 1：30 ~ 3：00 以及上海国际能源交易中心规定的其他交易时间。

最后交易日：交割月份前第一月的最后一个交易日；上海国际能源交易中心有权根据国家法定节假日调整最后交易日。

交割日期：最后交易日后连续五个交易日。

交割品质：中质含硫原油，基准品质为 API 度 32.0，硫含量 1.5%，具体可交割油种及升贴水由上海国际能源交易中心另行规定。

交割地点：上海国际能源交易中心指定交割仓库。

最低交易保证金：合约价值的 5%。

交割方式：实物交割。

交易代码：SC。

2. 原油期货交割仓库

1）中国石化集团石油商业储备有限公司

存放地址：山东省日照市岚山北港区。

存放地址：浙江省舟山市册子岛。

2）中国石油燃料油有限责任公司

存放地址：浙江省宁波市大榭开发区田湾路 16 号。

存放地址：广东省湛江市霞山区友谊路 1 号港务局二区。

3）中化兴中石油转运（舟山）有限公司

存放地址：浙江省舟山市定海区临城岙山岛。

4）大连中石油国际储运有限公司

存放地址：辽宁省大连市保税区新港内海鲇路 31 号。

5）青岛实华原油码头有限公司

存放地址：青岛市董家口一期库区。

6）洋山申港国际石油储运有限公司

存放地址：上海洋山深水港沈家湾。

上述的原油期货交易规则中，除了交割仓库外，原油期货合约内容已经包含了足够的原油期货交易规则。

三、套期保值的种类

套期保值的方法很多，卖出套期保值和买入套期保值是其基本方法。

1. 卖出套期保值

卖出套期保值是为了防止现货价格在交割时下跌的风险而先在期货市场卖出与现货数量相当的合约所进行的交易方式。通常是在农场主为防止收割时，农作物价格下跌；矿业主为防止矿产开采以后价格下跌；经销商或加工商为防止货物购进而未卖出时价格下跌而采取的保值方式。

例如，春耕时，某粮食企业与农民签订了当年收割时收购玉米10000吨的合同，7月份，该企业担心到收割时玉米价格会下跌，于是决定将售价锁定在1070元/吨，因此，在期货市场上以1070元/吨的价格卖出1000手合约进行套期保值。

到收割时，玉米价格果然下跌到950元/吨，该企业以此价格将现货玉米出售给饲料厂。同时，期货价格也同样下跌，跌至950元/吨，该企业就以此价格买回1000手期货合约，来对冲平仓，该企业在期货市场赚取的120元/吨正好用来抵补现货市场上少收取的部分。这样，它们通过套期保值回避了不利价格变动的风险。

2. 买入套期保值

买入套期保值是指交易者先在期货市场买入期货，以便将来在现货市场买进现货时不会因价格上涨而给自己造成经济损失的一种套期保值方式。这种用期货市场的盈利对冲现货市场亏损的做法，可以将远期价格固定在预计的水平上。买入套期保值是需要现货商品而又担心价格上涨的投资者常用的保值方法。

例如，9月份，某油厂预计11份需要100吨大豆作为原料。当时大豆的现货价格为每吨2010元，为了避免将来大豆价格上涨，导致原材料成本上升的风险，该油厂决定在大连商品交易所进行大豆套期保值交易。此时，11月份期货合约的价格为1980元/吨，该油厂买入10手（每手10吨），11月份，该厂在现货市场上以2050/吨的价格买入100吨大豆，同时在期货市场上以2020元/吨卖出10手11月份大豆合约。那么，在期货市场上该油厂每吨大豆赢利40元（2020－1980），在现货市场上每吨亏损40元（2050－2010）。因此，可以说，买入套期保值避免了现货市场价格变动的风险。

3. 选择性套期保值

实际操作中，套期保值者在期货市场操作的主要目的是增加他们的利润，而不仅是为了降低风险。如果他们认为对自己的存货进行套期保值是采取行动的最佳方式，那么他们就应该照此执行。如果他们认为仅进行部分套期保值就足够了，他们就可能仅仅针对其中一部分风险采取套期保值行动。在某种情况下，如果他们对自己关于价格未来走势的判断充满信心，那么他们就可以暴露全部风险，而不采取任何套期保值行动。

饲料企业从签订豆粕现货购买合同开始，到饲料销售出去为止，在整个过程中，都拥有豆粕。合同价格一旦确定下来，风险随之而来。这是因为，市场价格却在不断变化中，价格下跌，企业就遭受损失。采购经理签订了现货合同以后，担心价格下跌，心理发慌，但是，为了满足工厂生产的需要，必须有部分存货，这时候怎么办？期货市场就可以帮助你，你可以在期货市场上做卖出套期保值来回避价格风险，对存货（现货购买合同）进行卖出保值。假如，一家饲料企业以 2050 元/吨的价格买入豆粕，加工、销售期为 3 个月，这时，企业担心价格下跌，那么，就应该在期货市场上做卖出套期保值。

选择性套期保值另外一个作用是锁定投机利润。假定一家饲料企业在 3 月份以 1980 元/吨的价格预订了豆粕现货，交货时间为 3 个月后。它确信这个价格比较低，而且预期 1 月后的豆粕价格会上涨。到了 4 月份，豆粕价格上涨到 2180 元/吨，该加工企业认为此价格太高了。它推测豆粕价格会跌至 2060 元/吨。假定它的预测是完全准确的，如果它一直持有最初的现货合同，中间不发生任何变化，它最终会获得每吨 80 元的净收益。实际上，它先赚了 200 元/吨，然后亏损 120 元/吨。在一个富有弹性的套期保值方案中，它可以在 2180 元/吨的价位上卖出豆粕期货，为豆粕的现货合同保值，从而赚取 200 元/吨。该企业通过期货市场卖出豆粕期货套期保值，在保留对豆粕现货控制的前提下锁定利润。

对原料存货是否需要做卖出套期保值，什么时候做、做多少，都是基于采购经理对市场价格和价格走势的一个综合判断。相对于期货投机来讲，套期保值的确要复杂得多。第一，现货企业必须根据自身企业的生产经营需要来做套期保值，不能把套期保值与投机交易混为一谈；第二，要严格控制期货交易量，不能超过企业能够承受的范围；第三，要制订详细的套期保值计划和操作方案，计划书中要充分考虑基差、季节性、品种特性等因素。

导致现货价格与期货价格的差异变化的因素是多种多样的，影响套期保值效果的其他因素有：第一，现货市场中每种商品有许多种等级，每种等级价格变动情况不一样。可是期货合约却限定了一个或几个特定等级，这样，也许套期保值的商品等级的价格在现货市场中变动快于合约规定的等级。第二，当地现货价格反映了当地市场状况，而这些状况可能并不影响显示全国或国际市场状况的期货合约价格。例如，巴西、阿根廷等南美国家的大豆现货价格反映的是当地市场状况，对美国芝加哥期货交易所的大豆期货价格影响较小。第三，当前市场的供求状况对更远交割月份的期货价格的影响小于对现货市场价格的影响。第四，需套期保值的商品可能与期货合约规定的商品不一致。比如布匹生产商，可能用棉花期货代替纱线进行套期保值交易，但纱线的生产成本、供求关系并不与棉花的一样，因此其价格波动可能与棉花价格不一致。

四、套期保值的作用

企业生产经营决策正确与否的关键，在于能否正确地把握市场供求状态，特别是能否正确掌握市场下一步的变动趋势。期货市场的建立，不仅使企业能通过期货市场获取未来市场的供求信息，提高企业生产经营决策的科学合理性，真正做到以需定产，而且为企业通过套期保值来规避市场价格风险提供了场所，在增进企业经济效益方面发挥着重要的作用。

1. 规避风险

这是最典型的套期保值行为，通过在期货市场和现货市场中在同一商品上进行对等的行动，即一买一卖来回避因价格变动所带来的风险。

2. 锁定成本或稳定价格

这种方法就是等到以后进行的正式商品买卖时购买或销售期货来进行套期保值。这种套期保值以对价格的预期为基础，目的不只是避免价格风险，而是为了锁定成本、确定价格以排除掉较大损失的可能。

3. 补偿储存商品的费用支出

这种套期保值对商品储运商来说是常用的，例如，某原油经销商 12 月买入原油，打算储存到来年 7 月售出，他就进行套期保值，企图在 7 月时以足够补偿原油成本加上储存费用的价格把期货卖出。

4. 应对不利的价格波动

套期保值可以给交易者提供对付不利的价格波动的保护作用，从而使企业经理能在很大程度上逃过价格变动对他的未定影响，通过减少价格变动不定性风险的程度，有助于保护利润并稳定收入。

5. 避免外贸企业汇率损失

外贸型企业在以外币结算时，可以通过期货锁定汇率，避免汇率波动带来的损失，锁定订单利润。

五、套期保值业务流程

企业进行套期保值首先要选择期货经纪公司开设法人账户，其次要了解期货交易流程、区分套期保值与投机，最后掌握交割流程。期货套期保值业务流程一般分为四个模块：

期货套期保值流程一、期货开户流程：

期货账户分为个人账户和法人账户，只有通过法人账户买卖的期货合约才可进入交割月进行交割，即参与套期保值业务。

开立期货账户有四个步骤：第一步是客户提供开户所需要的资料；第二步是签署《期货经纪合同》；第三步是期货公司为客户申请交易编码；第四步是客户拥有自己的期货账户号及密码。

期货套期保值流程二、期货交易流程：

期货交易具体操作上，投机交易时个人账户和法人账户操作一致，对于看涨者来说，一个完整的交易包括买入开仓和卖出平仓两个步骤；对于看空者来说，一个完整的交易包括卖出开仓和买入平仓两个步骤。保值交易时法人账户略有不同，需要选择保值交易后再交易，个人账户不能进行保值交易。

期货套期保值流程三、投机与套期保值的区别：

理论上投机和套期保值并没有本质的区别。一般认为在期货交易中，个人账户一定是投机账户，法人账户可能是投机账户也可能是保值账户，判断的唯一标准就是法人账户的期货持仓有没有相应的现货对应。

期货套期保值流程四、期货交割流程：

实际期货交易中，一般个人账户必须在持有合约进入交割月前最后一个交易日以平仓的方式了结持有的期货头寸，自负盈亏；法人账户则可以一直持有到交割月选择在交割日前平仓了结持有头寸，或者选择持有至交割日进行实物交割，实际中实物交割是迫不得已的选择，多数时候都以在期货账户平仓的方式了结持有的期货头寸，极少数情况下进行实物交割。

表7－1简单列出期货交割的基本流程。

表7－1 期货交割的基本流程

交割方	持仓	申请	最后交易日	交割结果
买方	买入开仓	向期货公司提交交割申请	保证金转为货款	接受货物，收到卖方开具的发票
卖方	卖出开仓		提交仓单，收取80%货款	买方验货后，交易所划20%余款给卖方

六、套期保值的风险

企业进行商品套期保值业务不以投机、套利为目的，主要为有效规避原油价格波动对企业带来的影响，但同时也会存在一定的风险：

1. 价格波动风险

原油价格行情变动较大时，可能产生价格波动风险，造成交易损失。

2. 资金风险

套期保值交易按照企业相关制度中规定的权限下达操作指令，如投入金额过大，可能造成资金流动性风险，甚至因为来不及补充保证金而被强行平仓，从而带来实际损失。

3. 内部控制风险

套期保值交易专业性较强，复杂程度较高，可能会产生由于内控体系不完善造成的风险。

4. 交易对手违约风险

在套期保值周期内，可能会由于原油价格周期波动，场外交易对手出现违约而带来损失。

5. 技术风险

由于无法控制或不可预测的系统、网络、通信故障等造成交易系统非正常运行，使交易指令出现延迟、中断或数据错误等问题，从而带来相应风险。

6. 政策风险

如果衍生品市场以及套期保值交易业务主体所在国家或地区的法律法规发生重大变化，可能引起市场波动或无法交易带来的风险。

7. 汇率风险

目前原油衍生品市场仍主要采用美元进行结算，套期保值业务的损益影响企业以人民币计价的会计收入，但由于企业套期保值业务的目的是对冲企业以美元计价的原油销售价格波动风险，所以整体上没有新增企业面临的汇率风险。

第五节 期货交易的风险控制

一、保证金制度

原油期货合约的最低交易保证金为合约价值的5%。

能源中心根据期货合约上市运行（从该期货合约新上市挂盘之日起至最后交易日止）的不同阶段制定不同的交易保证金收取标准。原油期货合约上市运行不同阶段的交易保证金收取标准按照表7-2执行。

表7-2 交易保证金标准

交易时间段	原油期货最低交易保证金比例
合约挂盘之日起	5%
交割月份前第一月的第一个交易日起	10%
最后交易日前二个交易日起	20%

某期货合约上市运行阶段时间段的划分方法（举例说明）：

如原油期货SC1908，若其运行阶段是从2018年8月1日起至2019年7月31日止，其中：2018年8月1日为该期货合约新上市挂盘之日，2019年7月31日为最后交易日，2019年7月30日为最后交易日前一个交易日，2019年7月29日为最后交易日前二个交易日，2019年8月为交割月份，2019年7月为交割月份前第一月，2019年6月为交割月份前第二月，2019年5月为交割月份前第三月。示意图如下：

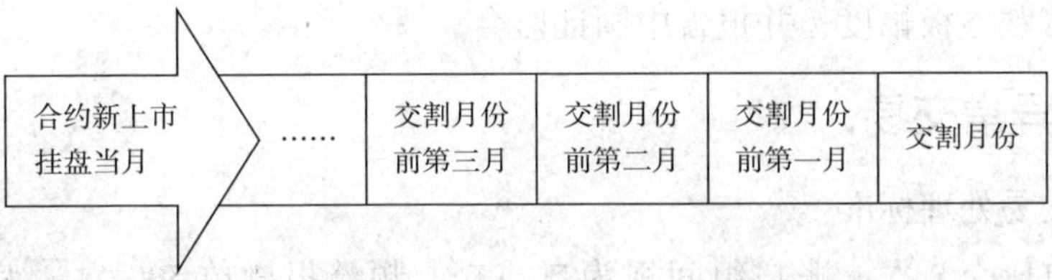

二、持仓限额

持仓限额是指能源中心规定的会员、境外特殊参与者、境外中介机构或者客户对某一合约单边持仓的最大数量。

原油期货合约在上市运行不同阶段一般持仓的限仓比例和持仓限额按照表 7－3 执行。

表 7－3　限仓比例和持仓限额

<table>
<tr><td rowspan="3">项目</td><td colspan="2">合约挂盘至交割月份前第一月</td><td colspan="2">合约挂盘至交割月份前第三月的最后一个交易日</td><td colspan="2">交割月份前第二月</td><td colspan="2">交割月份前第一月</td></tr>
<tr><td rowspan="2">某一期货合约持仓量/手</td><td>限仓比例/%</td><td colspan="2">限仓数额/手</td><td colspan="2">限仓数额/手</td><td colspan="2">限仓数额/手</td></tr>
<tr><td>期货公司会员、境外特殊经纪参与者、境外中介机构</td><td>非期货公司会员、境外特殊非经纪参与者</td><td>客户</td><td>非期货公司会员、境外特殊非经纪参与者</td><td>客户</td><td>非期货公司会员、境外特殊非经纪参与者</td><td>客户</td></tr>
<tr><td>原油期货</td><td>≥15 万</td><td>25</td><td>3000</td><td>3000</td><td>1500</td><td>1500</td><td>500</td><td>500</td></tr>
</table>

注：表中某一期货合约持仓量按双向计算，非期货公司会员、境外特殊非经纪参与者、客户的持仓限额为单向计算。

持仓包括一般持仓、套期保值交易持仓和套利交易持仓。

能源中心对具有实际控制关系的持仓合并计算，认定实际控制关系的标准和程序规则等按有关规定执行。

三、涨跌停板

能源中心可以根据市场风险状况设定和调整涨跌停板幅度。新上市合约第一个交易日的涨跌停板为合约规定的涨跌停板的 2 倍。

期货交易过程中出现意外情况的，能源中心可以根据市场风险情况，以公告形式调整涨跌停板幅度，并报告中国证监会。

四、异常交易

异常交易处理标准：

客户自成交 5 次、账户组间视为自成交、频繁报撤单 500 次、大额报撤单（300 手）50 次、实控关系账户组合并持仓超限。交易指令包括限价指令、立即成交剩余指令自动撤销指令（FAK 指令）、立即全部成交否则自动撤销指令（FOK 指令）和能源中心规定的其他指令。

交易指令每次最小下单数量为 1 手，每次最大下单数量为 500 手，能源中心另有规定的除外。

异常交易处理程序：

（1）客户出现自成交、频繁报撤单、大额报撤单行为，或者账户组自成交行为：

第一次，提示、通知；第二次，重点监督名单通报；第三次，暂停开仓（1 个月），非期货公司会员、境外特殊非经纪参与者暂停开仓不低于 3 个月。

（2）账户组合并超限，除强行平仓外，还视作异常交易行为：

第一次，重点监督名单通报；第二次，暂停开仓（10 个交易日）；第三次，暂停开仓（6 个月）。

五、强制减仓

期货交易出现同方向的单边市导致市场风险急剧增大的，能源中心有权将以涨跌停板价格申报的未成交平仓报单，以涨跌停板价格与该合约净持仓盈利客户、非期货公司会员、境外特殊非经纪参与者按照持仓比例自动撮合成交。

六、强行平仓

会员、境外特殊参与者、境外中介机构、客户等存在未按规定及时追加保证金等违规行为或者能源中心规定的其他情形的，能源中心可以采取强行平仓措施。

强行平仓盈利部分按有关规定处理，发生的费用与损失以及因市场情况无法强行平仓造成的扩大损失部分均由被强行平仓者承担。

原油期货合约最后交易日前第八个交易日闭市后，不能交付或者接收能源中心规定发票的自然人客户，该期货合约的持仓应当为 0 手。自最后交易日前第七个交易日起，对该自然人客户的交割月份持仓直接由能源中心强行平仓。

七、大户持仓

能源中心实行大户持仓报告制度。

会员、境外特殊参与者、境外中介机构、客户等持有某品种合约的数量达到能源中心规定的持仓报告标准时，应当按规定向能源中心报告其资金、持仓量等情况。客户未报告的，其所在的会员、境外特殊经纪参与者、境外中介机构应当向能源中心报告。

能源中心可以根据市场风险状况，调整持仓报告标准及相关要求。

八、风险警示

能源中心认为必要的，可以单独或者同时采取要求会员、境外特殊参与者、境外中介机构和客户等报告情况、谈话提醒、书面警示和发布风险警示公告等措施，以警示和化解风险。

九、临时措施

有根据认为会员、境外特殊参与者、境外中介机构、客户等违反能源中心业务规则并且对市场正在产生或者即将产生重大影响，为防止违规行为后果进一步扩大，能源中心可以采取下列临时处置措施：限制出入金、限制开仓、提高保证金标准、限期平仓和强行平仓。

第八章　期货市场的联合监管

在期货市场的发展过程中，高效的监管体制是期货市场健康发展不可缺少的基本条件。期货合约是基于标的商品远期价格而设计的，所以参与期货交易的损益涉及现货和期货两个市场，基于期货商品的价格操纵也就往往会涉及两个市场。随着商品期货市场的逐步壮大，发生在现货市场和期货市场上的跨市场操纵逐步增多，并且也越来越隐蔽，这种操纵对市场的危害性极大，直接影响到公平价格的形成以及期货市场价值发现和避险功能的实现。跨市场操纵给市场监管提出了新的要求，如果没有完善的联合监管体制，就很难避免营私舞弊，不公平竞争，价格暴涨暴跌，以及市场秩序混乱等现象。因此，有必要分析跨市场操纵的一些现象，并结合国外成熟市场的经验研究建立我国的跨市场联合监管体制，从而制定相应的联合监管措施，以防范可能发生的跨市场操纵行为。这对于维护期货产品交易者的利益、稳定和发展期货市场、进而规范我国的金融市场都具有重要的现实意义。

我国期货市场发展时间较短，现今的监管体制主要是在应对市场发展初期出现的市场建设盲目发展、投机过度等问题的过程中逐步形成的，期现货市场联合监管的体制尚未建立。为了适应我国期货市场更大的发展，监管制度就需要进一步的改革和完善。本章的研究思路为在介绍西方国家期货市场监管制度和总结我国现行监管体制不足的基础上，通过对现货市场和期货市场联合监管问题所涉及的监管原则、监管体制和监管措施三方面问题进行研究，并在其中提出建立我国联合监管体制的基本思路。

第一节　国内外主要期货市场监管模式

一、世界主要期货市场监管模式

在现代期货市场中，完善的期货监管体制是稳定发展期货市场及维护交易者利益的基本条件，也是维护市场的公平和交易秩序，给投资者创造一个公平、透明的竞争环境，提高期货市场效率的必要保证。从世界范围来看，各国都从自己的实际出发，建立起适合本国情况的期货市场监管体制，形成了一整套期货市场管理的方法和经验。一般来讲，世界上期货市场比较成熟，市场规模较大的国家采用的都是三级监管体制即期货市场由政府管理机构、期货业协会和期货交易所共同监管。具体又可以分为以美国、日本、英国为代表的三种不同类型。美国的监管体制特点是由国家设立专门的期货市场监管机构，对期货市场施行统一的监管，它既重视政府的直接管理，又重视期货业自律组织的自律管理，两者在期货监管体制中处于同等重要的地位。日本的监管体制特点是国家不设专门的期货监管机构，而是利用已有的政府机构分部门履行监管期货市场的职能，在监管中以政府的直接管理为主，期货业自律组织在期货监管体制中作用较弱。英国的监管体制特点是以期货业的自律监管为主，而政府机构的监管职能较弱。

从其他国家的监管现状来看，大多数国家和地区都采用政府监管和自律监管相结合的体制，只是在侧重点上有所不同。下面对这三种主要的监管体制分别加以评述。

1. 美国的期货市场监管体制

从1848年芝加哥期货交易所（CBOT）成立到1981年全国期货业协会（NFA）成立，美国期货市场监管体系经过了一个漫长的发展过程，从早期的交易所自发监管，到出现问题政府加强监管，再到政府主导下的法定自律监管，是市场与政府、监管者与被监管者长期进行博弈的结果。

美国商品期货交易委员会（CFTC）负责对整个期货市场的监管，它是具有准立法权和准司法权的独立机构。其具体职责包括：审查交易所开办的资格，颁布营业许可证，审定交易所制定、修改的重要规则，审查期货合约规格及实物交割的地点和仓库，对期货经纪人进行资格审查并登记注册管理除证券、现货以外的所有期货交易，管理正在进行或交易所申请上市的期货交易品种，对违反期货法规者，有权进行行政处罚等。

1981年9月成立的美国全国期货业协会，是一个行业性自我监管机构，负责对整个期货市场的行业管理、协调。其主要职责包括强化职业道德、规范、实施客户保护条例、甄别专业期货人员的会员资格审计，监督专业期货人员的资本额、财务以及一般规则执行情况，为涉及期货交易而出现的纠纷提供仲裁方便，在客户和会员中普及期货，宣传全国期货业协会在期货行业中的作用等。

通过上面的介绍和分析，可以得出美国期货监管体制具有以下特点：①美国期货市场的三级监管体系随着时间的推移而日臻完善，形成了期货交易委员会统一管理、全国期货业协会行业自律、期货交易所自我监管的三级监管体系，具体来讲就是交易所主管场内交易，行业协会主管专业期货人员，期货交易委员会负责立法及其实施，登记审批新设立的交易所等。②政府的监管处于主导地位，对全国期货市场实行统一集中的监管，有效地保证了期货市场的安全和秩序。③较好地处理了立法与执法、政府监管与行业协会监管、政府与市场的各种关系。

可以说美国的期货监管体系是一种较完备的市场监管体制，保证了美国期货市场的健康运行。但是美国的期货市场监管体制也存在着缺陷，主要是证券监管机构和期货监管机构分属两个不同的部门，二者在某些问题的职能分工上很难明确，特别是在金融期货等期货品种的管辖权上。因此引发了证券监管机构和期货监管机构之间旷日持久的权力争斗。此外，由于两个部门的分工不明确，也使得在期货市场和现货市场的联合监管方面存在障碍。

2. 日本的期货市场监管体制

日本没有设立一个全国统一的期货市场监管机构，是由政府各相关职能部的主管大臣来负责对相应的期货市场进行监管，所以日本对期货市场的监管实行的是分散管理。例如，农产品期货市场由农林水产省大臣管理，工业产品期货市场由通产省大臣管理，金融期货由大藏大臣负责管理等。各期货主管大臣拥有对交易所开办、会员和商品交易员资格的批准权，要求提供资料和报告的权力。以及相应的检查、监督和处罚权等。但是分散管理并不代表期货市场监管的松散。相反，日本期货市场成立之初便由政府严格审查和控制，在期货交易所成立之前先颁布法令，这样就使得日本的期货市场管理从一开始就建立在法制的基础上。

日本也有期货行业组织的自我管理，但它的期货行业协会多属民间性质，其主要职责是负责协调各交易所之间的利益，维护交易者的权益。作为政府和交易所之间的中介，起“上令下达，下情上传”的作用，但是由于日本政府多年来一直采取直接管理期货市场的方式，政府监管相当严格，所以日本的期货行业自我管理相对较弱。

通过以上介绍可以看出，日本的期货监管体制具有以下特点：（1）日本的期货市场监管建立在法制的基础上，政府监管相当严格而行业自律监管相对较弱。（2）各个期货市场实行由各现货主管部门监管的分散化监管体制，这在一定程度上有利于期货市场和现货市场的联合监管，但是也不利于期货市场之间的相互融洽。此外，这种监管体制也有另一个明显的缺点，即政府监管过于严格，影响了期货市场的活跃程度，使得市场规模难以扩大。

3. 英国的期货市场监管体制

英国的金融监管有着自律的传统，但是随着英国金融法律框架的调整，结束了英国资本市场管理的松散的自律状态，确立了在新的法律框架下的自律管理模式。英国于1997年成立的金融服务局（FSA）是全国统一的期货市场监管机构，但它也是以有限公司的形式成立的自负盈亏的机构，其宗旨是在英国金融服务行业建立并保证严格的标准，以保证维护投资者的利益，它的主要职能是帮助自律组织等专业机构健全和完善自律管理体制，而不是对期货市场实施直接的监管。与期货市场有关的行业自律组织是证券与期货协会（SFA），SFA是FSA的一个分支机构，直接对FSA负责。

英国的期货监管体制的特点为：①英国监管体制的重点是自律管理，以行业的自我管理为主，政府的监管基于自律机制发生作用，这种监管体制也使得对市场的监管更贴切于市场本身；②将期货和证券市场合二为一，由同一机构对期货市场和证券市场实施统一的监管，这种监管体制避免了主管机构之间在管辖权上的争论。但是英国的监管体制也存在一定的缺陷，主要是英国传统上一直以自律管理为主，新的监管体制在实施上存在一定的困难。

二、我国的期货市场监管体制与不足

我国期货市场的监管体制基本是属于“三级监管”的范畴，已经初步形成了以中国证监会为主导的政府集中统一监管、中国期货业协会的行业自律监管和交易所的自我管理组成的三级监管组织体系。其中，中国证监会负责对整个证券市场和期货市场的监管。这种体制是经过多次改革才建立起来的，从1993年国务院对期货市场进行清理整顿开始，才逐步形成了以证监会为中心的集中监管体制。1999年出台的《期货交易管理暂行条例》在法律上正式确立了证监会对期货市场集中统一监管的地位。同年，上海、郑州、大连三家期货交易所在证监会的主持下统一制订了新的交易规则，实现了规则上的一致。2000年12月，中国期货业协会成立，作为期货行业自律管理的重要组成部分，该协会起着政府和期货行业之间桥梁和纽带的作用。自此，我国的“三级监管”体制得以初步确立。

纵观世界各国期货市场发展史，建立一个集中统一的政府监管机构是监督管理期货市场，协调其与现货市场以及其他市场关系的需要，是保障期货交易正常进行，防止不正当行为冲击期货市场的需要。我国由中国证监会对证券市场和期货市场进行统一管理，避免了分部门监管带来的不协调，有利于期货市场之间的融洽，也有利于期货市场和现货市场特别是金融期货市场和金融现货市场之间的联合监管。但是我国的证监会主导的三级监管体系还远没有达到完善，而且我国的这种三级监管体制与国外相比仍有较大差别。这主要是它产生的背景过程所导致的行政监管过细、对市场干预太多，而市场主体自律监管不足。美国等国的期货市场尽管也是集中的行政监管，但在市场中起核心作用的还是市场主体的自律监管。

概括来说，我国期货市场监管体制存在的不足主要有以下几方面：①期货市场法规不完善。我国的期货法尚未出台，目前市场的管理主要以《期货交易管理条例》为基础。该条例是一部监管条例，缺乏对期货市场基本民事、刑事法律责任等方面的规范，法律效力较弱，限制了期货市场的发展空间。②证监会的权限相对集中、管辖范围过大、管理过细，而在事关期货市场发展全局的问题上得到的授权又不够，比如在期货市场上市品种等问题上就必须得到国务院的批准。这种体制对于制止市场的盲目发展、整顿市场秩序是比较有效的，但是也抑制了市场的发展活力和市场主体创新的动力。③以三个期货交易所和行业协会为主的自律监管体系存在不足，行业协会法律地位不明确，得到的授权不足，应有的功能没有得到充分的发挥。④交易所并不是一个独立的会员制法人，而是行政机关的附属。其章程修改、人事任免和品种上市都取决于政府，使得其独立性差、依赖性强、自律管理手段缺乏，不能应对迅速变化的国际和国内市场变化。⑤缺乏期现货市场联合监管的机制。当跨市场联合操纵等现象发生时，不能有效识别和阻断跨市场联合操纵，从而不能阻止风险的扩散。

第二节　联合监管问题研究

期货市场作为原先我国计划经济体制之外的市场，其本身的建立和发展不是像西方国家那样自然产生的，而是依靠政府力量推动建立起来的。在规范程度不高的阶段，依靠强大的政府权威，通过制订规则并监督实施的确为我国期货市场的快速发展和规范发挥了重要的作用。但是在期货市场发展近二十年之后，这种强大的政府监管也造成了监管成本的增加和监管效率的降低。同时，人们也日益认识到期货市场的健康发展离不开对期货市场和现货市场的联合监管。这些都要求我国期货监管从体制上进行改革。本节主要是针对我国期货市场监管体制存在的不足以及期现货市场联合监管所需解决的监管原则、监管体制、监管措施等问题进行较为深入的研究。

一、市场化的监管原则

期货市场的监管以及现货市场和期货市场的联合监管首先涉及监管原则问题即监管的指导思想问题，监管的指导思想正确与否是联合监管能否有效的前提和基础。本质上讲，监管应该为市场健康、高效的发展提供高层次的服务。在经济全球化和加入 WTO 的今天，我国当前所面临的防范和控制风险的任务比以往更加艰巨，这需要投资者遵循市场化的监管方式，采用国际先进的监管理念和监管措施。因此，本人认为监管原则应该包括以下两点：

1. 监管应以培育市场和规范市场为目标

监管应以培育市场和规范市场为目标，避免依靠过多的行政手段来干预市场。我国的期货市场属于新兴市场，与发达国家的成熟市场相比，我国的期货市场监管应该包括“规范”和“发展”两个职能。“规范”职能是所有期货市场监管都应该具备的职能，而“发展”职能则是我国这样的新兴市场所特有的，它一般是指政府对期货市场的制度创新和培育，为保证期货市场的健康发展营造合适的宏观经济环境。在市场发展的早期阶段，为了实现“规范”和“发展”的职能，政府的行政干预一般较强，但随着市场化的演进，必然要求政府逐渐淡化过多的行政干预，逐渐缩小政府干预的范围。这体现在监管立法和监管体制上，在确立政府监管处于主导地位的同时，应该以行业协会和交易所的自律监管为重点。由于交易所和行业协会更接近市场，可以根据市场不断变化的情况随时调整监管措施，所以这种监管体制通常更有效率。目前，我国监管部门通过行政手段来干预期货市场，在价格出现剧烈波动的时候，管理者为了维护市场稳定和保护投资者的利益，经常会以间接手段干预市场价格，而这种方式在维护市场秩序的同时对市场的伤害也是比较严重的，它不利于维护投资者的信心，会使投资者形成不正确的市场监管预期，并且削弱了市场主体创新的动力，更不利于市场的健康发展。

2. 监管应该针对的是市场“看不见的手”调控的盲区

监管应该针对的是市场“看不见的手”调控的盲区，即应该以垄断、价格操纵以及信息不对称等市场失灵现象导致的价格过度波动为主要监管对象。期货市场是市场经济发展的高级形态，市场力量的发挥是期货市场得以存在的前提。因此监管措施的制定应该以预防市场所不能解决的问题为根本任务。此外，保护投资者利益是监管者的基本宗旨。围绕这一宗旨，监管者相应地应该关注于市场主体之间的公平竞争和公平待遇，对价格垄断、价格操纵以及信息不对称引起的价格异动进行监管。以预防为主，以防范极端事件、突发事件为重点，而对于其他问题，则留待市场自身解决，市场发展依靠“看不见的手”自发调节。可以看出，市场化的监管原则是建立现代高效监管体制的前提，它对于具体监管制度和监管措施的制定具有很强的指导意义。

二、建立政府主导下自律为主的监管体制

确立期货市场的监管体制，实际上就是要分析研究各监管主体的法律地位，确定各自应有的职能及其相应的职能分工与搭配，以便形成一个合理、有效的市场监管体系。目前国际上成熟期货市场的监管体制大都是三级管理体制，即由政府监管、行业自律管理、交易所自我监管三级监管的有机结合体制。我国期货市场的监管模式基本上属于“三级监管体系”的范畴，具体即指中国证监会的集中行政管理、中国期货业协会自律管理和期货交易所自我管理。然而，我国的这种三级监管体制与欧美国家的监管体制相比存在着明显差别。这主要由于我国在监管中行政监管过细、过多而导致的市场主体的自律监管不足，而欧美国家的期货市场监管中起核心作用的是市场主体的自律监管。事实证明，这种自律为主的监管体制有效地保证了期货行业的健康发展。因此有必要改革我国的监管体制，变以前行政主导的监管体制为市场化主导的监管体制。

要改革目前的监管体系就要求从立法角度来保证自律监管机构的权威，在法律上合理划分二者的权限，协调政府监管和自律监管的关系。具体来讲就是法律上应当赋予期货业协会独立的地位，增强期货交易所的独立性，这样行政部门就不会随意对其进行干涉。在法律上将交易所监管市场的职能加以确认，使其在国家政策许可的范围内可以自主选择交易品种，自主制定章程和进行人事任免，从而成为一个真正的独立的会员制法人，最终建立起政府监管主导下的有效的自律监管体系，使得双方互为补充，建立良好的合作关系。另外，包括期货在内的衍生品市场的正常交易和运转，离不开现货市场的协调和配合，因此有必要加强两个市场在控制价格过度波动之间的协调监管，以及针对联合操纵的可能性而设计实施联合监管措施，在市场化的监管体制下，采用国际先进的风险控制手段，完

善风险预警机制，实现由被动防范风险向主动控制风险的转变。具体来说应该包括以下几方面的内容：

1. 建立现货市场监管机构和期货市场监管机构的协调机制

期货市场作为市场经济的高级形态，其专业性强、涉及面广，不是任何一种现货市场所能比拟的。在对两个市场进行联合监管时，国家的很多政府职能部门都涉及期货和现货市场管理，但是没有一家政府部门的职能可以适应和涵盖整个期货和现货市场的需要。这样在危机的防范和处理过程中需要多个政府职能部门的协调行动，因此宏观层面上就应该在涉及期货和现货市场的各主管机构之间建立一个面对复杂或突发事件时能够共同研究、决策及行动的工作平台。1987 年 10 月美国股市和期市暴跌之后，美国加强了股票市场和期货市场的联合监管举措，于 1988 年 3 月成立了总统金融市场工作组，负责在危机发生时协调各部门之间的行动，以保证金融市场的正常运转。该工作组由财政部部长负责，成员由美联储主席、证监会主席、期货交易委员会主席、总统经济顾问、国家经济委员会主席、货币检察官办公室主任等组成。这样总统金融市场工作组就在美国金融系统的各主管机构之间建立起了一个面对复杂或突发事件时能够共同研究、决策及行动的工作平台，而这个工作平台在处理美国后来的影响金融市场的几次紧急事件时发挥了很大的作用。同样，我国也需要建立类似的各主管部门之间的沟通协调平台，这就要求财政部、人民银行、证监会、银保监会、发改委甚至商务部之间建立定期的沟通机制，并在危机发生时通过已经建立的协调机制来保证期货市场的正常运行。我国期货市场归证监会统一管理，在制度上避免了政出多门的现象，便于协调，证监会应该作为我国联合监管的主管机构，这是我国联合监管的有利因素。目前，证监会应该联合其他部门研究如何协调现货和期货市场间的法规，以增进市场效率，完善市场间的套利途径，从而有效地遏制跨市场操纵和内幕交易行为。

2. 强化行业协会和交易所的自律监管

强化行业协会和交易所的自律监管，赋予交易所更大更灵活的监管权限。期货交易所自我管理与期货业协会自律管理是期货市场监管中的不同环节，两者在监管对象、职能分工上虽然不同，但从法律地位上说，都属于一种社团组织的自律管理。因此，交易所的自我管理和期货协会的自律管理可以统称为期货业的自律管理。期货市场是非常复杂的，它的有些问题不仅仅涉及法律，还牵涉到社会道德方面的问题，同时，期货市场在运行中还有很多技术性问题法律也难以一一照顾到。而期货业协会和期货交易所能够严格规范从业人员的从业标准、准入资格等，并有一套规章制度来规范其下属会员、期货商和工作人员的行为。所以这种自律监管有助于保持市场公平、公开和公正，提高投资者信心，保持期货市场的正常运行。

亚当·斯密曾说过，政府的责任就是保护社会，保护个人的财产和人身。反映在期货市场上，就是充分尊重期货业的自律管理，国家一般不去干预期货市场各个主体的行为，除非出现了自律管理难以控制的并对社会造成严重危害的行为时。为适应市场竞争的需要就应该给予自律管理更大的权利，在法律上明确划分政府行政监管和自律监管之间的监管职责。证监会应该将部分监管权限下放，赋予交易所和行业协会实施风险控制方面的必要权力。我国现状是虽然交易所在整个期货市场活动中处于中心地位，是具体监管期货交易商和交易行为的一线监管机构。但是在实际监管中，交易所却并没有多少监管的实权，实际的监管权限仍然在证监会手中，证监会权限相对集中，对市场管理过细，行政干预过多。交易所事实上只是行政机关的附属，交易所的人事任免，章程的制定修改等都取决于证监会。很多本应由交易所掌握的监管权力却赋予了证监会，而证监会作为上级机关不可能随时掌握当前的市场情况，即使证监会随后出台了监管措施也只能是非常滞后的，这种管理上的脱节会给市场运作造成管理上的隐患和风险。因此像市场异常时的保证金、涨跌停板幅度调整、限期平仓和强行平仓等应归入交易所的职责范围。而且由于自律监管机构中的业内人士对市场的了解与认识优于政府管理部门，这样自律管理组织就能够在高效率、高度专业化的情况下运转，自律管理的成本也会明显低于政府监管的成本。

3. 建立市场信息共享机制

（1）建立市场信息共享机制，强化信息发布及信息披露，减少信息不对称带来的冲击是防止风险发生的重要制度保障。市场的有效首先就是信息的有效，依据法玛的有效市场划分理论，信息的有效及时披露是市场有效的前提，只有使具有信息优势的操纵者难以利用这种优势来获利时，才能实现真正的有效市场。

（2）建立由证监会主导的由各个行业协会以及现货交易所和期货交易所组成的联合信息传递系统，当市场出现异常时，在现货市场和期货市场之间同时公布有关交易信息，保证正确的信息自由流通。同时也可以对交易人的资金流向进行追踪调查，通过了解大额交易者资金运用情况，监管者可以及时发现异常的交易状况，以便采取适当的监管措施。此外，自律组织之间可以建立联席会议制度以加强监管信息的沟通与交流，建立协作机制，共同开展期货市场的调研工作，在期货经济公司内部风险控制等工作中进行合作。建立公平、公开、及时、准确的信息披露制度，确保重大信息及时充分地公开，并加大对违反者的处罚力度。这样有助于防止因信息不对称所引起的市场风险，也有助于遏制内幕消息的传播。防止通过内幕消息获利是一个世界难题，但是只有从制度上规定重大消息披露的强制性，并加大内幕交易的惩罚力度，才能使内幕交易者因为成本上升而有所顾忌。

（3）加强信息披露的监管。现代社会中互联网等技术的应用使投资者可以方便快捷地获取各种信息，但同时也使得虚假信息的传播更加容易。监管部门应该在利用网络披露信息的同时注意防范虚假信息在网络上的传播，确保信息的真实性。

三、建立期现货市场联合监管体制

如何构建一个安全高效、功能完善的石油期货市场，近年来一直是我国监管层考虑的问题。风险管理重点在于防范，而防范风险最重要的是要有相应的风险防范措施，期货市场的特殊性决定了风险的防范必然也会涉及现货市场。通过相关的分析，已经对燃料油期货和现货市场之间的风险传递性有了定性的认识，产生于一个市场的信息会通过传导机制传递到另一个市场，并最终对两个市场都产生持久的影响。一个市场的波动对另一个市场的波动程度有明显的影响，并且期货市场对现货市场的影响要大于现货市场对期货市场的影响，所以要控制风险就应该制定相应的期现货市场联合监管措施。作者认为，联合监管措施应该是基于信息共享的联合监管，因此应该从制度设计上加强建立现货市场与期货市场在控制价格过度波动方面的协调机制。具体又可以包括以下几方面：

1. 现货市场与期货市场断路机制的建立

美国在 1987 年股市暴跌事件之后，采取了一个重要的交易规则，就是在股票交易所和股指期货交易所之间联合实施了“断路系统”，这是一套当价格大幅波动时两个交易所如何协调一致、终止期货和现货交易或对价格进行限制的管理控制系统。其设计思路是通过限制 NYSE 上市公司中的 S&P500 成份股的交易及价格波动来控制或防范 S&P500 股指期货价格波动的影响，其“断路”的对象是现货交易而不是期货交易，这种设计思路遵循的是“现货市场是期货市场的基础”这一思想。实践证明这是一个有效的风险防范系统，这种系统对于商品期货市场的风险防范同样有参考价值。我国建立期货和现货市场联合监管措施可以借鉴这一系统。目前，我国只是规定了期货价格变动的涨停板制度，而没有考虑现货市场价格波动的可能性，缺乏对现货价格变动的控制，给跨市场联合操纵提供了可能性。

因此，有必要联合证监会、发改委、商务部等部门一起研究适合我国的断路系统，在期货价格波动达到一定的幅度时，对现货市场进行临时的价格干预措施，或者对现货交易进行临时的限制，在价格波动恢复到正常范围内时，取消相应的限制。

2. 期货交易所对市场操纵行为采取限制交易以及增加风险保证金等措施

期货交易所既为期货交易提供场所，也是期货交易的直接管理者。期货交易的风险能否得到有效控制，很大程度上取决于交易所风险管理的质量和水平。

目前，我国期货交易所已经在期货交易的各个环节建立了较为完善的风险管理措施。它们包括涨跌停板制度强行平仓制度、保证金制度、每日结算制度，以及大户申报制度和限仓制度等。但是期货交易所对于可能发生的跨市场联合操纵所带来的风险缺乏管理措施。这一方面是由于期货交易所对联合操纵的风险认识和处理不当，另一方面是由于期货交易所对联合操作行为的认定存在困难，特别是难以和套期保值交易区别开来。为此，交易所应该在联合操纵行为的认定和增加风险保证金两方面加大管理力度。

期货交易所在市场操纵行为的认定过程中，可以借鉴西方国家在对市场操纵进行定义时使用的“可接受市场行为”“市场适当”等概念。如果交易者能够证实其在多个市场的交易是合法的，其行为将不构成市场操纵，否则将限制这部分交易者的交易。期货保证金制度是期货交易所控制风险的重要手段之一，也是期货风险管理的一项基本制度。确定保证金的水平应该是交易所的一项基本监管措施。

保证金按照作用不同一般被分为风险基金、基础保证金、交易保证金和交割保证金。这里的增加风险保证金主要是针对交易保证金而言。通常所说的交易保证金是指交易所按照会员的交易额收取一定的比例，作为买卖双方确保履约的一种财力担保，用于交易发生亏损时以弥补亏损，使交易能够履约。交易所在确定交易保证金比例时，面临两难的选择，定得过高会减小市场的风险，但同时也减小了市场对交易者的吸引力；定得过低虽然可以吸引大量交易者入市，却会带来更大的市场风险。

一般交易所确定的保证金比例在正常交易月份不会发生变动，只是在进入交割月之后才逐步增加。但是对于不同的交易者来说，保证金的比例是一样的。随着期货市场的发展和对期货市场风险认识的增加，人们认识到可以针对认定的市场操纵行为来确定更高的保证金水平，即交易所可以对不同的交易者依据其交易所持的头寸和交易者本身交易意图的判断来收取不同的保证金水平。操纵市场者主要是凭借其资金优势来大量建仓从而影响价格，当发现市场上有人试图操纵价格时，期货交易所应该对交易双方或一方提高保证金，以提高其交易成本，使操纵市场者无法进行操作。在跨市场联合监管中，中国香港在保证金水平的制定上采用的“标准组合风险系统”值得投资者借鉴。这个系统主要用两个变数来评估组合所涉及的风险：一是合约所代表的现货及期货合约本身的价格；二是现货及期货价格的波幅。利用这些变量，“标准组合风险系统”给出不同的假设市场现象来估计可导致的不同程度的亏损，而最大亏损便成为保证金标准的水平。确定市场风险最常用的方法就是风险价值法（Value at Risk），可以利用风险价值法来确定相应的保证金水平。它可以随着期货市场的整体风险水平和交易者在期现货市场的联合持仓水平而变动，反映的风险水平更及时准确。我国的交易所也应该在加强市场操纵现象识别的基础上，建立自己的风险保证金体系。

第九章　浙江自贸区石油期货市场建设

石油资源的战略价值使得各国政府把石油产业视为关乎国家核心利益的产业。石油化工产业链涵盖勘探、开采、储运、炼制和销售等环节，原油价格本身又与国际政治、经济、金融、军事、供需、天气等事件紧密相关，需要建立原油上下游基础产业数据库，搭建国际和国内供需平衡表，同时紧密跟踪影响油价走势的多空因素，为客户参与原油期货交易提供前瞻性的研究支持。石油期货市场建设是一个复杂而长期的系统工程，市场的成熟和功能的发挥需要一个循序渐进的培育过程。随着石油进口量的不断增加，我国能源安全问题被提上日程，成品油改革、原油期货市场建设等措施将逐步出炉。原油期货市场的规则、监管、实际作用成为专家们广泛探讨的焦点。

第一节　建设期货市场的必要性与可行性

目前，中国石油安全形势很严峻，伊朗石油危机带给全球石油价格剧烈的震荡，而中国又是石油消费大国，主要依赖石油进口，而伊朗有 10% 的石油是出口给中国的。同时缺乏石油定价权的中国，在油价风暴的冲击下，只能做被动的接受者，支付和身份不对等的高油价。美国、英国与新加坡都已形成了一个系统较完备的石油期货市场，有参与石油定价的话语权，尤其是英美国家，利用石油期货市场定价机制，以本身利益为出发点，调控国际石油价格。同时，在中国石油对外依存度逐日增加的情势下，美国逐渐形成“能源独立”，对外依存度逐渐降低，又积极主动开发新能源，努力摆脱对中东地区石油的依赖。更有国外业内人士称，“中国将在 2027 年取代美国，成为世界头号石油消费大国”。在这种严峻形势下，中国必须得采取行动了。

一、建设石油期货市场的必要性

建设中国石油期货市场对于保障石油安全意义重大。基于期货本身所具有的避险功能，可以有效规避国际油价波动所带来的风险，锁定成本，保证利润，减少损失，有助于提高国家的国际竞争力。基于期货的价格发现功能，通过期货市场形成公开性、连续性、预测性和权威性的石油价格，有助于我国争夺石油定价权，从而维护了国家的经济利益，不再饱受长期支付不合理的高油价的不公正待遇。期货市场中存在大量的套利者与投机者，他们的套利与投机行为可以大大增加市场的流动性，促进资源的有效配置。

1. 规避国际油价风险，提高国际竞争力

近年来，由于中东地区社会、政治不稳定，国际油价动荡不定，且一直在高位运行。而油气是一个国家经济正常运转的必不可少的能源，油价的波动必然带来整个经济的波动与社会的不稳定。而期货是应投资者避险的需求出现的，其本身具有套期保值的功能，能够平抑市场波动，有助于维护市场平稳有序地发展。

国际上很多企业都通过期货这个避险工具，在期货与现货市场上同时进行标的和数量相同的反向操作，以对冲市场价格波动风险，从而锁定成本，保证利润。将期货的这一避险功能引入到石油现货市场，对于规避国际油价风险，将会起到意想不到的效果。石油已成为一个国家经济发展不可或缺的重要原料，提高原料的利用率，规避价格风险，锁定成本利润，对于提高国际竞争力起到至关重要的作用。比如航空业就是一个高度依赖油料的行业，2011 年上半年，全球航空公司亏损近 8 亿美元，因为油价仍然是影响全球航空业业绩的主要因素，而油价的持续增长决定了航空业燃料成本的增加，同时又存在飞机利用率降低等问题，航空业业绩自然不理想。油价波动对于其他依赖油气的行业的冲击同样剧烈，因此，规避油价风险，有助于稳定国民经济发展，有助于提高国际竞争力。

2018 年原油市场跌宕起伏，布伦特和 WTI 原油期货价格在 2018 年 10 月 3 日分别创下每桶 86. 29 美元和 76. 41 美元的近四年高点，随后大幅下跌至每桶 50. 47 美元和 42. 53 美元的一年多来最低，下滑幅度超过 40%。其间国内某石化企业以 70 美元/桶以上的价格买涨原油期货，交易量超过 3000 万桶，以当时的原油价格为参考，该交易导致企业数亿美元的亏损。

因此，仅仅有健全的期货交易风险管控制度还远远不够，必须在企业内部突出风险管理部门的作用，使其能够不折不扣地有效执行，切实发挥风险管控职能。特别是要突出设置交易止损的权限，建立止损评估机制，在期货交易的风控体系内实施透明化交易，严格禁止交易员的独立黑箱交易，为实施有效止损措施创造良好氛围。

总之，该石化企业的期货交易亏损并非个案，也不应由于个别企业产生期货交易亏损而忽视期货市场所具有的交易工具“中性”的基本作用。但是，在期货业务开展上，必须搞清楚期货交易的策略、性质、角色和止损、风险管理制度等基本问题，特别是要坚决杜绝领导盲目决策和盲从领导决策，以及交易员或交易部门的自大行为，从而真正发挥风险管控部门的职能作用，在制度内提升交易的透明度，建立完善的止损评估机制，制定并有效实施期货交易止损措施，使其始终处于预设轨道运行和风险受控状态。

2. 争夺石油定价权，维护国家经济利益

石油定价权是一个国家的综合国力与经济地位的表现，拥有石油定价权，就拥有了参与反映石油供求关系的国际石油贸易定价的权力，不再是一个被动接受国际石油价格波动，为不合理的高油价买单的国家。在目前的石油定价机制中，欧美等国可以通过期货市场竞价机制形成公开、透明的石油价格，这是由期货的价格发现功能所决定的。亚洲国家没有这么一个成熟、完善的期货市场来形成一个能够充分反映国内需求与供给的关系，因此长期支付比欧美国家更高的油价，尤其是中国，为此付出了高昂的代价。如果中国能够建设一个可以形成公开、透明、合理并能真正反映国内原油需求关系的价格的石油期货市场，就能够转嫁这种风险，逆转现在的被动地位，拥有定价话语权。同时，中国还可以借此吸引广大投资者参与竞价，形成一套自己的交易与交割规则，并且扩大市场规模，增加交易量，使得石油期货市场也能够像中国的铜期货一样，成为国际上制定价格的重要参考指标之一。到那时，中国就不再处于被动接受价格的地位了，而是拥有制定价格的参与权，从而维护了国家的经济利益。

3. 调节市场供求关系，增强市场流动性

当今世界石油市场供需不平衡的矛盾日益凸显，中东地区石油储备，产油量世界第一，但是用油量并没有那么高，而发展中国家的经济突飞猛进，对石油的需求日益增长，国内的产油量远远不能满足其需求，大部分要依赖进口，尤其是中国这个世界第二的石油消费大国，国内产油量早已不能自给自足，石油需求得不到满足，只能依赖进口。石油市场的供需不均衡需要适时适当地调节，期货市场是个很好的调节工具。期货市场的参与者包括套期保值者、套利者和投机者。套期保值者是风险规避型投资者，他们不愿意承担因价格波动而带来的风险，通常通过在期货市场与现货市场同时进行反向操作将市场价格风险转嫁出去；而投机者在市场中则充当风险承担者的角色，他们偏好风险，愿意承担转嫁出来的风险，因为一旦预测市场价格走势正确，就能够利用少量的本金赚钱更高的利润。正是因为这些投机者的存在，期货市场的流动性增强了，同时，保证金制度的高杠杆性决定了其可以利用少量资金带来的整个市场资金流的高速运转，加速了价格运动，增加了交易量，可以更好地调节市场的供求关系；建设石油期货市场，充分发挥期货促进市场流动的特性，达到一个调节市场供需均衡，促进资源优化配置的作用；使得资源流动到真正需要者的手中，使社会闲置的资源得以充分运用，提高社会整体的效益水平。

4. 建立石油战略储备，提高国家综合国力

石油战略储备起源于1973年的中东战争时期，发达国家为了抵御石油价格猛涨以及进口中断而联手成立国际能源署，各国都纷纷储备石油以应对石油危机。而最近爆发的伊朗石油危机，使得中国成了最大的输家，石油储备只够用46天。因此，我国加快建立石油战略储备，已经到了千钧一发的时刻。

建立一个成熟、完备的石油期货市场，也是推进我国建立石油战略储备的重要策略之一。因为，这一石油期货市场一旦建成，根据资本逐利规律，就会吸引国际上一些大的石油贸易商以及国内的资本投资商纷纷前来投资，并且在中国设立交割仓库，储备石油。大量石油就将可能被运到中国，中国将开始拥有大量的石油社会储备。有了这个基础，中国就可以进一步地吸纳各方资金，拓宽市场渠道，扩大商业石油储备，在一定程度上缓解国家石油战略储备的压力。

二、建设浙江自贸区石油期货市场的可行性

中国石油期货市场的建设并非空谈，是具有一定的可行性的，我国是石油的生产与消费大国，有这巨大的石油现货市场做依托。同时，中国商品市场也有了一定的发展历程，打造了一个良好的期货市场秩序，而之前中国也成功推出过期货合约，所有这些都说明我国建设石油期货市场是有经验可循的。

1. 巨大的现货市场是保障期货市场建立的前提

巨大的现货市场可以提供给不确定的供给与需求以充足的交割供应量，如果现货不足，期货市场可能就会崩溃。中国作为世界第二大石油消费国，其对石油的需求是巨大的，而国内的油品现货市场也比较成熟。亚太地区目前已经成为世界第一大石油消费区，其需求是日益旺盛的，尤其是中国这个经济稳步上升的大国，对石油的需求强劲增长。而亚太地区石油的消费与增长，必将带来世界石油供需体系的调节，这使得中国面临了一个巨大的机遇和挑战，投资者应该抓住机

遇，迎接挑战，建设石油期货市场，在世界新格局中提升自身在石油价格制定方面的话语权，有助于降低进口石油成本，努力提升国际经济地位，维护国家的经济利益与安全。

2. 国内商品期货的发展为石油期货市场的建设提供了良好条件

从1990年我国郑州粮食批发市场成立并引入期货交易机制开始，经历了20余年的发展，期间经历过探索、整顿、稳步发展，终于形成了今天这个较规范有序的期货市场。随着中国加入世贸组织以来，国内的期货市场逐渐融入世界期货市场。目前，我国的期货市场已成为全球第二大期货市场，在国际期货市场的影响很大，铜、大豆、玉米、小麦的期货价格已成为影响国际价格的重要因素。2009年金融危机，中国的期货市场经历了考验与洗礼，期货业逐渐进入稳步发展阶段。2017年，上海期货交易所、大连商品交易所、郑州商品交易所、中国金融期货交易所累积成交量分别为13.6亿手、11亿手、5.9亿手、0.25亿手，占比分别为44.35%、35.8%、19.05%、0.8%；累积成交额分别为89.9万亿元、52万亿元、21.4万亿元、24.6万亿元，占比分别为47.86%、27.68%、11.37%、13.09%。可见，中国期货市场的发展日益昌盛，成交量越来越多。此外，法律方面也在进一步的完善之中，法律环境明显改善，市场秩序有条不紊，市场运作规范协调，这也为石油期货市场的建设奠定了良好的基础。

我国之前也对石油期货市场进行了初步探索，并取得了一些成就。1993年，原上海石油期货交易所推出了90#汽油、0#柴油、250#燃料油及大庆原油共四种石油期货品种，并且较好地发挥了套期保值与价格发现等功能作用，其交易量在1994年曾一度超过了新加坡国际金融交易所——世界第三大能源期货交易市场。这些原油期货品种在国内外均产生了相当大的影响，而这些成功的初探也为投资者现在建设石油期货市场提供了宝贵的经验。但是，由于我国早期的期货市场发展缺乏规范，期货市场内部存在很多制度性的缺陷。第一，监管权力较分散。早期的期货交易所是由国务院有关部门与地方政府以及骨干企业构成的，在管理中，权责不清，造成成本增高而效率低下。第二，期货市场没有一个统一的法律法规来约束，导致市场投机旺盛，还存在一定的市场操纵现象。第三，交易所的形式多样，当时的交易所并非都是会员制，主要分为股份制与事业法人制，导致了领导力不集中，组织涣散。期货市场制度本身的不足最后导致了中国石油期货市场全面叫停。通过这些失败的教训，投资者总结出“形成完善的石油期货市场机制与石油管理体制的有效改革是互为前提、互相促进的”与“期货市场的价格发现和套期保值功能是石油供求双方的共同需要”。投资者要积极借鉴国外石油期货市场发展的经验教训，建设中国的石油期货市场，要健全石油管理体制，并配合石油期货市场的机制而进行必要的改革，从而保证石油期货市场能够充分地发挥价格发现与套期保值的作用。

3. 已上市期货品种的功能已初步发挥

目前我国已上市的期货品种的价格发现、套期保值等功能已得到较充分的发挥。我国企业生产经营方面已经较广泛地采取套期保值的方式来稳定生产与经营成本、利润，而期货价格也已经成为企业生产、运营决策的重要参考指标。目前我国的期货品种已达 27 个，其中农产品与金属期货品种比较活跃，并且也充分发挥了其期货功能。有研究表明，我国的小麦期货的价格走势基本上与芝加哥交易所的小麦期货的价格走势一致，大豆和金属铜的期货价格与现货价格的相关程度很高。可见，我国的期货品种已经初步发挥了期货市场的套期保值与价格发现功能，这些较成功的期货品种在风险监管、定价机制、国家调控等方面都给石油期货市场的建立提供了很好的参考。

第二节　期货市场的特征、功能及作用

一、期货市场的特征

期货市场具有合约标准化、交易集中化、保证金交易、双向交易、对冲了结、当日无负债结算共六个方面的基本特征。

合约标准化是指期货合约中的标的资产的数量、规格、交割时间与地点都是既定的，这样可以有效地节约交易成本，提高交易效率与市场流动性。

交易集中化是指买卖必须在交易所内集中竞价成交，并且只有交易所的会员才可以直接在交易所内交易，其他交易者必须委托交易所会员代理其在交易所内进行交易。

保证金交易指交易者在买卖期货合约时，首先要按照合约价值的一定比例（一般为 5% ~10%），缴纳履约保证金作为履约保证，然后就可以进行数倍于保证金的交易。这种“以小博大”的特性使得期货交易具有高杠杠性，所以有时保证金交易也被称为“杠杆交易”。“杠杆交易”决定了其具有高风险与高收益的特点。保证金比例与期货交易的杠杆效应成反比关系，即当保证金比例越低

时，杠杆效应就越大，期货交易的高风险与高收益的特性就越明显。

双向交易指期货交易者不仅可以买入建仓，也可以卖出建仓，这样使得交易者有了双向投资的机会，当期货价格上升时，可以通过低价买入、高价卖出而获利；当期货价格下跌时，可以通过高价卖出、低价买入而获利。

对冲了结使得交易者可以通过对冲平仓而不必通过交割来结束交易，即买入建仓后通过卖出同种期货合约，或者卖出建仓后通过买入同种期货合约来解除履约责任，这样大大提高了期货市场的流动性。

当日无负债结算制度也称“逐日盯市”（Marking-to-Market）制度，即每天的交易结束后，结算部门要对各交易账户进行清算，包括按照当日结算价格计算合约的盈亏、交易保证金以及手续费、税金等交易费用，然后对应收应付的净额进行一次性划转，并据此调整保证金余额。如果交易者的保证金低于规定的维持保证金水平，会被通知追加保证金，如若不然，就会被强行平仓。这种当日无负债结算制度可以防范各种风险，有效地保障了期货市场的正常运转。

期货市场所具有的以上特征，保证了期货市场是一个高度竞争、信息透明、市场秩序稳定的金融市场。不同于“一手交钱、一手交货”的现货市场，期货市场能够更好地反映现货市场的供求关系，能够预测现货市场价格走势，形成一个公开性的、连续性的、预测性的、权威性的价格。期货市场的交易者旨在规避现货市场价格波动风险，或者利用期货市场价格波动获取收益，但在一定程度上也促进了期货市场功能的发挥，从而有利于现货市场的健康、稳定、有序发展。

二、期货市场的功能

期货的特征决定了期货与现货交易的不同之处，并且使其具有规避风险与价格发现的功能，而这些功能对于期货运用于石油市场具有重要意义。

1. 规避风险功能

1）套期保值的功能

所谓避险功能，一般是指期货的套期保值功能，是指投资者可以在期货、现货两个市场上同时进行标的相同、数量相同但方向相反的操作，以锁定成本，稳定收益。当然，可以利用期货交易来规避价格风险并不意味着期货交易本身没有价格风险。期货价格的上涨或下跌既可能使交易者盈利，也可以使交易者亏损，所以，利用期货进行套期保值操作的目的并不在于获得期货市场交易的利润，而是要实现以一个市场上的盈利来弥补另一个市场上的亏损，起到锁定现金流、变不确定为确定的作用，不论盈利还是亏损，都会保证在这个范围之内。期货本身作为一种避险工具，并不能消除风险，而是将现货市场的风险转嫁出去，而被套期保值者转嫁出去的风险主要是被期货市场中的投机者承担了。投机者是风险偏好者，套期保值者是风险规避者，他们对于期货价格的走势都有自己的判断，所以有人做多有人做空，当投机者与套期保值者的价格走势判断正好相反时，他们自然而然地成了期货交易的对手方。套期保值行为的存在较好地抑制了市场波动，而投机者的存在很好地促进了市场流动。所以，套期保值行为不仅可以有效地防范价格风险，很好地平抑波动，稳定市场，其保证金的“以小博大”决定了期货交易的高杠杆性，同时吸引了众多的套利者与投机者。他们的存在促进了市场的流动，同时也促进了市场资源的有效配置。

2）套期保值的类型

第一，根据操作方法不同，套期保值基本可以分为多头套期保值与空头套期保值。多头套期保值是指股票空头持有者以及预期将要买入者因为担心未来价格上涨，以买入股指期货合约做多的行为。空头套期保值是指当投资者预期将来的利率水平会上升等因素而导致股票价格下跌时，通过现在出售股票指数合约的办法，来对其所持有的股票多头进行保值，以期用期货市场中空头的盈利来抵补现货市场股票头寸亏损的行为。

第二，根据操作的目的不同，套期保值可以分为积极的套期保值和消极的套期保值。积极的套期保值的目标通常是追求收益的最大化，通过对现货市场未来走势的预测，然后有所选择地运用套期保值策略来规避系统风险。而消极的套期保值的目标则是追求风险的最小化，并不对现货市场的未来走势进行预测，只是同时在现货市场与期货市场进行反向操作。进行这种套期保值的目的是通过规避现货价格波动风险，增强对其股票现货仓位价格的确定性。

2. 价格发现功能

发现功能是期货交易另一个非常重要的功能，是指期货市场能够预期未来现货价格的变动，发现未来的现货价格。期货价格可以作为未来现货价格变动的“晴雨表”。尽管价格发现功能并不是期货市场所特有的，但是期货市场具有比其他市场更高的价格发现效率。这是基于期货市场所特有的属性实现的。现代经济学表明：信息不完全与不对称导致价格扭曲与市场失灵，而期货市场是接近于完全竞争市场的高度组织化与规范化的市场，拥有大量的买者与卖者，可以采取集中公开竞价的方式，将各种信息高度集聚并迅速传播。所以，期货市场的价格形成机制是成熟的、完备的，能够形成具有公开性、连续性、预测性和权威性的价格。其中，公开性是指期货价格不仅能够被及时地向社会公众所披露，还能够迅速地传递到现货市场；连续性是指期货合约标准化，因而能迅速转手，能够连续不断地形成期货价格，进而连续不断地反映供求变化；预测性是指期货价格是众多交易者对于未来供求变化的预期的反映，能够较客观地反映出未来现货价格的基本走势；权威性是指基于以上三个特点，期货价格可以被作为现货价格定价的基准，并用以指导实际的生产与经营活动，以及政府宏观调控政策的制定与市场定价。比如，大宗商品的国际贸易经常会采取“期货价格 + 升贴水”的定价方式，体现了期货价格的权威性。

3. 套期保值与价格发现功能得以实现的原因

套期保值之所以能够得以实现，绝大部分原因是期货市场具有价格发现的功能，而期货价格之所以能够预测现货价格，是因为期货价格与现货价格具有趋同性。所谓趋同性是指受相同的经济与非经济因素的影响，同种商品的期货价格与现货价格会随着到期日的临近逐渐趋于一致。如图 9－1 现货价格与期货价格趋势图所示，在 t_1 时刻，期货价格高于现货价格，随着时间的推移，在 t_2 时刻，期货价格与现货价格的差距有所缩小，并且其走势大致一致，直到到期日 T 时刻，两者终于趋于相同。因为，如果在到期日 T 时刻，期货价格与现货价格不一致，就会导致市场中出现大量的投机者与套利者，通过投机与套利，期货价格与现货价格最终还是要趋于一致。同时，期货价格与现货价格的波动方向基本一致，且期货价格一般先于现货价格的波动。但是基差（现货价格与期货价格之差）并非一成不变。事实上，套期保值操作是把现货市场波动较大的风险转换为波动较小的基差风险。

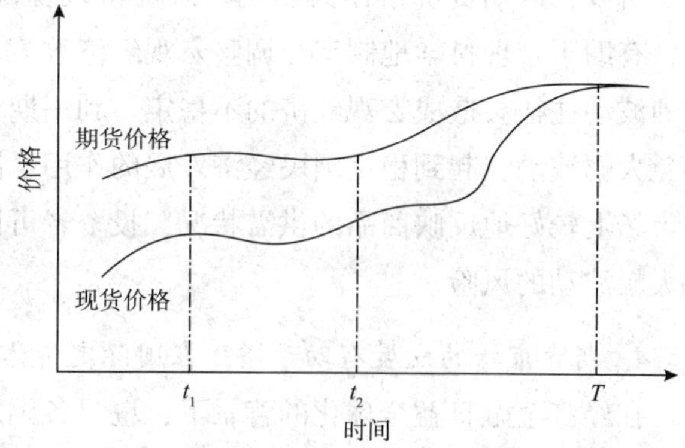

图 9－1　现货价格与期货价格趋势图

三、期货市场的作用

1. 期货市场的发展有助于现货市场的完善

在现代市场经济条件下，现货市场与期货市场共同调节着市场资源的合理配置。现货市场衍生出期货市场，而期货市场反过来又对现货市场的发展起到促进作用。期货市场具有规避风险的功能，能够有效地规避现货市场价格波动风险，有助于稳定现货市场秩序，促进现货市场交易规模的扩大再发展。期货市场具有价格发现功能，能够预测现货价格变动方向，形成合理的反映实际供需关系的现货价格。

2. 期货市场的发展有利于企业的生产经营

生产经营者可以通过在期货市场上进行套期保值，从而规避价格波动风险，锁定生产成本，得到预期收益，避免受到市场价格波动的干扰。同时，期货市场的价格发现功能，能够有效地克服现货市场中的信息不完全与不对称现象；期货价格作为信号价格，能够正确地引导生产经营者做出科学合理的应对策略，避免盲目性。

3. 期货市场的发展有助于政府的宏观决策与国民经济的稳定发展

利用现货市场的定价机制制定宏观调控政策一般具有滞后性的缺陷，而期货市场形成的价格可以很好地预测将来价格的走势，具有信号功能与超前预测的特点。所以，以期货价格作为制定宏观经济调控决策的参考标准，可以避免滞后性，有助于合理科学地制定与调整宏观经济政策。大宗商品与金融商品的价格的剧烈波动往往会造成宏观经济的不稳定，利用期货市场的避险功能，可以有效地避免大幅波动，起到稳定国民经济发展的作用，同时，其价格发现功能又能在期货市场上较好地反映商品的供需状况，投资者可以依此进行必要的调节，预防价格大幅波动的风险。

4. 期货市场的发展有助于增强在国际定价体系中话语权

在经济金融日益全球化的背景下，世界各国之间的经济联系也日益密切，世界贸易的发展使得中国国内的市场逐渐与世界接轨，国内商品的价格也与国际商品的价格接轨。期货价格在国际价格形成体系中发挥着基准价格的重要作用，发达的期货市场由于其交易的规模化、规范化与国际化而成为全球市场的定价中心。20 世纪 80 年代以来，西方发达国家的期货交易所已经集中了世界绝大多数的农产品、金属与石油等品种的期货交易，由此而形成的期货价格成为国际市场的定价基准。西方国家利用期货市场的定价机制，在国际定价体系中掌控着主导权，并在国际贸易中占有有利地位。因此，基于期货市场具有以上功能与作用，中国更应该加快建设石油期货市场，以保障国家石油安全。

第三节 国际石油价格的波动及应对措施

国际油价自1970年以来经历了1973年、1979年与2002年三次明显的上涨，从2002年的21美元/桶开始，一直上升到2008年7月的137美元/桶的最高位，2009年6月以后，基本维持在70美元/桶左右。油价近年来一路飙升，并且极不稳定。本节将对近年来油价的波动性进行分析，以此来说明国际石油价格近年来比之前的几年更加不稳定，风险更大，更需要用期货来规避风险。

一、石油价格的波动

如图9－2 WTI原油价格走势图所示，2007年以前，原油价格以平稳态势增长，而之后涨幅增加，直到2008年7月达到了历史的最高峰——137.62美元/桶。而在此之后，美国次贷危机演化成了全球的金融危机，原油价格又急剧下降，直到危机过后，经济开始复苏，原油价格又再次呈现往日的上升态势。

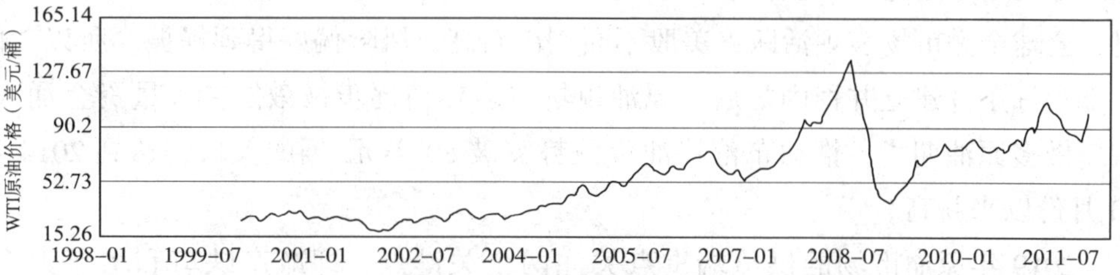

图9－2 WTI原油价格走势图

回顾2017年，国际原油价格整体呈现“V”形走势（见图9－3 2017年国际油价走势图）。布伦特原油全年平均价格（前11个月）约为53美元/桶，与WTI原油的平均价差扩大至3美元/桶。2017年上半年，国际油价震荡下行，主要归因于美国原油产量的持续增长，加上利比亚和尼日利亚等国原油产量反弹，抵消了OPEC减产对油价的支撑作用；下半年，国际油价逆势反弹，年末突破60美元/桶，达到2年内的新高，主要是受季节性石油需求高峰、OPEC减产协议延长预期以及伊拉克紧张局势等综合影响。

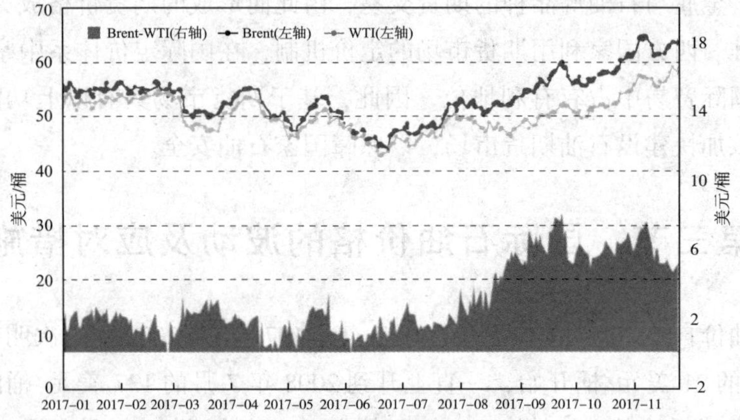

图 9-3　2017 年国际油价走势图

2018 年国际油价延续了 2016 年以来的涨势，并且上涨速度有所加快。过去 3 年原油价格的持续反弹，主要建立在供需关系改善的大背景之下，尤其是 2017 年欧佩克实施减产措施之后。全球原油市场供求关系由 2014 ~ 2016 年的过剩，库存居高不下，到现如今供应偏紧，库存快速下滑。所以，欧佩克主导的减产政策进而推动的供需关系改善，是过去几年油价复苏的根基所在。

与此同时，恰逢全球地缘局势进入动荡期，中东、北非及南美等地区，产油国局势急剧动荡，导致原油产出长期面临风险。在供求关系紧平衡的基础上，地缘局势的不稳定进一步强化了原油市场利好基础。在原油市场自身形势向好的同时，全球金融市场表现活跃，美股不断创出新高，风险偏好得到提振。所以，内外部利好条件建立并稳固之后，原油市场看多热情逐步被激发，大量资金涌入，重新做多原油期货，推动布伦特油价强势突破 80 美元/桶的关口，达到 2014 年 10 月份以来新高。

2019 年原油市场的供给端重点关注两个关键点，即减产缺口和增产力度，主要包括伊朗制裁导致的缺口和沙特、俄罗斯等产油国的闲置产能情况以及美国页岩油增产趋势。

目前业内对伊朗制裁所产生的缺口预测存在分歧，但大体在 150 万桶/天左右。一方面，由于伊朗制裁容易造成高油价，与当前美国政府中期选举以及特朗普本人的油价立场存在冲突，所以我们认为伊朗制裁问题最终产生的结果将不会超出市场预期，这从美国尝试给予部分国家豁免特权中也可以看出端倪。另一方面，沙特和俄罗斯虽然暂时拒绝增产要求，但出于维护市场稳定需要，将会在特定条件下提高闲置产能利用率，甚至不排除终止减产政策的可能性。除此之外，页岩油产业短期受到管输能力困扰，但增产预期依旧稳固。总之，从供给端来看，2019 年原油市场供应有望出现实质性增长。

需求方面，重点关注 2019 年全球经济的潜在风险。美联储持续加息、贸易保护主义等问题，对全球经济构成持续冲击。IMF 在最新一期的报告中，将全球经济增速预期下调 0.2 个百分点，而且这是 2016 年 7 月以来，IMF 首次调降对全球经济增长的预期。全球经济增速放缓，叠加高油价问题，都对 2019 年全球原油需求增速产生负面影响。鉴于当前萎靡的全球经济形势，石油需求被严重弱化，国际油价迎来新一轮“衰退”。

综合供需关系来看，2019 年全球原油供需关系有望逐步趋于宽松，库存增长对油价的打压有望开始显现。但同时需注意，供需关系具有较高的脆弱性，主要表现在 2019 年原油闲置产能不足的问题。沙特、俄罗斯为应对伊朗制裁问题，提高产能利用率，将会降低原油的闲置产能。与此同时，全球原油库存水平偏低，原油市场应对供应中断的能力将捉襟见肘。所以，2020 年产油国局势问题将是供给端延伸出来的另一个关键点，类似伊朗和委内瑞拉的地缘事件，将加剧 2020 年油价的波动。

二、企业的应对策略

1. 关注国际油价波动，规避经济风险

对外，高度警惕油价波动带来的负面影响，适时调整进口策略，降低进口成本，参与能源期货交易对冲价格波动风险；对内，合理调整成品油价格，防止成本推动型通胀，关注价格波动在产业链的传导路径和效应。

2. 把握低油价时机，充分利用国际资源，加快原油储备建设

目前油价进入低迷期，正是我国加快储备建设的好时机，我国应该尽量进口更多的石油加快储备的进度，同时放宽企业进口原油资质的限制，鼓励商业库存的建设，集合大众资源，迅速提升储备能力。

3. 关注市场动态，适时调整储备策略，逐步增强石油定价话语权

建立储备建仓和释放的动态调整机制，降低储备成本，减少可能的经济损失。同时，应尽快推出原油期货，完善石油市场体系，参与全球定价，改变追随国际定价的被动局面，把国际市场上的风险尽可能多地在市场中释放。

可见，国际石油价格波动性大，隐含在其中的风险也在增大。而中国的原油

价格一直以来受国际原油价格的影响，作为国际石油价格的被动接受者，其价格走势与国际油价基本一致。期货本身具备的套期保值功能，能够对冲价格风险、平抑市场波动，因此，中国建设石油期货市场势在必行。

第四节　制约浙江石油期货市场的因素及对策

在分析了中国建设石油期货市场的必要性与可行性之后，笔者又对制约中国石油期货市场发展的主要因素进行了归纳与分析。制约中国石油期货市场发展的主要因素不仅包括中国石油业模式与机制方面的不健全，还包括中国期货市场风控、监管、法律等方面的不完善。笔者根据这些不足提出了一些可行性的对策建议，以扫除这些障碍因素，为石油期货市场的建设铺平道路。

一、制约浙江石油期货市场发展的主要因素

1. 风险控制系统不完善

中国期货市场建立以来已有 20 余年的历史，其风险控制系统已初步形成，但是还不够完善，控制风险的能力还有待增强。

1）期货市场自律管理不完善

我国的期货市场自律管理还不完善，期货交易所缺乏一个自我约束与监督的机制，自律意识淡化，管理具有随意性，服务意识淡薄，这些都可以在期货交易、结算与交割的环节中得以显现。而且，政府在一些重大问题上赋予交易所的权力不够充分，在一定程度上削弱了交易所的风险控制能力。而期货业协会这一自律性组织成立时间不长，还不够成熟，还不能够充分发挥好自律监管功能，尤其是在道德规范、员工培训、技术协助以及充分发挥行业协会的参与性、专业性等方面。

2）结算风险控制系统不完善

我国期货市场建立之初，为了控制国有资产造成不必要的流失，对期货市场的防范意识强烈，规定禁止进入机构参与期货市场，禁止投资于贷款给期货市场，使期货市场失去了金融支持。同时，由于我国期货结算部门只是交易所的一个附属机构，独立性不强，又没有金融机构的支持，缺乏经济实力，抗风险的能力自然较弱。此外，三大期货交易所客户编码的不统一，也为结算部门带来诸多不便，同时也在一定程度上加大了结算风险，弱化了结算部门风险控制的功能。

3）控制大户操纵市场管理不力

由于市场风险控制不力，常常会导致不法分子钻政策的空子，给期货市场带来了难以预知的风险。一些大户暗地分仓操控市场，以隐秘的方式对市场进行操纵，从而造成巨额风险，而此时我国的交易所并没用形成一个成熟、完善的风险控制机制来查处风险来源，并保障和管理市场安全，整个市场缺乏一支公正的、能够迅速掌握信息并妥善处理风险的队伍。

2. 期货市场监管体系不到位

目前，中国期货市场的管理实行政府、期货业协会和期货市场内部（期货交易所和期货经纪公司）的三级管理体系。这种三级管理体系的确适合我国现阶段基本国情，但是仍然存在一些不足之处——期货市场的监管部门缺乏独立性，证监会的权力相对集中。但是，对于一些重大问题，政府并不授予证监会足够的权力，导致证监会在处理一些微观管理运作中过于细致，而在宏观运作方面又没有足够的空间发挥作用。

3. 期货市场法律体系不完备

国外相关的期货法律法规对期货的具体操作都有非常细致的规定，对于期货操作交易中有可能出现的情况与相应的操作对策都有较详细的阐述。但在中国，目前有关期货方面的法律法规比较少，对于期货交易操作细则，也只是用简单的语言来阐述，并且至今还未形成一套完整的期货法。中国的期货业需要从“人治”向“法治”的方向努力，这是国外期货市场在经历多年波折后积累的经验教训，也是中国在经历了惨痛的“中航油事件”后不得不考虑的问题。尽管2007 年 4 月 15 日开始实施的《期货交易管理条例》已经对于之前的暂行条例进行了很多重要修改，但随着国家期货市场的进一步发展，总是会出现一些新的状况、新的问题。伴随着这些新情况的出现，必然会导致原先的规则有不合时宜之处，需要投资者审时度势，进一步顺应现实国情，进行补足和修改。

二、建立中国石油期货市场的对策建议

针对上文对于中国石油安全形势的阐述，以及影响中国石油期货市场发展的制约因素的分析，笔者就完善中国石油期货市场这一问题分别对石油市场以及期货市场这两个方面提出了对策建议。

1. 完善我国石油市场

1）组织模式的进一步完善

中国的期货市场在经历了长期的整顿与治理之后，已经逐渐步入良性发展轨道，市场秩序有所改善，市场透明化、规范化程度有所提高。20 年的实践探索与积累经验，已使得我国期货市场足以为石油期货创造一个良好的有发展前景的外部环境。但是，目前中国石油业的组织模式仍有待进一步完善。

第一，要大力发展中国的成品油市场。2008 年全球金融危机爆发以后，中国经济的工作主线逐渐侧重在调整产业结构、改变发展模式等方面，国内经济逐步放缓了传统的高能耗产业的发展，开始调整成品油市场消费结构。2009 年成品油定价机制实施以后，激活了更多的市场经营主体参与竞争，虽然仍有种种不足，但是市场竞争性增强是一个好的表现。强化国内成品油的炼油能力，加大成品油的仓储，使其他经营主体迅速成为竞争性主体，尽快形成多元化竞争格局，有利于改变目前中国石油业的组织模式。

第二，适度放松石油市场准入管制。国家可以允许那些符合国家规定资格的国内企业与外商进口成品油；可以考虑允许符合相关部门条件的外商进入中国成品油的分销市场，鼓励社会其他资金进入油品市场，增强市场的竞争性。

第三，扶植原油风险采购企业。国家应该适时培养一些与其实力相当的大企业，以增强市场的竞争性。国家可以采取招标的方式，每年拿出一定的进口额度用于原油风险采购企业，同时鼓励它们吸收海外资金，扩大规模，赋予其较大的自主权，必要时给予一定的税收支持。

2）完善石油价格形成机制

形成一个公平、稳定、有效的价格竞争机制，才能够充分发挥价值规律对于微观主体和宏观经济的调节作用。微观方面，只有通过竞争，才能够优胜劣汰，提高效率；宏观方面，以市场为基础优化资源配置，通过生产要素趋利性的自由流动调节产业结构，调节供求关系。只有这样的价格形成机制才能够提供给期货市场一个稳定的现货市场环境，有助于期货市场价格发现功能的充分发挥。

第一，成品油市场引入竞争。我国目前石油定价机制的改革的最大原则应该是尽可能地引入竞争，鼓励和支持其他国有企业与民营企业进入石油的勘探、开采与炼制领域，允许具有国家相关部门规定资格的非国有资产企业进行商业性勘探与开采，依法平等地赋予它们探矿权与采矿权。可以先选择几个较小的区域进行试点，让各民营企业采取招标中标方式取得勘探权与采矿权，让它们在实践中积累经验，不断发展壮大，形成一定实力与规模。同时，可以恢复地方炼油厂的生产经营自主权，赋予它们开采权与进口权，充分发挥地方资源优势。国家可以考虑将两大集团生产的原油分出一部分来给这些炼油厂炼制，让它们拥有独立的经营权，逐渐培养成为合格的竞争主体。

第二，转变政府管理职能。2008 年 12 月国务院发布了《关于实施成品油价格和税费改革的通知》，2009 年 5 月国家发改委公布了《石油价格管理办法（试行）》，我国成品油定价机制改革向着市场化的道路又迈出了重要一步。这对于完善我国成品油价格的形成机制、合理调节社会供求、维护国内成品油市场稳定运行具有重要意义。但此次改革仅是我国成品油价格渐进式改革中的一步，还存在一些深层次的问题、价格管制办法有待进一步完善、生产企业成本核算有待健全、生产企业利润调控机制急需改进、成品油税费改革未能与资源环保类税种衔接、消费税征管环节需要调整、成品油批发市场尚未完全开放等问题，有待不断改进和完善。

2. 完善我国期货市场

众所周知，2007 年的美国次贷危机主要是由于金融衍生品创新而导致的金融危机，而我国建设石油期货市场，一定要认清金融衍生品的本质，其特点是风险转嫁、泡沫创新与杠杆放大。金融衍生品创新是把“双刃剑”，只有合理地创新与利用其优点，加强风险监管与控制体系，才能很好地驾驭它，为我所用。次贷危机及之后席卷全球的金融震荡，给投资者带来了很多经验与教训。金融产品创新有利有弊，所以要合理运用，扬长避短，杜绝过度投机与操纵市场的现象发生。

1）完善期货市场风险管理机制

期货交易是一种独特的交易方式，在其本身的运行过程中就蕴存着很大的风险，并且其风险是复杂的、多方面的，要深入观察、分析与研究，真正了解了它的风险，才有利于投资者制定各种方针策略来控制这些风险。期货市场具有的风险主要包括市场风险、流动性风险、操作风险、信用风险和法律风险。完善期货市场的风险管理机制，要分别从交易所、期货经纪公司与客户这三个层面来加强管理。

第一，加强期货交易所的风险管理。期货交易所是期货交易的一线风险管理机构，在其近两百年的发展史上，已经形成了一套行之有效的风险管理机制，这些机制主要包括保证金制度、持仓限额制度、涨跌停板制度、强行平仓制度及大户报告制度。这些制度保证了期货市场的平稳有序发展，能够有效地防范未知风险，交易所要严格把关，加强对这些制度实施方面的监管。同时，政府也要注意保持期货交易所实施风险控制方面的权力，必要时还要赋予其更大的权力，该严加管制的要严加管制，该放松时要放松，但要明确划分国家监管与交易所监管的职责范围，不得混淆职能，代为管理。

第二，加强期货经纪公司的风险管理。风险控制是期货经纪公司的首要任务，首先是对期货经纪自身的风险管理。要完善风险管理机制，加强风控力度，严格遵守国家规定的法律法规，严格执行保证金制度、限仓制度与大户报告制度，公司内部各司其职，界限分明。

对待客户方面，要在接受其代理前，对其资质进行考察，选择客户一定要严格把关，绝对不能接受不具备期货交易资格的客户的委托。对待员工方面，不得接受没有取得证券从业资格的人员到公司任职，同时要加强期货经纪人的职业道德与业务培训，有效避免公司与客户的风险。

第三，加强客户的风险管理。对于客户的风险管理的建议包括：审慎选择期货经纪公司，培养风险意识和心理承受能力，能够正确对待成败，充分认识和理解期货市场的基本特点，及时识别交易中的欺诈行为，学会用法律的武器保护自身的合法权益。

2）完善期货市场监管体系

第一，政府管理方面的完善。国家要根据市场发展态势不断地改革与更新现有的监管体制，鼓励更新机制，放宽经营范围，推进金融产品创新。充分发挥多层次监管体系的功能，适当赋予各监管部门必要的权力，使其真正发挥应尽的职能，强化交易所与期货业协会的自律监管功能，加强交易所的独立性，鼓励期货经纪公司重组合并。

第二，监管机制方面的完善。监管机制要从被动防御转化为主动控制，投资者应该以市场化为主导思想，变行政监管为市场化监管，借鉴国家期货市场的成功经验。我国建立的这个三级监管体系，应逐渐改变之前的以证监会为中心的集中监管模式，充分发挥期货交易所与期货业协会的自律监管职能，明确各个监管部门的职责与权限，加强风险控制能力。

第三，自律监管方面的完善。要充分发挥期货交易所的自律监管职能，首先要明确划分国家监管与交易所监管的范围，保证交易所在实施风险监控方面的必要权力。要充分发挥期货业协会的自律监管职能，由于这一自律性组织具有专业性、参与性等特点，国家要使其能够担负起大部分的市场一线监管工作，比如维护社会道德、解决技术性难题等。

3）完善石油期货市场配套法规

在我国期货市场的发展过程中，法律体系的建设总是落后于市场的发展，我国曾为此付出了高昂的代价。而在当今新的国际石油安全形势下，中国石油期货市场的建立更需要这么一整套的法律法规来支持和保障石油期货市场的正常运行。

第一，加快我国《期货法》的立法进度。经过20多年的实践与探索，我国期货市场逐渐成熟，市场平稳有序发展，市场规模进一步的扩大，也推进了《期货管理条例》的贯彻实施。《期货管理条例》之下还有证监会的规范文件，期货交易所、期货业协会制定的规则。现在，我们可以把这一系列的法律法规进行系统化的整合、填充与完善，形成一整套系统性的法律。《期货法》的制定应该充分借鉴国际上其他成熟期货市场的法律制度规范，吸收国外期货市场长期发展以来的成功与失败的经验教训，遵从国际规范，从中国期货市场发展的具体国情出发，广泛地征求全行业的建议，以保障期货市场的稳定发展为基础，提高国际竞争力与抵御外来风险的能力，以适应国际上的经济金融合作与竞争。

第二，完善现行的《期货交易管理条例》。该条例实施以来，对于保障期货参与者的合法经济利益，维持期货市场健康、稳定发展起到了很好的规范作用。但是，伴随着我国期货市场的进一步发展，新问题、新情况也会随之出现。为了更好地适应现阶段的发展状况，投资者要适时地对其进行修改与完善。比如，近年来，一些大宗商品市场在国家监管范畴以外进行具有明显期货交易特征的交易活动，成为期货市场风险与资金安全的重大隐患，直接威胁到了国家社会稳定与经济金融安全，急需清理整顿。因此，变相期货交易的定义需要进一步明确。

第三，加强期货交易法律责任建设。法律责任的设定能够威慑行为主体不能贸然做出违法规定的行动，从而客观上保障了各参与主体的合法权益。鉴于法律责任的特殊作用与期货市场的高风险性，我国在建设期货市场的过程中，更应该加强法律责任的建设。而在期货市场交易中，尤其是要强化民事责任的建设，以保证期货交易的参加者能够按约定履行义务，保证受损者得到应有的补偿。这种责任约束力体现了期货市场的法律控制功能，保障政府以及相关监管部门制定的政策、法规能够顺利得以实施。

3. 实施步骤

中国是世界第二大石油消费国，这决定了投资者的石油现货市场具有巨大的潜力。而根据现实国情，我国应该建立一个多层次的石油金融交易体系，它应以石油期货市场为核心，石油现货与中远期市场、石油衍生品场外交易市场为辅助的多层次石油交易体系。建设一个成熟与完备的石油期货市场并不是一蹴而就的，而是要循序渐进，稳步前进。

步骤一：完善石油现货市场，构建石油中远期市场。建立一个成熟、完备的石油期货市场并不是一蹴而就的，投资者要脚踏实地，一步一步来，先建立石油的中远期市场，中国的四大期货交易所要在成品油与石化产品方面推出更多的中远期交易的创新产品，以弥补中国石油现货市场的不足，推动石油现货市场逐渐向集中市场发展。

步骤二：建立与完善石油期货市场。在石油中远期交易的基础上，进一步丰富我国四大交易所的上市油品的交易品种，开拓市场，扩大交易量，形成有效的竞争格局，逐步退出国内的石油期货产品，形成自己的一套市场规则与报价系统，积极参与并融入国际石油定价系统，争取在未来的 20 年内，逐步改变伦敦与纽约等交易所垄断国际油价的局面，扩大国内石油期货市场的竞争力与影响力，获取石油定价的话语权，维护国家的经济利益与国际地位。

步骤三：建立石油衍生品场外交易市场。石油期货市场的成功构建，也要相应的推出场外交易市场平台，从而更好地辅助多层次石油交易体系。要建立石油衍生品的场外交易市场，首先要保证国内的石油交易商有较强的信用评级，因为石油的场外交易一般是现金交割。

目前，国家只批准了部分银行参与金融互换交易，并没有完全让金融机构参与衍生品交易。而石油场外交易市场的参与主体一般为大型的金融机构，比如银行、基金等机构投资者。所以，在国内，有很多的商业银行、内资投资银行没有机会参与石油互换、石油期货等更为复杂的衍生品交易。中国的石油市场交易应该适度放开，国家监管部门应该鼓励国内的大型金融机构参与石油衍生品市场的交易活动，这样，不仅使得国内的金融机构获取传统盈利方式以外的利润来源，还便于中国企业的境内石油金融产品的交易，省得再到境外尤其是境外的场外交易市场上开展交易了，大大减少了这些企业的交易风险。

依据中国具体国情，按照以上三个步骤，逐步构建一个规范、开放、竞争、有序、高效的多层次石油交易市场，是中国实现石油金融战略的依托平台。在此基础之上，再逐渐发展与完善现有的石油期货市场体系。

第十章　全产业链的浙江国际油品交易中心的构建

当前浙江省正面临“一带一路”倡议、杭州湾大湾区以及自贸试验区建设等难得的重大发展机遇，正处在全面深化改革开放的关键时期。特别是浙江自贸试验区以“油”为核心，通过打造油气全产业链，为我国能源领域的改革探索注入了新动能、拓展了新空间。自贸区将打造“三基地一中心”，即建设以石油储备为核心的国际油品储运基地，以舟山鱼山岛炼化项目为核心的国际绿色石化基地，以保税燃料油供应为核心的国际海事服务基地，以油品交易为主线的国际油品交易中心。日前，商务部发布浙江自贸试验区企业申请原油非国营贸易进口资格条件和程序，而这也是2015年国家下放地方炼厂原油进口“双权”以来，第一次明确了贸易企业进入原油进口领域的申请路径，对浙江自贸区建设乃至整个国内油气体制改革都有重大意义。

第一节　构建的原则

一、政府引导与市场运作相结合

政府要进一步简政放权，突破原有的体制内服务平台模式，突出市场对资源配置的决定作用，形成“政府引导＋市场运作”的平台建设模式。不增设管理机构，不直接参与具体事务，主要通过加强规划引导、政策创新、协调服务等方式指导国际油品交易中心建设。

二、科技创新与机制创新相结合

创新不仅是科技创新，还包括机制创新。机制创新深化改革，说到底就是激发企业创新的积极性，人员创业的活力。推动科技创新工作，必须以问题为导向，充分发挥市场在资源配置中的决定性作用，破除一切制约创新的思想障碍和制度藩篱，深化科技体制改革，强化企业主体地位，推动产学研协同创新，让创新活力竞相迸发，创新价值得到更大体现。面对新形势新挑战，要大力实施创新驱动发展战略，发挥科技创新的支撑引领作用，加快完善创新机制，全方位推进科技创新、企业创新、产品创新、市场创新、品牌创新，加快科技成果向现实生产力转化，推动科技和经济紧密结合。

三、分块建设与全面建设相结合

任何系统都是由各要素以一定的联系相结合且以不同联系方式构成的。舟山国际油品交易中心的建设要在既定的区域内，综合考虑各种因素，石油产业链中下游各环节、各部分要在规划期内形成总量平衡、布局合理、层次分明、配套完善、运作协同的国际油品交易发展布局体系。同时依托特有的区位优势，利用舟山综合运输网络体系，形成以舟山为中心，同时辐射周边区域和省份以及国际的高水平石油交易体系。

四、发展经济与环境保护相结合

发展经济必须保护环境是发展经济的本质要求。发展经济是为了提高人民的生活水平，而发展过程中因破坏环境影响人民生活，违背了发展经济的本意。发展经济必须保护环境是可持续发展战略的要求，亦是自然规律的要求，投资者不能因为发展经济而失去对环境的保护，更不能因为以保护环境为由在发展经济问题上畏缩不前。发展经济与保护环境并不是必然矛盾，要在发展经济的同时，注意保护环境，把发展经济与环境保护相结合。

第二节　构建的内外环境分析

一、外部环境分析

1. 国际原油供需情况

全球原油产量自 2009 年以来保持持续上升趋势，根据数据，2018 年全球原油产量为 9472 万桶/日，较 2017 年同比增长 2.40%。从 2000 年开始，仅有 2002 年、2007 年、2009 年全球原油产量出现负增长，即使在 2014 年原油价格出现下跌，一度从110美元/桶下跌到2016年的30美元/桶，但2015年全球原油产量依然保持3.17%的增速。2016～2017年，全球原油产量增速放缓，全年增速分别为0.30%和0.74%。其中OPEC成员国2018年12月原油产量下降75.1万桶/日，年产量为3158万桶/日，下滑幅度为两年来最大。其中沙特原油产量下降46.8万桶/日，显示减产决心较强。其次是利比亚下滑17.2万桶/日，因受非抗力因素影响。而伊朗出口受阻，原油产量下滑15.9万桶/日。第二大石油产油国伊拉克不减反增8.8万桶/日，如图10－1所示。

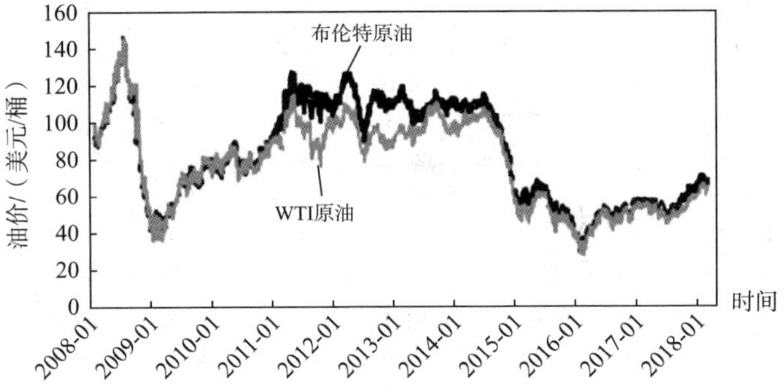

图10－1　2008～2018年国际油价趋势图

资料来源：《2018年中国原油市场分析报告——行业深度分析与投资前景预测》

2018年12月，OPEC原油产量下降75.1万桶/日至3158万桶/日，下滑幅度为两年来最大。其中沙特原油产量下降46.8万桶/日，显示减产决心较强。其次是利比亚原油产量下滑17.2万桶/日，因受非抗力的影响。而伊朗出口受阻，原油产量下滑15.9万桶/日。第二大石油产油国伊拉克不减反增8.8万桶/日。

但是到了2019年，随着中国原油需求开始放缓，预计亚洲其他地区的原油需求将推动全球原油需求的增长（包括泰国、印尼等），预计2019年全球原油需求将增加129万桶/日，其中非经合组合地区的原油需求将达到104万桶/日，从而推动全球原油消费为1.0008亿桶/日。据IEA预测，到2025年，欧佩克的石油产能将上升到31亿吨，非欧佩克将上升到32亿吨，全球石油供应可以满足63亿吨的消费需求。

国际能源署（IEA）2010年11月发布的《世界能源展望2010》中，分别对新政策情景（考虑到了世界各国公布的减少温室气体排放的承诺和逐步取消化石能源补贴的计划等）、当前政策情景（假设各国的承诺都未能落实），以及450情景（指将大气层中的温室气体浓度控制在450毫克/升二氧化碳当量，以实现把全球温度上升限制在2℃的目标）进行了预测，世界石油供需现状及预测情况见表10－1。

表 10－1　世界石油供需现状及预测

百万桶/日

项　目	2008	2009	新政策方案		现行政策方案		450 情景	
			2020	2035	2020	2035	2020	2035
世界石油需求	64.8	84.0	91.3	99.0	93.5	107.4	87.7	81.0
经合组织	41.3	41.7	39.8	35.3	40.5	38.7	38.2	28.0
北美	20.8	21.9	21.4	19.4	21.3	20.4	20.6	14.7
欧洲	14.4	12.7	11.9	10.4	12.7	12.4	11.5	8.7
亚太地区	6.1	7.0	6.4	5.6	6.5	5.9	6.1	4.6
非经合组织	20.1	35.8	44.0	54.6	45.4	59.4	42.2	45.6
欧洲	9.1	4.6	5.0	5.4	5.3	5.8	4.8	4.7
中南美	3.4	5.3	5.9	6.2	6.1	7.0	5.6	5.0
中东	2.0	6.5	8.0	9.2	8.3	10.2	7.7	7.2
非洲	1.2	3.0	3.3	3.8	3.2	3.9	3.0	2.9
亚太地区	4.4	16.3	21.8	30.0	22.5	32.5	21.1	25.9
中国	1.9	8.1	11.7	15.3	11.9	16.2	11.4	13.1
国际海运和航空油料	3.4	6.5	7.5	9.1	7.5	9.3	7.2	7.3
世界石油供应	63.8	83.3	91.3	99.0	93.5	107.4	87.7	81.0
非欧佩克	37.1	47.7	48.2	46.1	48.9	49.9	45.1	36.7
原油	34.1	39.6	37.6	32.8	38.2	35.0	35.1	25.9
天然气液	2.8	6.2	6.8	6.8	6.9	7.1	6.5	5.7
非常规石油	0.2	1.8	3.7	6.5	3.9	7.8	3.4	5.1
经合组织	17.3	18.7	17.0	17.5	—	—	—	—
北美	14.1	13.6	13.3	15.0	—	—	—	—
欧洲	2.6	4.5	3.1	2.1	—	—	—	—
亚太地区	0.5	0.7	0.6	0.5	—	—	—	—
非经合组织	19.9	28.9	31.2	28.6	—	—	—	—
欧洲	12.5	13.4	14.2	14.5	—	—	—	—
中南美	1.3	3.9	6.4	6.2	—	—	—	—
中东	0.5	1.7	1.3	1.0	—	—	—	—
非洲	1.0	2.5	2.3	1.8	—	—	—	—
亚太地区	4.5	7.4	7.0	5.0	—	—	—	—
中国	2.1	3.8	3.7	2.4	—	—	—	—
欧佩克	25.5	33.4	40.5	49.9	41.9	54.2	40.1	41.7
原油	24.7	28.3	30.9	35.8	32.0	58.6	31.4	31.8
天然气液	0.9	4.6	8.0	11.1	8.2	12.3	7.1	7.6
非常规石油	0.0	0.5	1.6	3.0	1.7	3.2	1.6	2.3

资料来源：国际能源机构《世界能源展望 2010》(2010 年 11 月 12 日)。

在新政策情景下，2008～2035 年世界一次能源需求将上升 53%，从 6480 万桶/日上升到 9900 万桶/日，年均增长率为 1.6%，这个增长速度低于当前政策情景；而当前政策情景中，2008～2035 年需求年均增长率为 1.9%；在 450 情景中，

2008～2035 年需求依然上升，但速度却最慢，年均增长率仅为 0.9%。

总体来看，未来石油需求的总趋势，一方面以经合组织为代表的发达国家（美国、加拿大、日本等）需求逐渐减少，主要原因是其经济日趋成熟，而且在节能技术、能源效率、产业结构和替代能源开发等方面取得了长足的进步；另一方面以非经合组织为代表的发展中国家（中国、印度等）石油需求持续增加，需求重心明显东移，亚太地区需求增长强劲，成为世界第一大石油消费区。石油供应的总趋势是经合组织供应逐渐趋于减少，非经合组织供应趋于增加，其中欧洲和苏联原油供应保持稳步增长趋势，中南美和亚太地区在 2015 年前增长，由于天然气等替代能源的使用，预测今后将小幅回落。

2. 国内原油供需分析

中国是世界上第二大石油消费国，也是一个石油资源贫乏的国家。然而随着国民经济的快速发展，我国对石油资源的依赖程度不断攀升，石油的供需矛盾也日益严峻。中国原油产量自 1994 年以来保持平稳增长，从 1994 年的 291.8 万桶/日增长至 2014 年底的 472.4 万桶/日，平均年增幅为 2.4%。2015 年 6 月产量达到峰值 483 万桶/日，随即产量开始下降，从峰值 483 万桶减少至 2016 年 7 月的 394 万桶/日，下降了 90 万桶/日，减少 18.6%，如图 10－2 所示。

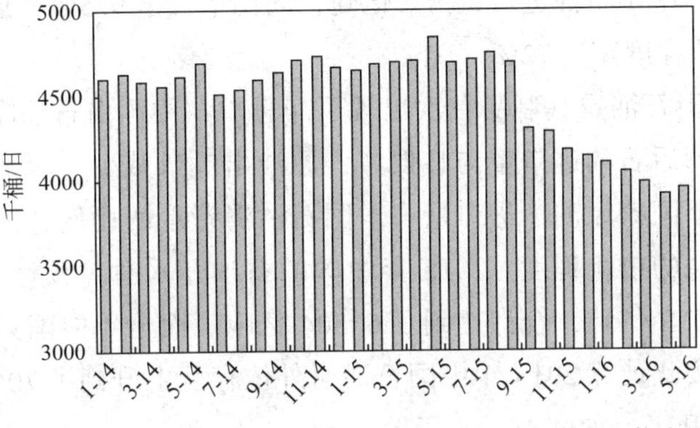

图 10－2 2016 年中国原油产量（资料来源：中国产业信息网）

我国石油需求从 1978 年到 1990 年为平稳增长时期，消费量从 1978 年的 9130 万吨增长到 1990 年的 11030 万吨，年均增加 158 万吨，年均增长率为 1.6960。随着我国国民经济的持续快速发展，我国石油需求进入快速增长时期，2018 年中国的石油需求量首次突破 6 亿吨。2019 年，全球经济不确定性增加，贸易环境复杂多变，经济增速下行压力加大。我国经济稳中求进，工业生产总体有所回暖，企业利润小幅改善，相关行业用油需求或微幅改善。预计 2019 年国内成品油需求增速略有回升，全年需求量达 3.3 亿吨，比上年增长 1.9%，增速较 2018 年小幅回升 1.3 个百分点。在过去 10 年里，由于经济迅速发展，我国的石油消费量年均增长 7.5206，远高于同期的石油产量增速，如图 10－3 所示。

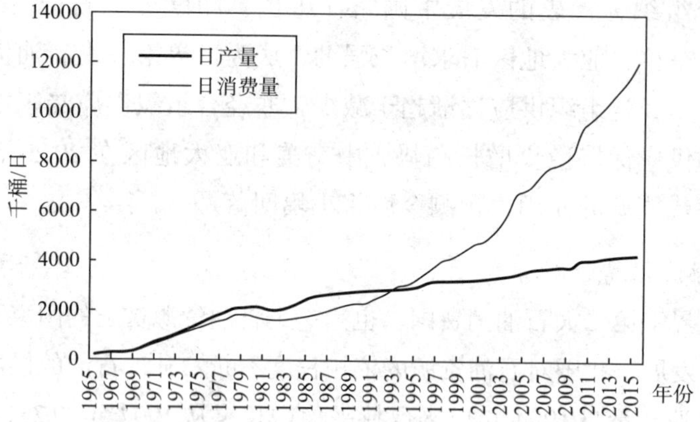

图 10－3　中国原油产量和消费量（资料来源：中国产业信息网）

我国从 1983 年开始使用进口石油，当年进口量为 905 万吨；1993 年成为石油产品净进口国；1996 年成为原油净进口国。近些年来，我国石油进口贸易逐年增长，2019 年中国石油进口量为 5 亿吨，同比增长了 9.5%，创历史新高。中国的石油对外依存度高达 72%。

1993 年我国石油及其制品首次出现了净进口，中国由石油净出口国变成石油净进口国。随后石油进口量与日俱增，原油出口量减少。所谓石油对外依存度指的是指一个国家原油净进口量占本国石油消费量的比例，体现了一国石油消费对国外石油的依赖程度。2018 年中国的石油开采总量预计为 1.885 亿吨，加上进口的 4.619 亿吨，合计达到了 6.504 亿吨。而全年中国只出口了数百万吨石油，所以按此计算 2018 年中国石油对外依存度上升到了 70%，比 2017 年的 67.5% 又上升了，如图 10－4 所示。

受中国地方炼油厂原油进口权开放及低油价环境中国加速石油储备库建设的驱动，过去两年中国原油进口量大幅增长。2015 年我国石油净进口量 3.28 亿吨，增长 6.4%，增速比上年高 0.6 个百分点，对外依存度首破 60%，达到 60.6%。据中商产业研究院数据库显示，2013～2018 年中国原油进口量温和增长，共增长 17995 万吨，增长 63.82%；2018 年中国原油进口量为 46190 万吨，同比增长 10.1%。

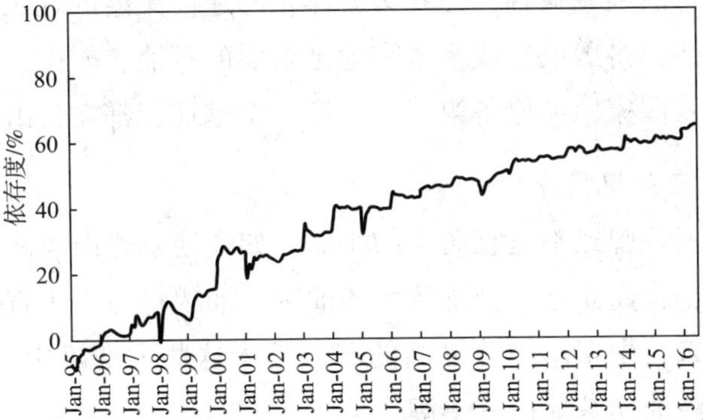

图 10－4　中国原油对外依存度（资料来源：中国产业信息网）

二、内部环境分析

作为千岛城市，舟山海洋资源丰富、区位优势明显、产业特色鲜明。舟山拥有渔业、港口、旅游三大优势，素有“东海鱼仓”和“中国渔都”之美称。舟山港湾众多，航道纵横，水深浪平，是我国屈指可数的天然深水良港。舟山背靠中国最具经济活力的上海、杭州、宁波等大中城市群和长三角等辽阔腹地，面向太平洋，具有较强的地缘优势，是我国南北沿海航线与长江水道交汇枢纽、长江流域和长三角对外开放的海上门户和通道，是中外船舶南来北往的必经之路，与亚太地区交流密切。

1. 资源与区位条件分析

舟山以大宗商品贸易为特色，主要是因为舟山有得天独厚的区位条件优势和港口资源优势。舟山位于我国南北海运和长江水运 T 字形交汇处，是长江连通外海的唯一通道，背靠的不仅是长三角，而是整个长江流域；以舟山群岛为中心，方圆 500 海里范围，往北覆盖华北地区，往南可达福建、广东、台湾等省，往东可达韩国釜山和日本大阪，通过舟山群岛进行大宗商品中转贸易，可以说是最经济的。目前我国 7 条国际远洋航线中就有 6 条经过舟山海域。

2. 港域条件分析

舟山位于我国东海海岸线和长江出海的海运，与釜山、瘦而、大半等港口构成了几乎短距离的率先海域网络，是我国江海流域和海上世界的主要门户；由于丰富的港口资源，投资者全市共有岸线 2440 公里，占浙江省总长的 33.7%，其中水深 20 米以上的岸线有 100 多公里，约占长三角的 40%，水深 15 米以上的岸线200多公里。舟山港域宽阔，是我国海洋东部建设大港的理想之地。这几年随着港口开发的加快，舟山已经成为华东地区重要的石油、矿山、煤炭等大众物资的储存基地，以及国家原油储备第二个和第三个基地，都在舟山市境内。

3. *石油加工产业规模分析*

在浙江舟山一些曾经不适宜居住的小岛，如今迎来炸山填海的隆隆巨响。巨响之后的海岸上，将矗立起一排排巨大的油罐。油罐将与码头直接相连，卸油臂直接伸入船舱，来自中东、南美诸国的石油送入这些大油罐中。拥有1000多个岛屿的舟山将上演油储基地投资热潮。

第三节　交易市场的设计方法

一、完善上游产业链

产业链开采环节的缺失会直接导致油品交易中心无法生产高品质成品油，在成品油采购和运输物流上受到竞争对手钳制的危险性非常大，可能会出现市场好时无油可卖、市场低落时被强制买油的情况，储存和运输环节的自主性也不强，此外还会额外增加外采成本。并且，由于无法充分自主控制油品的供应和分配，会相当程度上限制舟山国际油品交易中心的开拓速度和服务水平。

上游勘探开采市场产权要充分利用，除了中国石油、中国石化、中国海洋石油之外，很多舟山腹地及周围的民营企业和外资企业开采技术都非常先进，要鼓励并全面使用民营企业和外资企业对石油的勘探开采。

二、中游产业链解除“双轨制”

首先，全面进口原油。世界原油市场竞争激烈，尤其是新兴产油国相对急切地扩大市场份额，因此全面放开进口原油，一方面可以破除对原油进口的垄断，另一方面也是国家储备的重要组成部分，也有助于舟山国际油品交易中心的建立。

其次，放开原油炼化权。当前我国的原油炼制能力位居世界前列，除几大油企之外，还有大量地方炼油厂和民营炼油厂，但这些炼油厂经常由于炼油份额不足而闲置其炼化能力。因此，放开石油炼化企业的炼化权，是破解我国成品油价格扭曲及国际油品交易中心建设的重要保证。舟山国际油品交易中心的建设，产业链中游环节主要是炼化环节，炼油厂选址遵循以下原则：一是有价格合适的空旷地块；二是有合适地理位置建设运油码头或运油铁路，交通运输条件优良；三是距离中化大型仓储油库设施较近，方便协同运作；四是政府沟通顺畅，得到当地政府支持等。

第四节　争取油品市场话语权

一、对标新加坡，快速与国际接轨

将浙江国际油品交易中心建设划分为现货交易、以现货为基础的中远期交易、场外 OTC 交易生态系统打造、场外衍生品交易共四个发展阶段。并谋划出股权改造、集成服务体系搭建、期现合作、清算服务体系建立、油品价格指数打造、高标准数字化交易系统布局、国际化合作等重点配套工作。

2018 年以来，“浙油中心”各项经营业绩向好，平台集聚效应不断增强，已集聚油品化工企业 869 家。2019 年 1 至 8 月会员企业实现贸易交易额同比增长 204.09%，贸易交易量同比增长 151.64%，会员企业税收贡献同比增长 182.05%。国际化水平持续提升，与新加坡交易所橡胶 OTC 国际化合作项目取得突破，交易量已破万吨。与迪拜黄金与商品交易所、印度多种商品交易所、印度 63 卫星科技公司开展对话、寻求合作。战略合作伙伴体系逐步完善，已与上海期货交易所就期现合作品种及方式达成意向，并成功与 7 家金融机构、6 家仓储企业启动战略合作，探索开展基于区块链的仓单通融资。科技创新成果取得新进展，共获得国家软件著作权证书 6 项、浙江省软件产品评估证书 2 项；自主研发的“现货会员全生命周期智慧管理系统”经毕马威公司评估，被列入自贸区向国家商务部报送推荐的第二批 26 个制度创新成果之一。

浙江石油化工交易中心与浙商银行、工商银行、中国银行、建设银行、杭州银行、浦发银行、邮储银行 7 家银行启动金融战略合作，并携手中化兴中、洋山申港、世纪太平洋、金润石油、海洋石油、纳海石油 6 家仓储企业正式启动仓储战略合作。浙江石油化工交易中心与中化兴中、浙商银行签订仓单通业务战略合作协议，利用区块链技术，高效整合银行、仓储、交易平台资源，实现在库油品仓单质押融资，有效解决油品企业融资难题。

二、提高全球油品配置能力

根据建设方案规划，浙江自贸区国际油品交易中心将以“浙油中心”为基础，探索打造既符合国际规则又具有中国特色且风险可控的大宗商品交易市场模式，有效服务实体经济，提升我国以油品为主的大宗商品全球配置能力，推动人民币国际化。

根据中国（浙江）自由贸易试验区总体方案，自贸试验区的实施范围119.95平方公里，由陆域和相关海洋锚地组成，以制度创新为核心，以可复制可推广为基本要求，将自贸试验区建设成为东部地区重要海上开放门户示范区、国际大宗商品贸易自由化先导区和具有国际影响力的资源配置基地。

国家留给浙江自贸区的核心命题是：提升大宗商品全球配置能力。为此，先选择了以石油产业链为突破口和主要着力点。“随着自贸区的获批，浙江正式进入了自贸时间，而且目标非常清晰，以石油产业链为切入口，来推动对外贸易发展”。长远来看，油品全产业链投资便利化和贸易自由化，将会大大提升了浙江的大宗商品全球配置能力，也为浙江发展海洋经济、全面深化改革和开放合作做出了积极探索。

除此之外，中国（浙江）自贸区也与“一带一路”倡议联系紧密。中国（浙江）自贸区还将允许世界一流石油化工企业以及“一带一路”沿线石油企业参与投资建设，这也为国内外企业，通过自贸区这个窗口，打开了一条更具体、更深入的投资通道。

三、交易系统体系建立

中国经济发展对石油的需求，注定了中国同时会成为国际石油投机商们最感兴趣的对象。如果拥有自己的石油期货市场，就会循序渐进地推进市场的发展，并在发展的过程中注意保护自己的企业。实际上，利用属于自己的衍生品市场提高本土企业的国际竞争力，在上海期货交易所的铜期货交易中已经得到了清晰的反映。

中国石油需求量增长迅速，自1993年开始，成为石油净进口国，进口原油量逐年增加。由于国际油价上涨多支付了数百亿美元。我国石油供求和价格对国外资源的依赖程度越来越高，承受的风险越来越大，国内企业对恢复石油期货交易的呼声很高。其实我国在石油期货领域已经有过成功的探索。1993年初，原上海石油交易所成功推出了石油期货交易。后来，原华南商品期货交易所、原北京石油交易所、原北京商品交易所等相继推出石油期货合约。其中原上海石油交易所交易量最大，运作相对规范，占全国石油期货市场份额的70%左右。其推出的标准期货合约主要有大庆原油、90号汽油、0号柴油和250号燃料油共四种，到 1994 年初，原上海石油交易所的日平均交易量已超过世界第三大能源期货市场新加坡国际金融交易所（SIMEX），在国内外产生了重大的影响。

石油作为一种和经济息息相关的资源类商品，其争夺和竞争的核心归根到底还是对市场和价格控制。当前油价居高不下的根本原因，除了资源稀缺性之外，一方面是控制了世界上大部分石油资源的国际垄断资本操纵价格的垄断行为愈演愈烈；另一方面是国际投机资本在兴风作浪。国际市场上的竞争是全方位、多层次的竞争，投资者需要参与到现货、期货、产权等多层次的国际市场竞争中去，需要通过大量、反复交易去主动影响价格，需要通过建立期货储备来维护我国的石油安全、减轻短期油价波动对国内市场的冲击，需要了解、掌握国际市场的竞争规律、价格变动规律，需要有参与国际市场竞争的企业主体。因此，在我国的石油战略中，建立中国自己的石油期货市场，全方位地参与国际市场竞争，利用市场化手段实现可持续发展，对我国石油经济安全具有举足轻重的战略意义。

2015 年 6 月 6 日，中国金融机构宣布，计划于年内启动人民币原油期货交易，这是向国际市场发出的相当重要的信号。

四、争取油品市场话语权

建设国际油品交易中心需要构建一套国际化、市场化、开放性的油品产业生态系统。浙江作为国家级自贸区的“试验区”，地理区位优势明显，在享有其他自贸区同样政策优势的基础上，聚焦油品自由贸易，在市场规则、政府监管、财政、税收、金融政策方面，将实行“先行先试”，快速走向与国际接轨，为打造油品全产业链提供强有力的帮助。

依托自贸区国家战略，结合自由贸易港区建设，浙江自贸区力争通过 10 年左右的努力，打造成为具有全球影响力和国际油品定价权的世界级油品交易中心。计划到 2020 年，油品总贸易额突破 3000 亿元，原油贸易量突破 1 亿吨，油品交易规模达到 3. 5 亿元，约为新加坡市场油品交易规模的 1/5，初步建成专业油品交易中心；到 2025 年，油品总贸易额突破 6000 亿元，原油贸易量突破 2 亿吨，油品交易规模达到 7 亿元，约为新加坡市场油品交易规模的 1/2，建成东北亚油品交易中心；到 2030 年，油品总贸易额达到 1 万亿元，原油贸易量突破 4 亿吨，油品交易规模达到 10 万亿元，基本与新加坡市场油品交易规模相当，成为亚洲最大的油品定位交易中心。

第十一章　浙江国际油品交易中心建设的对策

2020年我国成品油供需宽松程度继续加剧，全国成品油产量估计为3.75亿吨，随着我国成品油供应能力的提升，成品油市场竞争更加激烈。目前我国成品油市场供过于求，舟山除了继续扩大成品油出口，抢占国际市场，还应进一步扩大成品油的内贸销售，搭建合理高效的成品油内贸分销网络，扩大国内市场的竞争力。

第一节　搭建成品油内贸分销网络

一、以市场需求为导向，合理市场定位

内贸分销网络的搭建，要充分了解当前市场的供需现状，预计市场未来的走势，包括产品差异、区域需求差异，合理布局有效的分销网络，提高内贸销量。2016年我国成品油消费出现萎缩，受供应侧改革效果显现、投资增速总体放缓、经济转型升级，以及高铁、新能源汽车快速发展等因素的共同作用，成品油消费增长区间整体下移。

在成品油产品需求方面，2017年，因乘用车升级需求及中小城市汽车普及率不断提高，预计汽油需求将持续增长；以往支撑柴油需求的制造业、采掘业等主要行业的柴油需求增速均大幅下行，以及物流企业运营成本上涨，将导致我国柴油需求持续低迷；随着中国机场建设稳步快速推进、居民收入稳步提升，航空出行逐渐增多，将带动中国煤油需求的较快增长。在成品油区域需求差异方面，2007~2013年，我国华东地区成品油平均消费占比最大，约占全国的31%；其次是华北地区，约占15.4%；西北地区由于经济较为落后，约占全国消费总量的

6.8%。成品油消费增长与地区经济发展密切相关，因此预计华北、华南、华东地区成品油消费将继续增长；东北地区因重工业发展受阻，成品油消费将下降，西北、西南、华中地区因经济增长较快，成品油消费增速前景良好，将适当减少东北、西北油品产量，增加南方市场产量。

二、舟山成品油内贸分销网络构建目标

（1）整体规划最优原则。将炼油厂、加油站、分销渠道、油库等整个分销网络，看成一个整体综合考虑，实现内贸分销网络运行的整体最优化、高效化。

（2）客户满意原则。要充分考虑客户的感受度，在既定的运营状态下不断提高服务水平，增加服务的附加价值，提升渠道的附加质量。

（3）提升竞争力和盈利能力原则。着重将物流与竞争力、盈利能力相结合，拓展分销网络、提升产品和服务差异性、合理市场定位和战略布局，有效提高市场占有率。成品油分销网络见图 11－1。

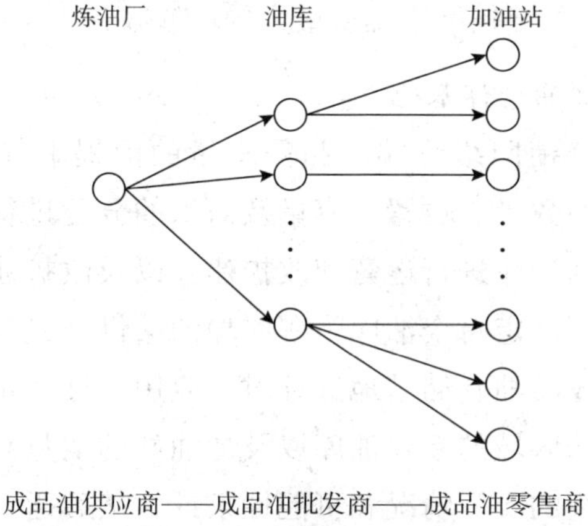

图 11－1　成品油分销网络

三、舟山成品油内贸分销网络构建

1. 改变传统配送方式

成品油配送方式主要分为主动配送和被动配送。目前舟山成品油配送以被动配送模式为主，当加油站发现油量不够，向配送中心派发订单，然后配送中心将油从油库运送到加油站，整个过程协调性较差，只能专车专用，同时花费时间较长。要打破传统的配送制度，应采用主动配送与被动配送相结合的分销网络运作

模式。通过利用现有的物流科技设备、网络设备等对销售企业系统内加油站库存进行实时监控，建立相关的库存优化、销售预测、路径优化的模型，并结合各经济区域的消费量、消费结构、资源构成，重新规划成品油分销网络，提高油库的利用率和周转次数，提高一次运输比例，减少二次运输。

2. 拓展成品油内贸分销渠道

拓展成品油的内贸分销网络，首先要分析成品油终端市场的市场机遇和整体环境，以市场需求为导向，选择合适的分销商和零售商建立合作关系。其次要建立科学地选取指标，选择合适的合作伙伴。分销商的选取应充分考虑销售和市场方面、产品服务方面、风险及不稳定因素等；销售商选取主要分析销售能力、市场运作与控制能力、成品油储运能力、服务水平、技术实力。在此基础上对符合指标的成品油分销网络合作伙伴进行进一步筛选，确保跟舟山油品市场整体的长期目标、规划及战略相适应，获得高效的物流、快速的信息流和资金流回馈。对合适的合作伙伴保持长期的战略伙伴关系，应用激励机制调动整个分销网络结点的积极性，为成品油内贸分销网络提供最大的增值服务。

3. 建立合理的成品油仓储基地

为了在满足新的分销网络终端油品需求量的前提下优化网络的运行总成本，需要对配送油库的数量、位置、容量及需求的分配进行调整。成品油油库合理选址要考虑：选择油库进行运营和改扩建，以及改扩建后的容量大小；确定加油站需求分配，即确定每个油库为哪些加油站供油，每个加油站由哪个油库负责。舟山在设立成品油仓储基地选址时，应用定性和定量方法相结合，通过实地考察，明确所选区域的新建油库以及加油站的数量和具体位置，再综合考虑所选位置以及周边的实际情况和可能性条件，然后通过定量分析方法，得到最优结果。对于利用率过低的油库考虑改建或关闭，提高油库的年周转次数和利用率。

4. 应用“互联网＋”打造分销网络平台

舟山的成品油内销网络平台建设，可以通过与互联企业腾讯、阿里巴巴、东京的合作，借助“互联网＋”改造、完善优质的分销网点。依靠大数据分析、移动 App、移动支付等创新解决方案，准确判断市场对不同种类产品的需求喜好和反应速度，实时对接仓储物流与分销网络信息共享和互换。

第二节　石油交易平台的构建

一、石油现货交易平台建设

现货交易包括了传统现货交易与现货电子交易两种类型，传统现货交易是以“一手交钱一手交货”为典型交易方式的交易模式，现货电子交易是即期或远期的一种集合电子商务、金融、物流、信息为一体的交易模式。

现货交易是集合现代金融交易、现代物流配送、现代信息的交易模式，现货交易平台的建设能有效实现商品的迅速成交、流通，加快传统现货交易市场的升级和改造，实现投资、价格发现、规避风险的目的。

1. 现货交易平台建设存在的必要性

1）与国际石油交易接轨的需要

在国际上，石油交易市场和方式都较为成熟，其中与之相配套的金融衍生品合约品种丰富。相比较而言，我国的石油交易方式还比较落后，现货交易的手段和方式并不成熟，因此，舟山油品交易要与全球接轨，必须形成成熟的石油交易市场，同时，成熟的现货市场是中远期、期货市场的基础。从全球油品市场发展大局角度来看，舟山石油交易市场体制及运营模式的建设步骤，应先从完善现货交易机制、现货交易市场、现货交易平台入手，在石油现货交易市场已经发展完善后，分步骤建立石油中远期现货交易和期货交易。

2）油品交易进一步完善的需要

当前舟山油品交易市场交易模式还不成熟。虽然国内出现了一部分的电子化现货、中远期现货交易，但多都是一些原油的附属品，比如沥青、燃料、汽油、芳烃等等。因油品寡头垄断市场结构导致油品市场存在交易不透明、信息不对称、交易价格不按市场原则等问题。油品现货交易平台的缺失，导致石油交易价格不能实现市场化定价，既不能有效反映资源的稀缺性，也没有完全反映出市场的供需状况，最终企业遭受经济损失。

3）现货交易电子平台建立促进资源的优化配置

现货电子交易中心以现代化的电子交易系统为支撑，在信息透明、交易效率等方面拥有较大优势，可以使石油资源得到符合我国整体经济发展水平的优化配置。同时基于交易业务衍生的各类增值服务也会给社会创造巨大的价值，还可以避免资源的浪费，实现资源合理有效利用。电子化的网络交易可以实现不同品质和品种的油品信息及时提供给市场，实现供需信息有效衔接。

2. 现货交易平台建设

构建的基础条件图见图 11－2。

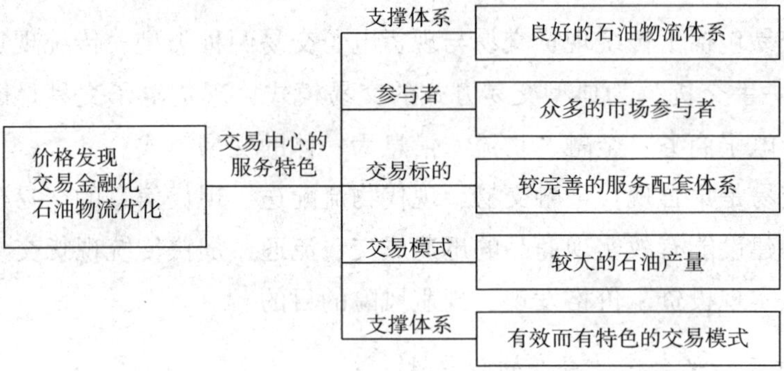

图 11－2　产地型石油交易中心成功的关键因素

舟山构建石油现货交易平台必须掌握或创造石油交易中心的成功关键因素，否则难以成功。石油现货交易中心首先要有丰富的石油量，可以通过进口、开采的方式，还需要有丰富的石油储备量；有良好的支持体系，因为舟山的石油交易销售到全国乃至世界各地，必须有发达的石油运输、良好的物流体系、功能齐全的交易平台；有众多的市场参与者，买方卖方交易活跃，交易频繁，市场竞争度高；现货交易中心离不开相关的配套服务体系，包括完善的法律、法规、政策等，不能建立在偏远地区，要建立在服务业相对较成熟的地方，提升附加值；最后还要具有特色而有效的交易模式，适应当前的市场环境并且能随时根据市场动向，提供灵活、便捷、有效的交易方式。

1）现货交易平台建设

浙江舟山大宗商品交易所虽然起步较晚，但其在中国现代化商品市场中是功能最全、定位最高的。它秉承着立足现货、服务现货、提升现货的经营宗旨，承载着国务院对浙江舟山群岛新区的定位，也是舟山建设石油现货交易市场的基础。舟山石油现货交易中心可以根据石油现货交接点为中心设立，可以考虑石油管道、仓储物流交汇点或服务港口集散地，有良好的石油运输能力、调配能力和手段，通过电子交易平台成为一个虚拟的石油现货交易中心。

一个发达活跃的石油现货交易中心的构建还必须具备以下条件：第一，形成充分竞争的石油市场，石油价格透明化，因此需要更加宽松的石油政策；第二，石油运输管道、仓储物流基本完成网络化建设，并形成了数个石油交易路线交汇点或连接点，可根据市场需求情况进行灵活调配；第三，有完善的石油现货交易平台，可以进行电子交易或网上交易（包括场内交易和场外交易）并且有相关的法律法规和制度。图 11－3 是石油现货交易市场系统建设涉及的相关要素与主要流程。

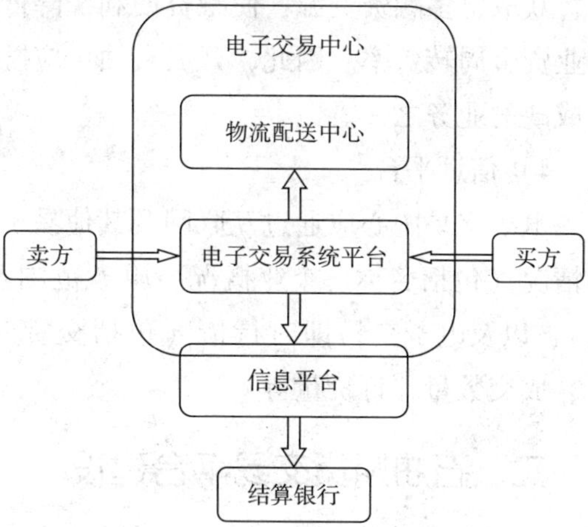

图 11－3　石油交易市场主要要素与流程图

2）石油现货电子交易平台

电子交易平台为交易商提供与电子交易相关的交易、物流、金融、信息等服务，并制定、执行管理制度，监督其他交易参与方行为，保证交易安全、可靠、公平。参与电子交易的交易商、交货仓库、结算银行都由电子交易中心认定其资格，相互之间签订合同，明确相互关系与权利义务。交货仓库配合电子交易中心提供物流服务，按合同要求负责保管在电子交易系统平台中进行交易的大宗商品，为电子交易提供物流保障。

石油现货交易物流配送在石油储运企业与买卖方之间搭建桥梁。舟山的大宗商品交易中心目前围绕上市交易品种已经构建了 200 多家遍布各原材料产、销和集散地的交收仓库网络，提供高效、安全、快速的实物交收服务。舟山通过三方物流服务石油运输、仓储，兼顾石油港口与海运物流，提供石油物流信息、物流协调与监督、物流全过程可视化服务业务，提高物流效率，降低物流成本，实现物流无缝衔接和全过程可视化管理，确保舟山石油现货交易中心的交易合同高效、可靠地交收。

3）结算、融资金融业务

舟山石油现货交易所可以通过与中农工建交五大国有银行战略合作，按合同要求负责为电子交易资金流提供监督与保障，为石油交易商提供资金结算服务。金融业务的重点在于开展石油供应链融资业务，通过供应链融资为可交易的客户创造多方价值，同时也促进交易中心的交易业务及其他相关业务的发展。交易中心客户可通过交易中心的金融链融资平台获取更多有价值交易信息和客户资源；

交易商企业可以通过交易中心的金融链融资平台，提高自身在金融机构的关联信用，获取更多融资资源，使融资便利，降低融资成本，提高融资速度，有效提升企业资金周转效率。因此，开展石油供应链融资业务是舟山石油现货交易中心不可或缺的业务之一。

4）信息平台

电子交易中心应通过互联网及其他易于获取的方式发布电子交易参与方的基本情况（包括名称、企业概况、服务范围及能力、联系方式、交易商的信用状况），以及电子交易即时行情（包括交货时间、交易价格、涨跌、买卖申报数量、成交数量、订货量等）。

二、石油期货交易平台建设

1. 建立石油期货交易平台的必要性

1）有效规避国际油价波动风险

期货市场最重要的功能是套期保值，为现货市场交易双方规避现货市场上因价格波动带来的风险。我国石油期货交易发展较不成熟，缺乏规避价格风险平台，因此在面对国际油价巨幅波动时，国内石油相关企业要承受价格风险，企业参与国际石油期货市场交易也受到种种限制。原油期货交易市场的建立为相关石油企业提供了规避国际油价波动风险的平台：原油需求企业在理想的价位提前买入多单锁定价格，实现早期多头采购，规避价格上涨风险；原油生产企业在理想价位提前卖出能够使生产经营成本或预期利润保持相对稳定，供需双方可通过套期保值策略增强企业抵御市场价格风险的能力。

2）提升国际油价影响力

我国作为一个石油需求大国，截至 2016 年底，我国原油进口依存度已经突破 65%。由于中国原油生产成本高于全球平均产油成本，进口原油比生产更具经济效益，预计到 2020 年，石油消费总量将达到 6 亿吨左右，到 2030 年，中国石油消耗量的 80% 需要依靠进口，对外依存度将大幅攀升。全球第二大石油消费国没有石油定价权，只能被动地接受其他国家的石油定价。通过建立自己的石油期货市场交易平台，促进套期保值者的保值行为和投机者的投机行为，活跃油品期货交易市场，发挥期货市场套期保值、价格发现等功能，从而提高国际市场上的话语权。

3）进一步推动我国石油业市场化进程

我国现行的石油定价机制属于典型的政府管理定价机制，存在调价时间滞后、价格接轨简单而且机械化的问题。石油市场体系和市场机制的严重不完善，扭曲了供求关系和对未来价格的有效预期。一个完善的市场不仅包括现货市场，还应该包括期货市场和远期交易市场。石油期货市场交易平台的构建可以建立科学的石油定价机制及规范有序的流通体制。期货市场能大力促进流通体制、定价机制的改变，大大加速产业市场化规模的速度，有利于促进其开放的速度，从而尽快建立一个较完善的现代化的石油市场。

2. *石油期货交易平台构建*

舟山石油期货交易市场构建包括期货交易平台、期货市场运行机制、期货市场的保障与监管体系。石油期货交易平台是市场的主体，交易发生的场所，有助于加强资金的流动性，提高信息透明度；运行机制是市场的核心，决定了市场交易的性质和发展方向，主要包括交易机制、产品、市场参与主体以及中介服务机构。交易机制制定了市场交易的规则，是市场运行的灵魂所在；期货交易产品和市场参与者决定了市场的规模和活跃性；中介服务机构提供专业化的服务，辅助市场运行，提高市场效率；期货保障与监管体系是市场有效运行的保障。石油期货市场构建要素及其关系见图 11－4。

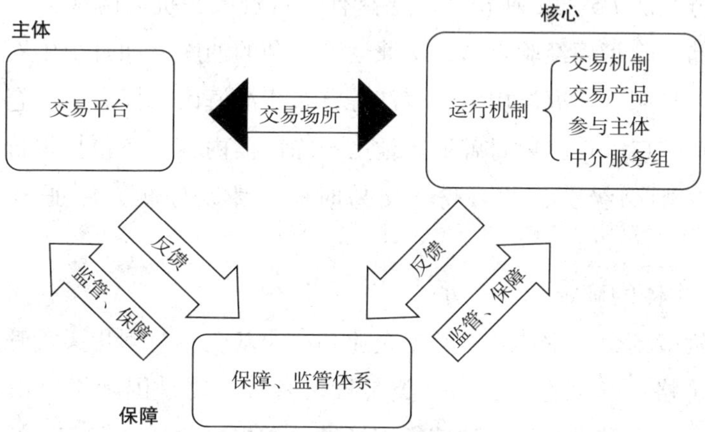

图 11－4　石油期货市场构建要素及其关系

石油期货交易平台是上市和交易石油期货品种、提供结算和交割服务的交易平台，旨在现货价格发现和企业规避风险。2014 年 12 月，证监会批准上海期货交易所在其能源中心开展原油期货交易，确立了“国际平台、人民币计价、净价交易、保税交割”的原油期货上市方案，把上海作为原油期货的试点，2017 年上海原油期货正式推行。舟山自贸区可以依据自身的优势，依靠浙江大宗商品交易所为基础，在积极发展原油现货的同时，把握时机发展石油期货，成为原油期货试点，设计石油交易的期货产品和交易规则并实施；为市场参与主体提供期货合约的集中交易、撮合成交、连续交易的交易平台和结算、交割等设施和服务；构建清算和交割体系，制定期货市场一线风控规则并履行监管一线监管职责，监管会员、投资者以及其他市场参与者。

1）期货交易产品设计

建立石油期货交易市场平台，一份标准的石油期货合约的合理设计是首要解决的问题。在结合当前我国石油交易竞争不足的市场格局下，石油交易的期货标准合约设计应明确以下内容。（1）计价货币。当前我国推出的原油期货合约是以人民币计价的，这是整个原油期货的核心。境外投资者参与就会涉及汇率，人民币国际上流通性问题。（2）合约交易单位。可以采用世界主要石油期货合约的交易单位，目前国际上比较有影响力的原油期货合约是 WTI、BRENT 和 OMAN，合约单位都是 1000 桶/手，便于投资者跨市套利，套保操作。（3）基准油（油品标的）。可选择具有代表性的我国进口原油品种，或者资源丰富、市场占有率高的品种作为标的。（4）交割方式。可采用实物交割、仓库交割、保税交割等交割方式。（5）交割仓库。选择有经营资质、抗风险能力强、仓库库容大、原油仓储风险管理经验丰富、交通运输便利的油库。如舟山中石化兴中、册子岛、大连、日照、上海洋山港、湛江等分布于沿海区域拥有原油仓储资质的主要原油进出口港口，可辐射日韩亚太地区。除以上内容外还包括报价单位、最小变动价位、交割品级、合约月份、交易时间、涨跌停板、保证金、最后交易日等。

2）参与主体的确定

石油期货市场交易主体：一类是企业和产业基金，与现货买卖呼应，通过期货市场发现价格、套期保值；另一类是投机者，主要是国际投资银行、证券公司、对冲基金等金融机构。石油期货市场供给方主要包括：拥有石油进口权、开采权、加工权和大量石油储备的企业；石油期货市场需求方主要包括对石油有需求的企业（如航运、化工等能源类企业），以及进入期货市场进行投机的金融机构。金融机构包括交易经纪商和交易商，交易商类型包括商业银行、投资银行、资产管理公司、能源贸易公司等机构。金融机构在国际交易所的交易主体中占重要地位，以金融机构为主的投机商的参与扩大了市场规模，提高了市场流动性，提高了市场的深度和广度。目前我国企业参与石油期货市场交易的积极性不高，主要受限于市场格局和自身原油期货交易市场发展不成熟。舟山政府在构建石油期货市场过程中，应制定相应的激励措施，鼓励企业参与到交易市场，降低交易成本，同时吸引、鼓励机构投资者的参与，增加市场流动性，注意与国际市场连接，丰富石油期货市场的参与主体。

3）中介服务机构

完善的中介组织服务机构的建设，能促使更多的主体参与到交易当中，包括企业、政府、非政府组织、机构、个人等，能降低参与者获取信息的成本，以及促进市场合理价格的形成和交易过程的顺利进行，还能增加市场容量和流动性。石油中介组织服务体系主要包括商业银行、第三方认证机构、资产管理公司、信用评级机构、法律服务机构等。舟山石油中介服务机构的建设比较落后，能提供的服务也非常有限，如果要建立石油期货交易平台，必须加强这些机构提供专业的技术分析和风险评估的服务。因此要积极展开对石油交易市场的研究和发掘，增强金融中介组织对石油交易市场的认识，包括运行机制、盈利机会、交易特点、方法、规则及衍生品的价值，使得它们能认识到石油交易市场的巨大潜力和发展机会，从而更好地服务于市场。

3. 保税燃料油现货交易

2018 年 12 月 13 日，英国阿格斯公司开始对舟山保税船用燃料油现货估价，初步形成保税船用燃料油“舟山价格”。2019 年，浙江自贸区争取累计探索形成制度创新成果 100 项，实现油品贸易量 4500 万吨以上，油品贸易额 2600 亿元以上，保税船用燃料油供应突破 400 万吨，结算量占全国 50% 以上；油品储存能力达到 3100 万立方米的目标。2016 年，新加坡保税燃料油直供量为 4500 万吨，全球第一，相比还有很大差距。一方面是燃料油主要产地为秘鲁、中东、新加坡，新加坡可以进行混兑降低成本，该国实行的单一税制征收灵活，能有效降低企业税收，而运输成本和加工方式等多种原因导致我国的保税燃料油价格比新加坡的高 20 美元/吨左右。另一方面，舟山作为外锚地加保税油的供给方，在燃料油价格没有优势的情况下，供给价格不明确。釜山和新加坡的加油价格公开的渠道非常多，查询方式简便，在线查询即可。而舟山的燃料油价格需要找供油商单独询价，获取价格时间滞后，导致船东通常在不得已的情况下选择，议价空间少。

油价不公开跟我国保税船供油以国企为主的政策相关，尽管舟山港具有保税船供油资格的企业数量在逐渐增加，但总体上舟山港区拥有保税船供油供应资格的企业数量还远低于新加坡、日本、韩国等邻近国际港口。同时舟山燃料油品种不够丰富，主要以 HSFO380cst 为主，随着船舶大型号发展趋势，市场对高黏度的重质燃料油需求逐步增长，但舟山现在这些燃料油供应不足，无法迅速适应根据市场需求变化，影响舟山市场份额的扩张。政策劣势、企业数量少、品种不丰富造成舟山燃料油交易供给市场竞争程度低、价格弹性小、油价高，无法形成良性竞争。

第三节　建立石油价格发现机制

一、我国目前油价形成机制

1998 年 6 月 1 日起，为了使国内原油价格与国际油价接轨，我国石油定价机制发生转变，从原来的政府直接定价转向政府反映式与预期式引导的定价机制。原油结算价由原油基准价和升贴水两部分构成。原油基准价主要按新加坡市场上相近石油品种的各交易日实际成交价格和关税两部分组成。升贴水部分主要由贸易双方根据运输费用、质量价差以及市场供求等因素协商决定。这样我国的原油价格便实现了与国际市场的“接轨”。目前这种定价机制能在一定程度上避免我国国内石油价格的过度波动，但石油价格并不能由我国石油市场的供求所决定，石油价格机制市场化的任务还没有结束。

我国当前油价形成机制还存在以下问题：

1. 不能真正反映石油市场供求关系

从我国目前石油定价体制中可以看出，我国被动地接受国际油价的变动，国际市场中的供求信息并不能完全代表国内的真实状况，因此现行的国内油价不能真实反映国内石油市场的真实供求状况，油价决定机制并未实现市场化。这种定价体制经常导致国内外油价的倒挂，而使国内的石油加工企业和经营企业遭受损失。这种体制也导致了我国在国际石油市场上定价权的缺失，而发展石油期货市场已被公认为取得国际石油定价权的必要手段。

2. 缺乏国际石油市场操作经验

因我国的石油企业经营范围长期局限在国内市场，对国际交易规则缺乏足够把握，特别是在石油期货市场和现货市场操作中，因对规则的不熟悉导致操作比较被动。尤其是我国期货行业，长期发展低迷，期货经纪公司规模小，从业人员少，国内石油期货交易人才少。虽然上海期货交易所的原油期货交易已经投建，但市场相对比较稚嫩，期权交易人才、衍生品交易更是少之又少。

二、建立石油价格发现机制对策

1. 建立竞争性石油市场

石油市场体系和定价机制不健全，影响石油市场自身的发展，因此要形成有效的价格机制，市场价格切实反映供需状况，必须形成石油的竞争性市场，完善国内石油价格体系。根据石油产业链的特点，在产业链上游因规模经济效益显著，市场集中度高和进入壁垒高的特点，适合寡头垄断市场结构；石油产业的中下游适合多种产品，更适合于垄断竞争的市场结构。但是现在不管是上游还是中下游，都是寡头垄断，因此要适度鼓励民营、外资企业进入市场，逐步放开原油及成品油进口权、批发零售权、地方炼油厂销售权，形成“石油来源多样化、市场主体多元化、价格形成市场化”，同时倒逼企业进行技术创新，提高产品的附加值，促进市场竞争性。

2. 进一步推进石油期货市场建立

石油期货市场在国际石油定价体系中扮演着重要角色，具有套期保值功能和价格发现功能。目前上海原油期货正在如火如荼地推进，实质上这是继 1993 年之后的一次“重推”，为保证原油期货市场后续顺利开展，应对期货市场进一步完善。首先，原油期货市场必须建立在开放、竞争的石油市场格局基础上，有大量的买者和卖者，没有参与者具有足够的垄断力量。通常从比例上说，成功的期货合约要求最大的 5 家公司所占的市场份额低于 50%，最大的 10 家公司所占的市场份额低于 80%。其次，原油期货市场的运行必须依赖发达的现货市场。期货市场套期保值和价格发现的基础必须有高活跃度和高交易量，以及现货市场与期货市场之间价格的高度敏感。最后，因原油期货市场的推出和运行带来境外资金流入和投机风险。因此，原油期货市场必须和金融市场及其他衍生品市场、货币市场和外汇市场联动形成复杂而有机的生态系统，大力发展资本市场，构建多层次的金融市场体系，推进石油金融一体化。

3. 开展国际期货套期保值业务

上海石油期货市场已经建立，但从世界原油发展过程来看，建立石油期货市场并不意味着取得原油定价权。我国当前的原油市场尚未完全放开，原油期货市场的推进会对我国的石油经济带来冲击，在选择合适的原油标的、形成我国原油期货市场的基本框架、尽快形成市场化交易的前提下，必须鼓励市场参与者开展国际石油期货套期保值业务。政府在加强监管的同时，允许更多国内企业参与国际期货市场进行套期保值，积极融入全球定价体系，充分发挥消费大国的需求优势，以大宗石油消费国的地位影响价格、转移风险，把国内原油市场的实际供求关系反映到国际市场上，从而直接和间接地影响国际定价。

三、加大国家政策支持

目前，我国的国有石油公司仍存在内外部市场、关联、非关联交易市场划分，企业间竞争存在阻碍，进一步优化资源配置，提升油品市场的竞争力应积极学习日本、韩国、新加坡等国家，进一步放开国有石油石化企业横向竞争市场。政府要创新体制机制，适当放开开采和炼油环节，引导民营企业参与石油开采；适当放宽民营企业原油、成品油资质和配额限制（允许量），利用舟山自贸区的优势，支持赋予符合条件的2～3家自贸试验区内企业原油进口和使用资质，积极争取国家相关部门支持，引进一些大牌国际企业（如壳牌、摩科瑞）以及燃料油生产企业，从源头解决成本高的问题，提高油品的市场竞争力。通过出台相关免（退）税政策，支持、鼓励民企进行油品进出口贸易和油品加工，去除市场横向竞争障碍，促使企业创造竞争环境，“倒逼”其提供有效供给，提升油品市场竞争力。

四、高层次石油交易人才

舟山目前本土石油金融交易人才严重匮乏，特别是在国际石油衍生产品操作过程中。没有高层次的石油交易人才，就无法深入了解石油金融期货、衍生产品的特点、交易的风险等等，无法规避相应的风险。重视石油高层次交易人才的培养和储备，是舟山石油现货、期货、衍生品、风险管理有效性等方面坚实的基础。

舟山自贸区油品全产业链建设除在石油金融交易人才的培养和引进方面，不能根据地方高校泛泛的培养方式，而要结合当前舟山油品基地建设实际情况，创新人才培养方式，提高人才培养的效率、质量、方式。企业、政府、学校在油品产业链人才培养方式中可创新性地推行“双元制”人才培养方式。以市场需求为导向，结合高校办学特色与学生实际情况，合理安排专业理论课程设置，通过校企合作，加大实践课程力度，去泛取精，切实做到人才培养的应用性、针对性、时效性。专业领域高端人才缺口可通过提高待遇，进行人才引进。对已经处于专业领域的人才，要确保知识和技能的更新，通过不断学习，掌握领域最新的知识成果，鼓励知识创新，提升行业整体从业人员的素质，加快促进全产业链建设进程。

参考文献

[1] 唐洪森．试析舟山群岛保税仓库设置与综合利用［J］．浙江海洋学院学报：人文科学版，2012，(3)：19－23.

[2] 陈甲斌．世界石油供需格局分析［J］．天然气经济，2006，(6)：15－18.

[3] 张铁斌．国际油价影响因素探析［J］．趋势前瞻，2008，(03)：96－98.

[4] 贺登才．现代物流服务体系研究［J］．中国流通经济，2010，(11)：45－48.

[5] 林鹏．中国石油物流网络的建构及其实现途径［J］．商场现代化，2012，(29)：74.

[6] 张婷．浅析石油行业物流管理优化策略［J］．经营管理者，2013，(9X)：94.

[7] 喻立．基于区域经济发展的现代物流服务体系构建［J］．商业时代，2012，(20)：35－36.

[8] 王于栋．基于资源配置视角的石油金融研究［D］．西南财经大学，2012.

[9] 孙万通，孙万玲．舟山群岛新区港航物流发展新思路［J］．中国港口，2012，(4)：10－12.

[10] 靳胜英．世界原油供需形势解析［J］．中国石油和化工经济分析，2012，(8)：40－43.

[11] 翁晶晶，夏良康．基于石油产业链的舟山国际油品交易中心建设研究［J］．农村经济与科技，2018，29（1)：206－209.

[12] 陈柳钦．重推原油期货对我国的影响及完善建议［J］．金融发展研究，2014，(2)：66－73.